G. Eis · Meister Albrants Roßarzneibuch im deutschen Osten

Documenta Hippologica

Darstellungen und Quellen
zur Geschichte des Pferdes

Begründet von
Oberst H. Handler, Oberst W. Seunig,
Dr. G. Wenzler

Herausgegeben von
Brigadier K. Albrecht, Spanische Reitschule,
Col. P. Durand, Cadre Noir, Saumur,
H.J. Köhler, Prof. Dr. E.-H. Lochmann,
E.v. Neindorff, Dr. B. Schirg,
Landstallmeister a.D. Dr. W. Uppenborn

1985
Olms Presse
Hildesheim · Zürich · New York

Gerhard Eis

Meister Albrants Roßarzneibuch im deutschen Osten

Mit einem Nachwort zur Neuauflage

1985
Olms Presse
Hildesheim · Zürich · New York

Dem Nachdruck liegt das Exemplar der Niedersächsischen Staats-
und Universitätsbibliothek Göttingen zugrunde.

Signatur: Scr. var. arg. III 1260

Die fehlerhafte Paginierung dieser Ausgabe wurde beibehalten.

Das Format des Nachdrucks ist kleiner als das der Vorlage.

2. Nachdruckauflage der Ausgabe Reichenberg 1939
Printed in Germany
Umschlagentwurf: Paul König, Hildesheim
Herstellung: Strauss & Cramer GmbH, 6945 Hirschberg II
ISBN 3 487 08141 5

Gerhard Eis: Meister Albrants Roßarzneibuch im deutschen Osten.

Schriften der Deutschen Wissenschaftlichen Gesellschaft
in Reichenberg

Im
Auftrage
der Gesellschaft
herausgegeben von
Erich Gierach

Heft 9

Gerhard Eis: Meister Albrants Roßarzneibuch im deutschen Osten

Meister Albrants Roßarzneibuch im deutschen Osten

Von

Gerhard Eis

Reichenberg 1939
Sudetendeutscher Verlag Franz Kraus

Alle Rechte vorbehalten.

Verlags-Nr. 111.

Druck von Gebrüder Stiepel Gesellschaft m. b. H., Reichenberg.

Inhaltsverzeichnis.

Seite
Vorrede 7
Quellen 11

Untersuchungen.
I. Albrant und sein Werk.
1. Die Verfasserfrage 17
2. Ermittelung des Kernbestandes 23
3. Die Krankheiten und Heilmittel 28
4. Charakter und Bedeutung der Schrift 44

II. Die Ausbreitung im deutschen Osten.
1. Die deutschen Zeugen; Böhmen; Schlesien; Ungarn; die Oberlausitz; Preußen; die lateinische Übersetzung 49
2. Heinrich von Pfolspeundt 73
3. Die tschechischen Zeugen 74

III. Das Roßarzneibuch und die Volkskunde.
Das Roßarzneibuch und die Volkskunde 92
1. Die mit dem Roßarzneibuch vereinigten Heilsegen 95
2. Roßtäuschertrug und Schelmenzauber 101
3. „Hilpersgriffe" 106

Texte.
Vorbemerkung 110
1. Die älteste Handschrift 111
2. Der Text der Breslauer Augustiner 113
3. Die Sammlung Johannes Posenanie's 115
4. Die südböhmischen Auszüge 121
5. Die Reinschrift Siegmunds von Königgrätz 122
6. Die Münchener Handschrift 126
7. Die Schlägler Fassung 130
8. Die Preußische Kompilation 134
9. Der andere Preußische Text 141

Wörterbuch 146
Schlagwortverzeichnis 153
Nachträgliche Bemerkung 157

Vorrede.

Als ich im Juni 1934 meine „Beiträge zur mittelhochdeutschen Legende und Mystik" abschloß, bezeichnete ich es als ein wichtiges Ziel schrifttumsgeschichtlicher Quellenerkundung, „hinausstrebend über die Betrachtung des einzelnen Kunstwerkes an sich, auch die Zusammenhänge im Kulturleben von Landstrichen und Ländern bloßzulegen, durch Erforschung von Herkunft und Wanderung geistiger Güter den Fortschritt und das Nachschreiten von Landschaften zu erkennen". Wenn ich inzwischen mit meinem Buche „Drei deutsche Gedichte des 8. Jahrhunderts" einen Vorstoß auf einem anderen, mich nicht weniger lockenden Felde unternahm, so geschah es nicht, um der Erforschung der an schriftlichen Denkmälern erkundbaren Geschichte des Kulturgefälles vor allem im ostdeutschen Raum zu entsagen. Die Zwischenzeit hat mich vielmehr auf diesem Gebiete durch Freilegung breiterer Grundlagen zu umfassenderer Planung gelangen lassen. Im Jahre 1935 rief mich das Handschriftenarchiv der Deutschen Kommission der Preußischen Akademie der Wissenschaften auf, systematisch sämtliche auf sudetenländischem Boden erhaltenen deutschen Handschriften des Mittelalters aufzusuchen und zu inventarisieren. Über die bisherigen Ergebnisse dieser Arbeit, welche für jede Art abschließender Mittelalterforschung unerläßliche Voraussetzung ist, geben die Berichte über die wissenschaftlichen Unternehmungen der Akademie vom 12. Feber 1936, 23. März 1937 und 24. März 1938 Auskunft.

Schien es mir von Anfang an für die Feststellung kultureller Einflußrichtungen unwichtig, ob die dieselben versinnbildlichenden Pfeile durch die Ermittelung der Wege bedeutender oder unvollkommener Dichtwerke gewonnen werden, so lenkte die Sichtung der handschriftlichen Hinterlassenschaft der Sudetenländer meine Aufmerksamkeit auch auf das Gebrauchsschrifttum, dem kaum irgendwelche dichterische, aber eine desto handgreiflichere praktische Bedeutung zukommt. Im Rahmen eines grundsätzliche Gedanken ausführenden Vortrages über „Ältere deutsche Handschriften als Quellen für die heimatliche Kultur- und Geistesgeschichte" bei der Sommerhochschulwoche in Böhm.-Leipa im Juli 1937 stellte ich einzelne aussichtsvolle Forschungsaufgaben heraus. Jeder bezieht die Aneignung der Kultur der Altstämme durch die Ostsiedler und deren Einflußnahme auf den slawischen Nachbar betreffenden Gegenstände geht zugleich mehrere Wissenschaften an und seine Behandlung erfordert daher den Mut zum Hinausgreifen über die Grenzen eines einzelnen Fachgebietes. Die vorliegende Arbeit versucht die Lösung einer dieser in Leipa gestellten Fragen.

Von medizingeschichtlicher Seite sind einige roßheilkundliche Handschriften ohne kulturgeographische Auswertung herausgegeben worden. Es ging dem keine planvolle Sichtung der Bestände voran, so daß auch rein medizingeschichtliche Erkenntnisse nachzutragen blieben. Eine Scheidung der dem Meister Albrant oder Albrecht zugeschriebenen Vorschriften von sonstigen roßheilkundlichen Anweisungen konnte nicht vorgenommen werden, ja sie wurde als unmöglich bezeichnet; manche Krankheitsbestimmung und Einzelheiten der Therapie blieben ungeklärt. Die gerade in den letzten Jahren gesteigerte Hinwendung der Medizingeschichte zu der deutschen Pferdeheilkunde des Mittelalters darf als ein Zeichen aufgefaßt werden, daß auch auf diesem Gebiete die Mithilfe des Germanisten nicht unwillkommen sein wird. Nicht allein werden dadurch Lesefehler, wie Kohle statt Öl (zur Behandlung des kranken Auges), fortan vermieden werden, die Anwendung der textkritischen Arbeitsweisen auf die Überlieferung des Roßarzneibuches bietet auch die Aussicht, über die Ver=

fasserfrage, das Alter und den Kernbestand deutliche Vorstellungen zu schaffen. Die Schrift Meister Albrants ist jedoch nicht allein für die Medizingeschichte von Bedeutung. Die Nachweisung einer bisher übersehenen Handschrift aus dem 13. Jahrhundert erweist sie als ein Denkmal deutscher Prosa in verhältnismäßig früher Zeit, das eine stilkritische Würdigung verdient; in seinen späteren Niederschriften ein Gefäß für volksmedizinische Verfahren, Heilsegen und Roßtäuscherkniffe, beansprucht es auch das Interesse der Volkskunde. Hievon wird durch die vorliegende Untersuchung wenig vorweggenommen. Es geht hier vielmehr um eine ganzheitliche Erfassung der Sendung und Wirkung der Schrift vor allem im ostdeutschen Raum, wobei veterinärhistorische Klärungen, philologische Arbeiten und volkskundliche Beobachtungen notwendig, aber nicht Selbstzweck sind.

Es wird für den Weiterbau an dem geplanten Werke der Auswertung des gesamten alten Gebrauchsschrifttums für die Kulturgeschichte des deutschen Ostens, das bei Ergänzung durch eine Geographie des Lesestoffes in verschiedenen Zeiten ungeahnte Aufschlüsse kultur- und geistesgeschichtlicher Art verheißt, von Einfluß sein, ob die Aufnahme dieses ersten Bausteins durch Kritiker bestimmt werden wird, die über ihre eigenen Fachgrenzen hinauszublicken vermögen oder durch Fachleute, die mit der Feststellung zufrieden sind, daß der in ihr Herrschaftsgebiet ragende Ausschnitt ohne großen Schaden noch länger hätte im Dunkel bleiben oder eingehender abgehandelt werden mögen. Der Medizinhistoriker mag wohl finden, daß ihm statt der Fundstellengeographie die Sicherstellung der Albrantnachfolge im späteren deutschen und ausländischen Fachschrifttum und die Ausmessung etwa der antiken Einflüsse bei Albrant wertvoller wäre; der Sprachforscher mag die Lautlehre der einzelnen Niederschriften, der Textkritiker die Lesarten der nicht abgedruckten Fassungen schmerzlich entbehren; der Volkskundler den Abdruck der Schweizer Roßabenteure und der Schlägler Anhänge statt einer der neun hier erstmals gebotenen Handschriften wünschen; der Slawist schließlich tschechische Fassungen und allerhand Einzelphilologie fordern: jedem einzelnen aber möge, sofern ihm nicht das Wesentliche verschlossen bleiben soll, klar vor Augen stehen, daß dann eben nur eine Seitenansicht auf Kosten der Umrißabbildung eines ganzen Körpers gefördert worden wäre. Die vorliegende Arbeit wurde aus ungebändigten Elementen aufgebaut. Die Grundlagen mußten fast sämtlich aus den Handschriften geholt und diese in mehreren Fällen erst aufgespürt werden. Von der Textausgabe bis zur Feststellung von Nachwirkungen im späteren Schrifttum duldet man vielfach Zwischenräume von Jahren. Die Nachweisung von Wirkungen bei einem fremdstämmigen Nachbarvolk bleiben in der Regel gänzlich aus, solange nicht dieses seine Handschriften durch den Druck zugänglich macht und dann selber den Vorbildern nachfrägt. Möchten denn die Sachwalter jedes einzelnen Fachgebietes das, was auch ihnen geboten wird, aufgreifen und herzhaft ihrerseits weiter Hand anlegen! Hiezu will der vorliegende Versuch einer Lebensgeschichte eines mittelalterlichen Kulturdenkmals anregen.

Das altdeutsche Roßarzneibuch verdient indes nicht allein dem Kulturhistoriker, Germanisten und Volkskundler ins Bewußtsein gerückt zu werden, sondern auch mit der seine Blätter umwitternden, dichterisch zu schauenden Lebensfülle dem erneuerten Volk vor Augen zu treten. Es bietet eine bisher ungenossene Anschauungsmöglichkeit farbenbunter Vergangenheit und männlicher Tat. Wer über das Buchstabenbild hinaus aus den knappen Anweisungen abzulesen imstande ist, wie Heldenwunsch und Reiternot dem Meister danken mußte, der rasche Heilung des Satteldrucks und Rettung selbst jenem Rosse verhieß, das mit zerstoßenem Haupt seinen Herrn aus dem Kampfe getragen, wessen Ohr geschärft ist für stabende Beschwörungen wie Uf, ros, und ruse dich! Alle dein ungemach vare in die erde!, der wird die Erschließung der in allen Teilen des deutschen Raumes vergilbenden Blätter auch darum begrüßen.

Es ist mir eine angenehme Pflicht, allen Bibliotheken, welche mir die Benützung der Handschriften gestatteten oder Photokopien herstellten, herzlichen Dank zu sagen, zuvörderst jenen, die zugleich auch Auskünfte über die Geschichte der Handschriften erteilten, wie die Universitätsbibliotheken von Breslau und Leipzig und die Preußische Staatsbibliothek in Berlin. Lichtbilder erhielt ich auch von der Prager National- und Universitätsbibliothek, der Wiener Nationalbibliothek, der Bayerischen Staatsbibliothek in München, der Bücherei des Stiftes Einsiedeln in der Schweiz; für Vermittelung von Aufnahmen der Debrecener Handschrift bin ich Herrn Prof. Dr. Richard Huß in Debrecen verpflichtet, der mir auch in freundlicher Weise Auskünfte über diese Handschrift erteilte, sowie dem Abt des Stiftes Schlägl in Deutschösterreich, der die Herstellung von Lichtbildern der Schlägler Handschrift persönlich in die Wege leitete. Für gelegentliche Auskünfte sage ich verbindlichen Dank Herrn Prof. Dr. Dr. R. Jecht in Görlitz, dem Magyar Nemzéti Múzeum in Budapest und Herrn Dozenten Dr. R. Schreiber in Prag, wie auch meinem Freunde Dozenten Dr. E. Lammel, Herrn Dr. E. Müller in Prag und der Bücherei der Deutschen in Reichenberg für Hilfe bei der Beschaffung von Literatur. Herr Direktor Dr. Bruno Müller, der Vorsitzende der Deutschen Wissenschaftlichen Gesellschaft in Reichenberg, lieh mir botanisches Schrifttum, wofür ihm auch hier herzlich gedankt sei. In besonderer Weise bin ich dem Vorstand des Handschriftenarchivs der Deutschen Kommission der Preußischen Akademie der Wissenschaften in Berlin, Herrn Dr. H. Phyritz, zu Dank verpflichtet, der mir in entgegenkommender Weise Auskünfte über zahlreiche Handschriften erteilte. Für entscheidende Förderung der Arbeit danke ich Herrn Veterinärrat a. D. Dr. Dr. R. Froehner in Wilhelmshorst in der Mark, der mich nach Erscheinen eines Arbeitsberichtes in „Forschungen und Fortschritte" in aufmerksamer Weise auf einschlägiges Schrifttum von veterinärhistorischer Seite hinwies und mir Photokopien der Erfurter Inkunabel und zwei Sonderabdrücke lieh. Verbindlichen Dank sage ich auch der Deutschen Gesellschaft der Wissenschaften und Künste in Prag, welche mir einen Betrag zur Deckung der Kosten der Lichtbilder zuwendete. Schließlich sei meinem Lehrer, Herrn Prof. Dr. E. Gierach in München, verbindlicher Dank dafür ausgesprochen, daß er das Erscheinen der Arbeit in den von ihm geleiteten Schriften der Deutschen Wissenschaftlichen Gesellschaft in Reichenberg ermöglichte.

Ruppersdorf, im Mai 1938.

Gerhard Eis.

Quellen.

Beigefügtes (Ph) bedeutet, daß die betreffende Handschrift in Photokopien vorliegt.

1. Deutsche Albranthandschriften.

Cod. VIII E 12, Bl. 7ʳ—7ᵛ der Prager National- und Universitätsbibliothek. Die älteste Handschrift. 13². Jh., zweispaltig. (Ph)
Cod. III F 20, Bl. 122ᵛ—123ᵛ der Breslauer Universitätsbibliothek. Der Text der Breslauer Augustinerchorherrn. 14². Jh., zweispaltig. (Ph)
Cod. III Q 1, Bl. 86ʳ—88ᵛ der Breslauer Universitätsbibliothek. Die Sammlung Johannes Pojenanie's. 1361—1366, zweispaltig. (Ph)
Cod. 1244, Bl. 153ʳ—153ᵛ der Leipziger Universitätsbibliothek. Die Löbauer Handschrift. 14. Jh., zweispaltig (Ph). Veröffentlicht von K. Sudhoff, Deutsche Roßarzneibücher des Mittelalters. 1. Das Leipziger Bruchstück eines Roßarzneibuches aus dem 14. Jahrhundert. Archiv für Geschichte der Medizin, Bd. VI (1913), S. 224—225, und von R. Froehner, Veterinärhistorische Mitteilungen, Bd. II (1922), S. 13—14.
Cod. 82, Bl. 1ʳ—8ʳ der fürstl. Fürstenbergischen Hofbibliothek zu Donaueschingen. Veröffentlicht von R. Schmutzer. Quellen und Studien zur Geschichte der Naturwissenschaften und der Medizin, Bd. IV (1933), S. 16—23.
Cod. XI D 10, Bl. 145ʳ der Prager National- und Universitätsbibliothek. Die südböhmischen Auszüge. 14./15. Jh., einspaltig.
Cod. IV E 16, Bl. 110ᵛ—115ᵛ der Prager National- und Universitätsbibliothek. Die Reinschrift Siegmunds von Königgrätz. 1435, einspaltig. (Ph)
Cgm. 289, Bl. 131ᵛ—135ʳ der Bayerischen Staatsbibliothek in München. Die Münchener Handschrift. 1442, einspaltig. (Ph)
Cod. 194, Bl. 147ʳ—152ʳ der Bibliothek des Prämonstratenserstiftes Schlägl in Deutschösterreich. Die Schlägler Fassung. 15. Jh., einspaltig. (Ph)
Cod. 731, Bl. 43ᵛ—64ᵛ der Bibliothek des Benediktinerstiftes Einsiedeln in der Schweiz. 15. Jh., einspaltig. Drei Teile, wovon der dritte die „Roßaventüre". (Ph)
Cod. R. 605 (15 Bll.) der Bibliothek des Reformierten Kollegiums in Debrecen in Ungarn. 1469, einspaltig. (Ph)
Cod. 3217, Bl. 126—127 der Wiener Nationalbibliothek. 15.(!) Jh. (Ph). Veröffentlicht von M. Rieck, Zur Pferdeheilkunde des 14. Jahrhunderts. Veterinärhistorische Mitteilungen, Bd. XI (1931), S. 6—8.
Cod. 2977, Bl. 116ʳ—127ʳ der Wiener Nationalbibliothek. Die Preußische Kompilation. 15². Jh., einspaltig. (Ph)
Cod. 2977, Bl. 127ʳ—134ʳ der Wiener Nationalbibliothek. Der andere Preußische Text. 15². Jh., einspaltig. (Ph)
Cod. 3011, Bl. 105ᵛ—107ᵛ der Wiener Nationalbibliothek. 15². Jh. Veröffentlicht von K. Sudhoff, Deutsche Roßarzneibücher des Mittelalters. 4. Eine Wiener Ertzney ze rossen aus dem 15. Jahrhundert. Archiv für Geschichte der Medizin, Bd. VII (1914), S. 339—341 und unvollständig von R. Froehner, Veterinärhistorische Mitteilungen, Bd. II (1922), S. 15—16.
Cod. 15101, Bl. 35ʳ—39ᵛ der Wiener Nationalbibliothek. Die ostmitteldeutsche Fassung. 16¹. Jh., einspaltig (Ph). Veröffentlicht von M. Rieck, Das Wiener Veterinärmanuskript des Meister Albrant. Veterinärhistorische Mitteilungen, Bd. XI (1931), Nr. 6 und 7, S. 25—30.
Hf. 32 meiner Sammlung. Das Roßarzneibuch füllt den ganzen Band. Das Groß-Schützener Roßarzneibuch. Um 1700, einspaltig.

2. Lateinische Albranthandschrift.

Cod. St. Georgen LXI, Bl. 12ᵛ der Großherzoglichen Landesbibliothek zu Karlsruhe. 14². Jh. Veröffentlicht von K. Sudhoff, Deutsche Roßarzneibücher des Mittelalters. 6. Lateinische Verordnungen gegen deutsch benannte Krankheiten. Archiv für Geschichte der Medizin, Bd. VII (1914), S. 345—346. 10 Vorschriften.

3. Tschechische Albranthandschriften.

Cod. IV H 28, Bl. 319ʳ—324ᵛ des Böhmischen Nationalmuseums in Prag. Die älteste tschechische Handschrift. Enthält Bl. 316ᵛ Familieneintragungen aus Janowitz 1603—1604, geschrieben 1444.
Cod. I H 29, Bl. 280ʳ—282ᵛ des Böhmischen Nationalmuseums in Prag. 15². Jh. Enthält 10 Vorschriften.

Cod. I F 10, S. 423—438 des Böhmischen Nationalmuseums in Prag. Ende des 15. Jh. Angeschwellter Text.
Cod. XVII E 42, Bl. 93ʳ—106ʳ der Prager National- und Universitätsbibliothek. 1554 zu Bistrau in Ostböhmen geschrieben.
Cod. IV C 11, Bl. 107ᵛ—114ʳ des Böhmischen Nationalmuseums in Prag. 1633 in Senbražice geschrieben.
Cod. III G 6 des Böhmischen Nationalmuseums in Prag. Das Roßarzneibuch füllt den ganzen Band. 17. Jh. (1660?).
Cod. II G 16 des Böhmischen Nationalmuseums in Prag. Das Roßarzneibuch füllt den ganzen Band. 1694.
Cod. V G 62 des Böhmischen Nationalmuseums in Prag. Das Roßarzneibuch füllt den ganzen Band. 1755 in Prag von Antonin Hakl geschrieben.
Cod. II H 8 des Böhmischen Nationalmuseums in Prag. Das Roßarzneibuch füllt den ganzen Band. 18. Jh. 1766 besaß ihn Matthäus Herites in Horažďovice.
Cod. V E 10 des Böhmischen Nationalmuseums in Prag. Das Roßarzneibuch füllt den ganzen Band. 18./19. Jh.
Hs. 33, Bl. 1ʳ—68ᵛ (Anfang fehlt) meiner Sammlung. Um 1800 hergestellte Abschrift einer um 1600 entstandenen Vorlage.

4. Zu Vergleichs- und anderen Hilfszwecken herangezogene Handschriften.

Ms. lat. fol. 56, Bl. 299ᵛ—301ᵛ der Preußischen Staatsbibliothek in Berlin. Die der Cyrurgia des Henricus de Monte de Villa angehängte Practica equorum. 14. Jh., zweispaltig. (Ph)
Cod. III C 2 (Vorderdeckel) der Prager National- und Universitätsbibliothek. Aus dem Besitz Siegmunds von Königgrätz, mit Besitzervermerk und Siegelstock desselben. Nach 1450. (Ph)
Cgm. 439, Bl. 90—92 der Bayerischen Staatsbibliothek in München. 15. Jh. Veröffentlicht von K. Sudhoff, Deutsche Roßarzneibücher des Mittelalters. 3. Ein anderes roßarzneiliches Münchener Fragment aus dem 15. Jahrhundert, mit Segenssprüchen. Archiv für Geschichte der Medizin, Bd. VII (1914), S. 335—339.
Cgm. 591, der Bayerischen Staatsbibliothek in München. 15. Jh. Veröffentlicht von K. Sudhoff, Deutsche Roßarzneibücher des Mittelalters. 2. Ein Münchener Pferdearzneibuch aus der Mitte des 15. Jahrhunderts. Archiv für Geschichte der Medizin VI (1912), S. 226—230.
Hs. 125 des „Sudetendeutschen Archivs". Mediz. Sammelhs. aus Admont in Steiermark. Ende des 15. Jh.
Cod. XVI F 3, Bl. 98ᵛ der Prager National- und Universitätsbibliothek. 15./16. Jh. Enthält einen Hufsegen.
Ms. med. et hist. nat. 51, Bl. 304ᵛ—306ᵛ der Göttinger Universitätsbibliothek. 16¹. Jh. Veröffentlicht von K. Sudhoff, Deutsche Roßarzneibücher des Mittelalters. 5. Eine niederdeutsche Arstedie van den parden. Archiv für Geschichte der Medizin, Bd. VII (1914), S. 342—345.
Hs. 21 meiner Sammlung. 16¹. Jh. Aus Groß-Schützen. Abhandlungen über Ernährung, Fleischsorten, Kräuter usw., nach arabischen Schriftstellern.
Hs. 36 meiner Sammlung. Um 1600. Österreichisches Roßarzneibuch mit Auszügen aus Albrant. 130 Bll.
Hs. 36 des Sudetendeutschen Archivs in Reichenberg. Beschellbuch von Anno 1686 des Grafen Johann Michael Kaunitz auf Neuschloß bei Böhm.-Leipa. Lebensschicksale, Krankheiten und Todesursachen von über 700 Pferden.
Hs. 90 des Sudetendeutschen Archivs in Reichenberg. Um 1700. Ephemerides oeconomicae (Wetterkunde, Feldbau, Heilpflanzen u. ä.). Lateinische Handschrift sudetendeutscher Herkunft.
Hs. 39 des Sudetendeutschen Archivs in Reichenberg. Pferdeheilkunde eines ehemaligen Marstallers Augusts des Starken. 18². Jh.
Auf einige weitere Handschriften wird gelegentlich hingewiesen.

5. Weitere deutsche Albranthandschriften, über die mir nur gelegentliche Erwähnungen, Katalogangaben und Auskünfte des Handschriftenarchives der Preußischen Akademie der Wissenschaften zur Verfügung standen.

Cod. D. II 30 der Universitätsbibliothek Basel. 15. Jh.
Cod. 28720 des Germanischen Museums in Nürnberg. 15. Jh. 12 Bll., Anfang fehlt. 15. Jh.
Cod. 2 der fürstbischöflichen Bibliothek in Marburg an der Drau. 15. Jh.
Cod. 384, 407, 824, 5939 der Bayerischen Staatsbibliothek in München.
Cod. Pal. 141, 144, 202, 205, 226, 227, 281, 408, 502 in Heidelberg.
Cod. 200 (Farf. 24) der Biblioteca Vittorio Emanuele zu Rom. 15. Jh.
Cod. V 1 JS² 261 der Studienbibliothek in Salzburg. Laut Kat. ca. 1470.

Cod. 154 der Leopold-Sophien-Bibliothek in Ueberlingen. 15./16. Jh.
Cod. 10632 der Nationalbibliothek in Wien. 15./16. Jh.
Cod. 4=63 der gräflich Eltz'schen Bibliothek in Eltz. Um 1600.
Cod. 11149 der Nationalbibliothek in Wien. 17. Jh.

6. Drucke.

Albrecht-(= Albrant)-Inkunabeln, von denen kein einziges Stück in den Sudetenländern erhalten zu sein scheint, s. Gesamtkatalog der Wiegendrucke. Auskünfte über das Stück des Magyar Nemzéti Múzeum in Budapest und das der Lausitzischen Gesellschaft der Wissenschaften in Görlitz. Photokopien der Inkunabel Das buchlein von ertzney der pferd. Erfortt In s. Pauls pfarr Zu den weissen Lylien berge genant, 1500 (nach dem in der Öffentlichen Bibliothek zu Meiningen verwahrten Stück) lieh mir Herr Veterinärrat a. D., Dr. Dr. Reinhard Froehner, Wilhelmshorst in der Mark, der auch ermittelte, daß der Drucker dieser Albrant-Ausgabe Hans Sporer in Erfurt ist.
Laurentius Rusius, Liber Marescalciae. Die Inkunabel Incipit liber Marescalciae compositus a Laurentio dicto Rusio familiari Reuerendi patris domini Neapoleonis sancti Adriani dyaconi Cardinalis (o. O., o. J.) nach dem Stück der Prager National- und Universitätsbibliothek. Die Neuausgabe von L. Barbieri, Bologna 1867 (lateinischer und italienischer Text, 2 Bde.) im Leihverkehr aus der Breslauer Universitätsbibliothek.
Heinrich von Pfolsprundt, Bündt-Ertznei, hgg. von H. Haeser und A. Middeldorp, Breslau 1868.
Eberhard Rudolph Rothens Memorabilia Europae oder Denckwürdigste Sachen usw., Ulm 1711. Darin ein Anhang Reysender Pferde-Cur (8 S., neu paginiert).
Der Kluge Landmann oder: Recht gründlicher und zuverläßiger Unterricht, wie man das Hauß-Wesen nützlich anfangen . . . möge. Von F. P. F. P. a E. K., Frankfurt und Leipzig 1713.
Schola Salernitana, Sive de conservanda Valetudine praecepta metrica. Autore Joanne de Mediolano . . . ex recensione Zachariae Sylvii, Roterodami 1667.
Aufschlußreiche Stellen aus Gersdorff, Feldbuch der Wundarznei, Straßburg 1528, Peter Uffenbach, Neues Roßbuch, Frankfurt 1603, Melchior Sebiz, Sieben Bücher vom Feldbau 1579, Conrad Forer, Tierbuch, Frankfurt 1583, Mang Seutter, Hippiatria 1599, M. Böhme, Roßartzney 1618, Jacob Theod. Tabernaemontanus, Kräuterbuch 1687, Wolfg. Helmhard von Hohberg, Das adelige Land- und Feldleben, Nürnberg 1716 u. a. älteren Schriftstellern wurden in Grimms Wörterbuch aufgefunden. Daneben wurden gelegentlich auch andere ältere Roßheilkundler, wie Sollehsel, J. Wopperer usw. herangezogen, die an Ort und Stelle erwähnt werden.
H. Haeser, Lehrbuch der Geschichte der Medizin, 1875, Bd. I.
L. Moulé, Histoire de la Médecine vétérinaire, II période, II partie, 1900, S. 42/43. (Ph)
K. Sudhoff, Deutsche Roßarzneibücher des Mittelalters. Archiv für Geschichte der Medizin VI (1912), S. 223—230, VII (1914), S. 335—346.
W. Rieck, Das Wiener Veterinärmanuskript des Meister Albrant. Veterinärhistorische Mitteilungen XI (1931), S. 25—30.
W. Rieck, Zur Pferdeheilkunde des 14. Jahrhunderts. Ebda S. 6—8.
W. Rieck, Proben mittelniederdeutscher Veterinärliteratur. Veterinärhistorische Mitteilungen, Bd. XII (1932), S. 41—52 (Cod. 6015, Bl. 178—182 der Landesbibliothek zu Wolfenbüttel, 15. Jh., Ms. 3486, Bl. 89^r—93^v der kgl. Bibliothek zu Kopenhagen, Gamle Kongelika Samling).
K. Sudhoff, Albrecht der Schwabe. In W. Stammlers „Die deutsche Literatur des Mittelalters", Verfasserlexikon, Bd. 1 (1933), Sp. 57.
R. Schmutzer, Die Schrift des Meisters Albrecht über Pferdekrankheiten. Nach der Handschrift 82 der fürstlich Fürstenbergischen Hofbibliothek zu Donaueschingen. Quellen und Studien zur Geschichte der Naturwissenschaften und der Medizin, Bd. IV (1933), S. 11—36. (Sonderabdruck, geliehen von Herrn Veterinärrat a. D. Dr. Dr. Reinhard Froehner, Wilhelmshorst in der Mark.)
H. Held, Zu Meister Albrechts „Hippopronia" (1612). Beiträge zur Geschichte der deutschen Sprache und Literatur, Bd. LX (1936), S. 191.
R. Froehner, Segen gegen verschiedene Krankheiten der Haustiere. Veterinärhistorische Mitteilungen I (1921), 7/8. Zusammenstellung verstreut veröffentlichter Pferdesegen, darunter auch solche aus den schlesischen Albranthandschriften.
R. Froehner, Zu W. Beitr. 60, 191 (Meister Albrechts Hippopronia (1612)), ebda Bd. LXI (1937), S. 187 f. Sonderabdruck, geliehen vom Verfasser.
E. Froehner-W. Zwick, Lehrbuch der speziellen Pathologie und Therapie der Haustiere. 2 Bde. (9. Aufl.), Stuttgart 1922—1925.
E. Eis, Ältere deutsche Handschriften als Quellen für die heimatliche Kultur- und Geistesgeschichte (Vortrag). Zeitschrift für sudetendeutsche Geschichte, Bd. I (1937), S. 281—291.

G. Eis, Meister Albrants Roßarzneibuch und Heinrich von Pfolspeundt. Forschungen und Fortschritte, 20. 3. 1938.

Zahlreiche andere Druckschriften dienten als Hilfsmittel. Sie werden, wenn die Einsichtnahme einen Niederschlag ergab, stets an Ort und Stelle angeführt. Nicht regelmäßig erwähnt werden naturgemäß Behelfe wie Grimm, Goetze und Lexer für deutsche Wortbedeutungen und Wortbelege, tschechische Wörterbücher, Lexika, botanische Nachschlagewerke, wie Garcke, Flora von Deutschland (18. Aufl. 1898), volkskundliche Nachschlagewerke wie das Handbuch des deutschen Aberglaubens, Berlin und Leipzig 1927 ff., G. Jungbauers Grundriß Deutsche Volksmedizin, Berlin und Leipzig 1934 und geschichtliche Handbücher, Urkundensammlungen und Namensverzeichnisse. Es wurden auch Topographien (Schaller, Sommer, Österreich in Wort und Bild usw.) sowie Kartenwerke aus alter und neuer Zeit befragt, die wie verschiedene Gemeindelexika in der Anstalt für Sudetendeutsche Heimatforschung in Reichenberg oder in der Prager Universitätsbibliothek zur Verfügung standen, auch mancherlei Einzelschrifttum, das mir durch die Bücherei der Deutschen in Reichenberg im Leihverkehr mit dem Ausland zugänglich gemacht wurde. Die Aufzählung all dessen darf hier wegbleiben, da alle nötigen Hinweise an den einzelnen Stellen gegeben werden.

Es sei noch erwähnt, daß manche Ausformung meiner Vorstellungen von der Pferdeheilkunde im deutschen Osten durch Altbücher- und Versteigerungskataloge gefördert wurde, die in den letzten Jahren von Prager Antiquaren (Zink, Pyšvejc, André) herausgegeben wurden, und durch wiederholte Besuche der Altbücherlager dieser Händler, welche mitunter die Gesamtbestände alter Büchereien beherbergten.

Untersuchungen.

I. Albrant und sein Werk.
1. Die Verfasserfrage.

Richard Schmutzer, der bei Herausgabe der Donaueschinger Handschrift 82 ausführlich über die Krankheiten und Heilmittel des ersten deutschen Roßarzneibuches handelte, bezeichnete es als zweifelhaft, ob hinter dem Namen Albrecht (Albrant) eine historische Persönlichkeit steht[1]) und K. Sudhoff beschließt das Stichwort „Albrecht der Schwabe" in Stammlers Verfasserlexikon I (1933), Sp. 57 mit dem Satz: „Ich halte den Meister A. für apokryph". In Beantwortung einer Anfrage aus Leningrad[2]) äußerte Reinhard Froehner[3]): „Den Meister Albrecht halten mit Sudhoff auch die Veterinärhistoriker für apokryph". H. Haeser hatte 1875 in seinem Lehrbuch der Geschichte der Medizin I, S. 813, keinen Verdacht an der Geschichtlichkeit der in einem Einleiteabsatz der Handschriften und späteren Drucke genannten Verfasserpersönlichkeit geäußert.[4]) Ein solcher Argwohn, wie er in der jüngsten Albrantliteratur die Vorherrschaft gewann, ist bei mittelalterlichen Rezeptsammlungen im allgemeinen naheliegend und der Verzicht auf einen Verfassernamen meist nicht besonders schmerzlich. Indessen darf auch daran erinnert werden, daß man mit den Unechterklärungen von Zusätzen, Geleitworten u. ä. mitunter zu weit ging und ohne hinreichende Begründung mittelalterlichen Schreibernotizen die Glaubwürdigkeit absprach. Als unglaubwürdig muß eine Verfasserangabe vor allem dann gelten, wenn die Überlieferung erst in weitem zeitlichen Abstand nach der vorgeblichen Entstehung einsetzt und das Werk in der behaupteten frühen Zeit nicht denkbar ist; oder wenn, was besonders bei Rezeptsammlungen zu prüfen ist, ein fester Kern nicht ermittelt werden kann, was Schmutzer a. a. O. S. 12 von dem Roßarzneibuch behauptet; oder wenn die Verfasserangabe erst nach längerer anonymer Überlieferung auftaucht. Für das erste deutsche Roßarzneibuch konnte bislang in der Verfasserfrage eine verbindliche Aussage nicht getan werden, da die ältere Überlieferung zum größeren Teile noch uneingesehen, ja sogar in überhaupt noch unbekannten Handschriften verborgen war. Die Betrachtung allein einiger weniger Handschriften und Drucke konnte nur zu vorläufigen Ansichten führen.

Die Handschriften reichen zweihundert Jahre weiter zurück als die Inkunabeln, das heißt fast bis in die Lebenszeit des in ihnen als Verfasser bezeichneten Marstallers Kaiser Friedrichs II.; denn die bisher unbeachtete Handschrift VIII E 12 der Prager National- und Universitätsbibliothek gehört noch dem 13. Jahrhundert an. Walther Dolch gibt diese Altersbestimmung des Bruchstückes in seinem Katalog der deutschen Handschriften und man braucht keinen Zweifel in diese zu setzen.[5]) Während Haeser a. a. O. das deutsche Roßarzneibuch Albrants für eine Quelle des Laurenzius Rusius hielt, äußerte Froehner umgekehrt: „Das Roßarzneibuch ist zum großen Teile eine Compilation aus dem Liber marescalcae des Laurentius Rusius (1288—1347), der Hof-

---
[1]) Die Schrift des Meisters Albrecht über Pferdekrankheiten. Quellen und Studien zur Geschichte der Naturwissenschaften und der Medizin IV (1933), S. 12.
[2]) Hermann Held, Zu Meister Albrechts „Hippopronia" (1612). Beiträge zur Geschichte der deutschen Sprache und Literatur LX (1936), S. 191.
[3]) Reinhard Froehner, Zu Beitr. 60, S. 191. Ebda LXI, S. 187—188.
[4]) Auch L. Moulé (Histoire de la Médecine vétérinaire II pér., II partie, S. 42/43) dachte nicht an dergleichen, und sagt lediglich: On ne connaît rien sa vie. On sait seulement qu'il a laissé un travail d'hippiatrie dans lequel il s'intitule «maréchal de l'empereur Frédéric et écuyer du roi de Naples».
[5]) Katalog der deutschen Handschriften der k. k. öffentl. und Universitätsbibliothek zu Prag. I. Teil. Die Handschriften bis etwa z. J. 1550. Prag 1909, S. 68; siehe die beigegebene Tafel!

tierarzt beim Cardinal Napoleone de Ursinis in Rom war". Das Vorhandensein des Prager Bruchstücks (fortan „älteste Handschrift" genannt) schließt die Möglichkeit aus, das deutsche Roßarzneibuch nach der Marstallerei des Rusio anzusetzen. Es muß vielmehr vor derselben entstanden sein. Die Handschriften bezeichnen geradezu einstimmig den Verfasser als einen Marstaller Kaiser Friedrichs II. († 1250). Inhaltlich paßt das Schriftchen tatsächlich in diese Zeit und der ursprüngliche Rezeptbestand läßt sich — wie ich glaube, methodisch einwandfrei — feststellen: sofern also nicht die Verfasserangaben selbst unüberwindliche Schwierigkeiten aufweisen, wird man den von Schmutzer, Sudhoff und Froehner ausgesprochenen Verdacht gegen die Geschichtlichkeit Albrants fallen lassen dürfen.

In den meisten Handschriften des Roßarzneibuches ist der Verfasser „Kaiser Friedrichs Schmied und Marstaller" und sein Name ist Albrant oder Albrecht, auch Albret, Albertin, Hilbrant, Hildebrant. Ich ziehe für die Angaben über den Verfasser alle mir vorliegenden, die gedruckten sowie auch die dem Handschriftenarchiv der Preußischen Akademie bekannt gewordenen Handschriften heran:

In der ältesten Handschrift wird der Verfasser nicht genannt. Sie ist ein Bruchstück ohne das letzte Drittel des Roßarzneibuches. Daß er etwa am Schlusse genannt wurde, ist nicht ausgeschlossen, aber er wird sonst in der Regel zu Beginn erwähnt. In der in der zweiten Hälfte des 14. Jahrhunderts hergestellten Handschrift III F 20 der Universitätsbibliothek in Breslau (ehemals den Augustinerchorherrn zu Breslau zugehörig) heißt der Marstaller meistir albrant keyser Vrederichs von Krichen smydt. In der zweiten Breslauer Handschrift (III Q 1), 1361—1366 von Johannes Posenanie in Schlesien geschrieben, heißt der Verfasser meyster Albret keysyr Frederichis smyt und marsteller won Napelz. Für diesen Text sind mindestens drei Vorlagen benützt worden. In der von Schmutzer a. a. O. herausgegebenen Donaueschinger Handschrift, die aus dem 14. Jahrhundert stammt, heißt er maister Alebrand keyser fridrichs marstaller.⁶) Um die Wende des 14. zum 15. Jahrhundert wurden die sechs Heilmittel aus dem Roßarzneibuch ausgezogen, die in den in Südböhmen angelegten Handschrift XI D 10 der Prager National- und Universitätsbibliothek enthalten sind; dabei wird der Verfasser nicht genannt. Aus der Zeit vor dem Buchdruck stammen noch bestimmt folgende drei datierten, mir vorliegenden Handschriften des 15. Jahrhunderts: Prag, Universitätsbibliothek IV E 16, im Jahre 1435 von Siegmund von Königgrätz geschrieben; Bayerische Staatsbibliothek in München Cgm. 289, im Jahre 1442 angefertigt; Debrecen, Bibliothek des Reformierten Kollegiums R 605, deren Pferdeheilmittel 1469 datiert sind. Der ausgezeichnete Text des Sudetendeutschen nennt den Verfasser maister Albrant, chayser Fridreichs smitt und marstaller von Napolis. Erstmals im Cgm. 289 wird der Autor maister Albrecht kayszer Fridrichs schmid genannt. Auch im Debrecener Text heißt er Mayster Albrecht Chayser Fridrichs smid und marstaller von Napels.

Die Handschriften, die keinen Verfasser nennen, sind bis in die Zeit des frühen Buchdrucks stark in der Minderzahl. In den südböhmischen Auszügen nimmt das Fehlen der Einleitung nicht wunder; und daß gerade der älteste erhaltene Text den Verfasser nicht nennt, beweist darum nicht viel, weil mit Deutlichkeit zu sehen ist, daß keine der anderen überkommenen Handschriften unmittelbar aus ihm erflossen ist. Für die nächstalten Handschriften in Breslau, Donaueschingen, Prag, München, Debrecen und die übrigen, nicht datierten Handschriften des 15. Jahrhunderts müssen Vorlagen mit Verfasserangaben angenommen werden, die nicht sämtlich jünger als

---

⁶) Darauf folgt noch vnd der smid von Napels hat diese künst wol versucht an den vberuangen rossn usw. Dieser Schreiber unterscheidet also zwischen Albrant als dem Verfasser und einem neapolitanischen Schmied als Erprober des Büchleins.

die verfasserlose Handschrift Prag VIII E 12 gewesen sein werden. Lediglich über die Namensform des Verfassers besteht eine gewisse Uneinigkeit in den älteren Texten (die ältesten sind verloren, Prag VIII E 12 ist bestimmt nicht die Urschrift, was eine kritische Betrachtung lehren wird): Albrant steht mit Albrecht in Wettstreit, doch ist Albrant die Form der älteren Handschriften. Albrant wird durch den Text der Breslauer Augustiner und die Donaueschinger Handschrift gestützt und die der ältesten erhaltenen Handschrift am nächsten stehenden Texte, Schlägl und Siegmund von Königgrätz, deuten gleichfalls auf Albrant. Bis zum 15. Jahrhundert herrscht Albrant, lediglich die Sammlung des Johannes Posenanie leitet mit albret zu Albrecht hinüber. Albrecht ist vor 1400 nicht bezeugt. Das bisherige wissenschaftliche Schrifttum über das Roßarzneibuch, in dem Albrecht den Vorzug vor Albrant gewonnen hat,[7]) ist auf enge Fachkreise beschränkt geblieben, so daß es wohl noch nicht zu spät ist, die durch die Handschriften begründete Bezeichnung Albrant statt Albrecht einzuführen. Aus albrät scheint mir graphisch albret (Posenanie) herleitbar zu sein, welches wiederum — bei Mißdeutung des Abkürzungshakens für re — irgendeinmal einen Albertin (Einsiedeln) verursachen konnte, der alsbald zu einem Albrecht werden mußte. Das Umgekehrte, Fortentwicklung von Albrecht zu Albrant, ist, abgesehen davon, daß Albrant viel früher als Albrecht belegt ist, auch graphisch weniger verständlich.

In der späteren Überlieferung trug Albrecht den Sieg über Albrant davon. Im 15. Jahrhundert schreiben folgende mir bekannte Handschriften Albrecht: Basel, Universitätsbibliothek D II 30 (bairisch), Cgm. 407 (bairisch), Cgm. 5939 (bairisch), Salzburg, Studienbibliothek V 1 JS$_2$ 261 (österreichisch), Wien, Nationalbibliothek 2977 (mitteldeutsch, in Preußen geschrieben), Heidelberg, Pal. 408. Um die Wende des 15. zum 16. Jahrhundert schrieb ein Alemanne die „Albrecht"-Handschrift 154 der Leopold-Sophien-Bibliothek in Überlingen. Aus derselben Zeit stammt der bairisch-österreichische Text 10632 der Wiener Nationalbibliothek. Die „Albrecht"-Handschrift 11149 derselben Bibliothek wurde im 17. Jahrhundert geschrieben. Um 1600 wurde die Handschrift 4º 63 der Gräflich Eltzschen Bibliothek in Eltz hergestellt, die den Verfasser gleichfalls Albrecht nennt. Albrant ist die Namensform noch folgender Handschriften: Marburg an der Drau, Fürstbischöfliche Bibliothek 2 (bairisch), Cgm. 824 (oberdeutsch), Codd. Pal. 202, 205, 281, 502. Albrant liest auch die von Rieck herausgegebene Wiener Handschrift 15101 aus dem Anfang des 16. Jahrhunderts[8]) (mitteldeutsch, wohl aus dem sudetendeutschen und ungarländischen Kulturbereich stammend). Von einer „Albrant"-Vorlage herzuleiten ist bestimmt auch die Handschrift 57 des Stiftes Schlägl aus dem 15. Jahrhundert, welche Hilbrant liest; dabei ist in diesem Namen das i derart hochgezogen und das H durch Überschreiben so undeutlich, daß der Schreiber augenscheinlich zwischen Al und Hi schwankte. Die Handschrift 200 der Bibliotheca Vittorio Emanuele in Rom aus dem 15. Jahrhundert nennt den Schmied Meister Hildebrant (alemannisch, gehörte um 1500 dem Michael Schwirkerus, Mönch im Kloster Farfa in Latium), was gleichfalls nicht aus Albrecht, wohl aber von Albrant und Hilbrant herleitbar ist.

Im Cgm. 384, einer schwäbischen Handschrift des 15. Jahrhunderts, fehlt der Eigenname; es heißt hier nur kayser fridrichs schmid. Auch in der Handschrift 28720

---

[7]) Schmutzer wählt für die Überschrift seiner Arbeit den Namen Albrecht, während der von ihm herausgegebene Text Alebrand schreibt.

[8]) Das Wiener Veterinärmanuskript des Meister Albrant. Veterinärhistorische Mitteilungen XI (1931), Nr. 6 und 7, S. 25—30. Rieck und nach ihm Schmutzer setzen diese Handschrift ins 15. Jh. Nach dem Inventarisator des Berliner Handschriftenarchivs gehört sie ins 16. Jh. und der Schriftcharakter der mir vorliegenden Aufnahmen bestätigt, daß sie nach 1500 geschrieben worden sein muß.

des Germanischen Museums in Nürnberg (15. Jahrhundert) wird der Verfasser nicht genannt.[9])

Im übrigen wurde das Roßarzneibuch von zahlreichen Druckern verbreitet. Allein bis zum Jahre 1500 sind acht Drucke festgestellt.[10]) In diesen heißt der Verfasser stets Albrecht: Meister Albrecht, des kaisers Friedrich marställer und schmied von Konstantinopel, hat das buch gemacht. In der Erfurter Inkunabel von 1500 heißt die Überschrift Das buchlein saget von bewerter ertzney der pferd (am Schluß: Gedrückt zu Erffort In s. Pauls pfarr. Zu dē weißen lyligen berge genāt Nach Cristi geburt MCCCCC iare).[11]) Auch ein früher niederdeutscher Druck ist nachgewiesen: Ein gud arstedye Boeck d' perde ock wor men ytlick perdt by bekenne schall ... (Holzschn.). Lübeck St. Arndes 1505, 18 Bll., der jedoch nun verloren ist. Noch 1840 war ein Stück davon in der Bücherei des Pastors Geffcken in Hamburg vorhanden.[12]) Auch hier hieß der Verfasser Albrecht.

Eine geographische Scheidelinie der Albranthandschriften und der Albrechthandschriften ist nicht zu ziehen möglich, doch sind im Osten die Albranthandschriften häufiger (Schlesien, Böhmen, Österreich). Das hängt wohl damit zusammen, daß der Osten mehr ältere Handschriften bewahrt als die Altländer. Die „westliche" Donaueschinger Handschrift des 14. Jahrhunderts nennt den Verfasser gleichfalls Albrant. Anderseits gibt es auch im Osten (jüngere) Albrechthandschriften und die mit dem Jahre 1444 beginnende Überlieferung tschechischer Übersetzungen des Roßarzneibuches, die von deutschen Vorlagen abgeleitet werden müssen, bietet stets Albrecht, obgleich kein deutscher „Albrecht"text in den Sudetenländern heute noch vorfindlich ist. Die älteste tschechische Handschrift (Prag, Böhmisches Nationalmuseum IV H 28, aus dem Jahre 1444) schreibt Albrecht Cesařow Bedŕychow kowarz vrozeny z Napulie. Die gleichfalls dem 15. Jahrhundert angehörige Handschrift I F 10 des Böhmischen Nationalmuseums überschreibt das Büchlein in roter Schrift Poczina se lekarzstwy konskee prawe a zkussenee mistra Albrechta z Napule. Die Handschrift des Antonin Hakl aus der Prager Neustadt (Nat.-Mus. V G 62), eine 1755 von einer Handschrift des Jahres 1660 (vielleicht Nat.-Mus. III G 6) genommene Abschrift, weiß ebenfalls noch, daß das Roßarzneibuch od Mistra Albrechta sstolmistra Kowarze a Konirze Csysařze Fridricha herrührt. Der Band II G 16 des Böhmischen Nationalmuseums aus dem Jahre 1694 bietet nicht mehr den Eigennamen des Verfassers, weiß aber noch, daß er der Schmied und Stallmeister Kaiser Friedrichs war (Vorsatzblatt): Lekarzstwy Końska Gistie odokonale Skussena od Czysařze ffridricha geho w tom Vmienj Wznesseneho Kowarze a Sstolmistra. Auch die im Jahre 1554 von dem aus Proßnitz stammenden Rektor Nikolaus des Städtchens Bistrau in Ostböhmen hergestellte Bearbeitung (Prag, National- und Universitätsbibliothek XVII E 42) nennt den Verfasser Albrecht, macht ihn aber zu einem Arzt eines Kaisers Ulrich (!): Poczinagy Likařstwi Końska a Zkussena od Mistra Albrechta, Likaře Czysařze Oldrzicha.

---

[9]) Weil der Anfang in dieser Hf. fehlt. Es handelt sich also kaum um eine „nicht dem A. zugeschriebene Hf." als die sie bei Schmutzer a. a. V., S. 11, erscheint.

[10]) Gesamtkatalog der Wiegendrucke I (1925), Nr. 819—826, und Preußischer Gesamtkatalog II (1932), Nr. 10.654—10.665. Die frühesten Drucke werden um 1485 angesetzt. Es folgen bis 1638 noch zahlreiche Ausgaben.

[11]) Phototypien dieses Druckes lieh in gütigem Entgegenkommen Herr Veterinärrat Dr. Dr. R. Froehner, der auch die Mitteilung machte, daß das Werkchen aus der Presse Hans Sporers hervorging.

[12]) Mitteilung der Kommission für den Gesamtkatalog der Wiegendrucke. Der Titel ist verzeichnet bei K. Sudhoff, Deutsche medizinische Inkunabeln, Leipzig 1908 (Studien zur Geschichte der Medizin H. 2/3) unter Nr. 95 a; ferner bei Borchling und Claussen, Niederdeutsche Bibliographie, unter Nr. 385; auch in der alten Geschichte der Medizin von Haeser I, 813.

Wenn man an einen Roßarzt namens Albrant als den Verfasser der Schrift glaubt, was nach all dem und dem noch zu erbringenden Nachweis eines festen Kernbestandes statthaft sein dürfte, muß man sich auch um Aussagen über dessen Lebenszeit und Wirkungsort bemühen, d. h. die in den Einleitezeilen der Handschriften gebotenen Angaben kritisch und unvoreingenommen auswerten. Auch der Name des Kaisers, dessen Schmied und Marstaller der Verfasser gewesen sein soll, ist, wie schon die beigebrachten Zitate zeigen, nicht ganz einheitlich. Am häufigsten heißt der Kaiser Friedrich, im Tschechischen meist übersetzt Bedřich, manchmal auch dort Fridrich. Oldřich ist irgendeinmal aus Bedřich verlesen worden; einen Kaiser Ulrich hat es nie gegeben. Ebenso gedankenlos ist die Angabe des verschollenen Lübecker Druckes: Meister Albrecht, smidt, Kayser Ferdinands stallmeister — 1505, da es noch keinen Kaiser Ferdinand gegeben hatte! Auch die Heidelberger Aussagen (Cobd. Pal. 281 und 502) „Kaiser Frankreichs Sohn"[13]) sind absurd. Bemerkenswert ist, daß in dem oberdeutschen Cgm. 824 Albrant der Schmied des kaysser dietreich ist.[14]) Spukte etwa im Hirn dieses Schreibers König Dietrich des Volksepos — und meint die römische Handschrift mit Hildebrant etwa dessen Waffenmeister?

Um den Namen des Herrschers wuchert jedenfalls allerhand Phantastik, aber dennoch zeigt es sich, daß diese Auswüchse erst in späterer Zeit geschaffen wurden. Gerade die besten Handschriften der frühesten Zeit sind frei von Bezeichnungen, die den Stempel der Willkür an der Stirn tragen. Bei dem Namen des Kaisers steht in der Regel keine weitere Beifügung. „Kaiser Friedrichs Marstaller" (in verschiedener Lautschreibung) heißt es in den Handschriften in Donaueschingen, Breslau III Q 1, Prag, Universitätsbibliothek IV E 16, Cgm. 289, 384, 407, 2939, Debrecen, Basel, Eltz, Marburg, Rom, Salzburg, Überlingen, Wien 2977, 10.632, 11.149, 15.101 usw. Ursprünglich war daher ohne jeden Zweifel ein Kaiser Friedrich gemeint. Bartsch dachte an Friedrich III.[15]). Aber weder Friedrich III. aus dem Hause Habsburg (1440—1493) noch Ludwigs Gegenkönig Friedrich der Schöne (1314—1330) kann mit dem Urheber des Roßarzneibuches zusammengebracht werden, da eine Handschrift aus dem 13. Jahrhundert erhalten ist, wie denn auch andere Hinweise vorhanden sind, daß die Schrift aus der Bildungslage des 13. Jahrhunderts zu verstehen ist (etwa das Fremdwort curvei, franz. courbe). Für Friedrich II. spricht auch die Angabe von Napolis, die — in verschiedenen Schreibungen — in den meisten älteren Handschriften bei dem Namen des Schmiedes steht. Dagegen schafft die erstmals (und auf lange Zeit hinaus einzige) Angabe keyser Vrederich von Krichen im Text der Breslauer Augustiner keine ernsten Bedenken, wie auch die späten Angaben der Drucke und einiger Handschriften (so z. B. der preußischen Handschrift Wien 2977 und der ostmitteldeutschen Handschrift Wien 15.101), daß das Pferdearzneibuch aus Konstantinopel komme, nur „zur Erhöhung der Sensation" (Sudhoff a. a. O.) geschaffen worden sein mag. Von einer Gruppenstammhandschrift, die einen Kaiser von Krichen darbot, war dahin nur mehr ein kleiner Schritt, der durch die preußische Handschrift belegt wird: das hat vns gemacht Meister Albrecht keyser frederich ein smit vnd ein marschalk von Constantinopolym von krychen. Es könnte dabei auch eine verblaßte Erinnerung an den Magister Marcus vorliegen, einen Griechen, der mit dem Kölner Magister Maurus am Hofe Friedrichs II. zusammenarbeitete und mit diesem nachweisbar in später Zeit verwechselt wurde.[16])

Jedenfalls ist aus dem Übergewicht der Belege zu ersehen, daß die mittelalterlichen Schreiber den Verfasser des Roßarzneibuches mit dem deutschen Kaiser Friedrich II., dem Gründer der Universität Neapel, zusammenbrachten, und es sind

---
[13]) Vgl. Dolch a. a. O., S. 33.
[14]) Laut Mitteilung des Handschriftenarchivs der Preußischen Akademie der Wissenschaften.
[15]) Dolch a. a. O., S. 31—32.
[16]) Barbieri II, S. 41 ff.

keine gewichtigen Gründe bekannt, welche Zweifel an den beinahe einmütigen Aussagen gerade der älteren Handschriften rechtfertigen. Diese machen an einen deutschen Neapolitaner glauben, der etwa im zweiten Viertel des 13. Jahrhunderts als Schmied und Marstaller des pferdefreundlichen Staufen das Roßarzneibuch zusammenstellte. Schmutzers Hinweis, daß in anderen Fällen der Nachweis möglich war, daß manch eine Schrift einem berühmten Manne zu Unrecht zugeschrieben wurde, um ihr Ansehen zu erhöhen, ist allein doch wohl zu schwach für eine Ablehnung der Geschichtlichkeit Albrants. Bei der Erwägung, es könne sich um Heilvorschriften handeln, „die ein Unbekannter angelegt und unter dem Namen A.s in die Welt gehen ließ, die diesem Namen in ähnlicher Weise festes Vertrauen entgegenbringen mochte wie jenem des Albertus Magnus,[17]) unter dessen Namenspatronat auch manche nicht aus seiner Feder stammende Schrift ihren Weg machte", muß die Frage gestellt werden, wieso die Nennung des Namens Albrant eine Empfehlung für das Werk eines Unbekannten gewesen wäre. Wodurch war ein Mann namens Albrant berühmt wie Albert der Große? Es ist doch unter dem Namen Albrants sonst keine medizinische Schrift aufgetaucht.[18]) Warum hätte ein Unbekannter einen anderen Unbekannten vorgeschoben? Und nimmt man einen Roßheilkundler Albrant an, der wegen seiner Stellung am Hofe des Kaisers Ansehen genoß, womit begründet man dann die Annahme eines Unbekannten, um einen Autor für ein unter Albrants Namen überliefertes Werk zu haben?

Der Beiname „der Schwabe", mit dem Albrecht-Albrant in das Verfasserlexikon einging, läßt sich nicht befürworten, wenn auch die Möglichkeit schwäbischer Abkunft nicht in Abrede gestellt werden kann; aber der Anspruch Schwabens ist nicht größer als der jedes anderen deutschen Stammesgebietes. Es wurde mir keine einzige Handschrift bekannt, in welcher der Beiname „der Schwabe" steht. Auch die Verbreitung des Werkes scheint in Schwaben eher kleiner gewesen zu sein als in den östlicheren deutschen Landen.

Anknüpfend an die staatliche Ordnung des Medizinalwesens Rogers II. von Sizilien schuf Friedrich II. im Jahre 1231, weit über seinen Vorgänger hinausgehend, seine berühmten Medizinalgesetze. Am Hofe dieser ritterlichen Gestalt, deren Vorliebe für Jagd und edle Tiere bekannt ist, kann die Entstehung des Roßarzneibuches einleuchten, hielt ja selbst Karl von Neapel (1266—1285) in Bonifacius einen eigenen Roßarzt. Der von Laurentius Rusius hochgeschätzte Magister Maurus aus Köln stand in Friedrichs Diensten und vielleicht auch ein zweiter namentlich bekannter deutscher Roßarzt in Italien, Akerman. Daß auch andere, nichtdeutsche Tierheilkundler, wie Jordanus Ruffus[19]) gleich Albrant und Maurus Stallmeister Friedrichs II. waren, kann daneben seine Richtigkeit haben. Laurentius Rusius sagt, daß in seiner Jugend zahlreiche Roßärzte aus aller Welt in Italien wirkten. Der Kaiser, dem selbst die Abfassung einer Falkonierkunst zugeschrieben wird, kann sehr wohl an den Lehrmeinungen mehrerer Fachleute Anteil genommen haben. Er selbst hat Anatomie und Zoologie studiert.[20])

Über das Leben Albrants vermochte ich im übrigen nur eine undeutliche Spur zu entdecken; es muß gewagt werden, auf sie hinzuweisen, mag sie trügen oder später eine Bestätigung finden. Die dreiteilige Pferdemittelsammlung der Einsiedelner Handschrift schreibt den ersten Teil ausdrücklich dem maister albertin zu. Das meint

---

[17]) Von Schmutzer gesperrt. Die angeführte Stelle a. a. O., S. 12.
[18]) Aldebrandino von Siena (1280 in Troyes, wo er sein Testament machte), Verfasser eines 1256 der Gräfin Beatrix von der Provence gewidmeten Régime du corps, kann doch wohl nicht in diesen Zusammenhang gezogen werden. Er war kein Marstaller Friedrichs II. und schrieb französisch.
[19]) S. über ihn R. Roth, Die Pferdeheilkunde des Jordanus Ruffus. Diss. Berlin 1928.
[20]) R. Froehner a. a. O., S. 188.

ohne Zweifel Albrant-Albrecht, wenngleich auch einige Mittel beigemengt wurden, die nicht aus dem Kernbestand des Roßarzneibuches stammen. Inmitten dieser Vorschriften benützt der Schreiber eine Atempause, um eine Angabe nachzutragen, die in den Einleiteabsatz gehört hätte. Sie lautet (Kapitel Von pferiten, Bl. 48ʳ): daz schribt ein maister, der haisset bäpst Clemens roß artzat, der haut uns vor geschriben xl gebresten, die roß angand. dar zů hat er geschriben waz fur jeden gebresten gůt ist, da er daz mit bewert hat, so hat er angevangen an dem yssen. Verdächtig ist hiebei die Angabe, daß es gerade vierzig Mittel seien. Dem Kernbestand kommen nur 36 zu. Auch fängt das Roßarzneibuch Albrants nicht mit den Hufkrankheiten an — übrigens auch nicht in der Einsiedelner Handschrift —, sondern mit den Erkrankungen des Kopfes. Wenn dessenungeachtet in der Angabe etwas Wahres stecken sollte, dann wäre es dies, daß Albertin-Albrecht-Albrant, der Marstaller Friedrichs II., auch (bzw. später) Roßarzt des Papstes Clemens war. Es könnte sich dann nur um Clemens IV. handeln, der Vergebung aller Sünden dem „Kreuzheere" jenes Karl von Anjou versprach, der den deutschen König Manfred in der Entscheidungsschlacht bei Benevent schlug und vernichtete.[21])

2. Ermittelung des Kernbestandes.

Wenn das Roßarzneibuch als Werk eines kaiserlichen Hoftierarztes ins Leben trat, muß getrachtet werden, seine ursprüngliche Gestalt zu ermitteln. Gelänge dies nicht, so wäre das zwar kein zwingender Beweis gegen die Geschichtlichkeit Albrants und die dargelegte Vorstellung von der Entstehung der Schrift, doch gäbe es den Zweifeln an der Glaubwürdigkeit der Angaben des Einleiteabsatzes Nahrung. Schmutzer gewann den Eindruck, daß es sich „um eine in ihrer ursprünglichen Fassung (einschließlich des Umfanges) keineswegs fixierbare Sammlung von Heilvorschriften" handle (a. a. O. S. 12). Die Handschriften und Drucke des Roßarzneibuches, aus einer Spanne von einem halben Jahrtausend, bieten naturgemäß ein recht buntes Bild. Einem Gebrauchsbuch in den Händen verschiedener Stände, wie es die Schrift war, widerfährt in einem so langen Zeitraum mancherlei Schicksal. Es wird zusammengezogen, erweitert, verändert. Hieraus erwachsen wertvolle medizingeschichtliche,[1]) kulturgeschichtliche und volkskundliche Einsichten. Abweichungen und Zusätze gehören bei einer derartigen Schrift nicht in die Fußnoten zu einem „hergestellten" Texte.[2]) Jede erhaltene Handschrift ist vielmehr für sich wertvoll, jede ist selbst ein mitteilenswertes kulturgeschichtliches Denkmal. Ist zwar der Abdruck aller Handschriften auch hier aus äußeren Gründen nicht möglich, so werden doch wenigstens neun bisher unbekannte Handschriften (von wenigen Zusätzen fremder Herkunft abgesehen) zur Gänze vorgelegt.[3]) Unter diesen (sämtlich erstmals) abgedruckten Handschriften befindet sich die älteste, und alle sind von Druckerzeugnissen noch völlig unbeeinflußt. Wiewohl mir genügend Material vorliegt und Einsetzung des „klassischen" mittelhochdeutschen Lautstandes statthaft wäre,[4]) glaube ich, mir den Versuch

---

[21]) Sudhoff setzt a. a. O. die Einsiedelner Handschrift ins 14. Jahrhundert. Ein Stiftsbibliothekar notierte am Blattrande Msc. ab initio saec. 15, was vielleicht immer noch etwas zu früh greift.

[1]) Schmutzer bezeichnet es a. a. O., S. 14, als das „Endziel der Texteditionen in ihrer Gesamtheit", „auf den Entwicklungsgang der Veterinärmedizin ... wenigstens in Einzelheiten Streiflichter zu werfen".

[2]) In begrüßenswerter Weise sind die bislang veröffentlichten Albrantsf. buchstabengetreu vorgelegt worden.

[3]) Abschriften einiger weiterer deutscher und tschechischer Handschriften sind im „Sudetendeutschen Archiv" in Reichenberg hinterlegt worden. Die ursprünglich geplante Beigabe der Einsiedelner Hf. unterbleibt, weil sie durch volksmedizinische Zutaten allzu sehr angeschwellt ist.

[4]) Weil am Stauferhof wohl die mhd. Hochsprache Geltung hatte.

einer Rekonstruktion der Urschrift versagen zu sollen. Die Herauslösung des Kernbestandes aus der Verbrämung mit späterem Zuflug, der naturgemäß an sich oft älter ist, will nicht eine Vorarbeit zu einem Wiederaufbau der Urschrift vorstellen. Sie soll vielmehr den Beweis erbringen, daß das Roßarzneibuch als ein festes Gebilde ins Leben trat, das als das Werk eines deutschen Marstallers in Stauferdiensten in Neapel betrachtet werden darf, und zweitens die Grundlage für die Erforschung der Nachfolge schaffen. Wenngleich jeder einzelne Text für diese Aufgabe wichtig ist, so können doch nicht ohne feste Vorstellung von dem Kernbestand — und zwar sowohl von seinem Inhalte als auch der Form — die Wirkungen des Werkes erkannt und beurteilt werden, mag es sich um eine in der Hauptsache nur vervielfältigende Verbreitung oder um eine selbständige Weiterarbeit von Geistern handeln, deren Werke mit Originalitätsansprüchen auftreten.

Für die Ermittelung des Kernbestandes ist die älteste erhaltene Handschrift zugrunde zu legen. Dies erscheint dadurch gerechtfertigt, daß sie kein einziges Mittel enthält, das nicht durch andere wichtige Handschriften inhaltlich und dem Wortlaut nach gesichert würde. Sie enthält 23 Fälle; da aber unter der Überschrift Swelich ros ainen gespalten fuez hat irrtümlich das Verbällen behandelt wird, bezeugt sie 24 Fälle. Dieses zufällige Versehen des Schreibers blieb für die übrige Überlieferung wirkungslos.[5]) Leider ist die älteste Handschrift ein Bruchstück. Um den Rest des Kernbestandes aufzustellen, müssen wir in erster Linie jene Handschriften befragen, welche, soweit die älteste Handschrift reicht, mit dieser am genauesten übereinstimmen. Es sind dies die Reinschrift des Prager Magisters Siegmund von Königgrätz, die Münchener Handschrift aus dem Jahre 1442 und der Text des Stiftes Schlägl.[6]) Bis zur Räude, dem 17. Rezept, stimmt die Reihenfolge der Heilverfahren in diesen Handschriften mit der ältesten Handschrift überein, nur ist in Schlägl nach Nr. 3 ein Wurmsegen eingeschoben und der Nasenrotz (Nr. 16) ausgelassen und an den Schluß gerückt worden. Die Mittel 1 bis 17 sind also in der Reihenfolge der ältesten Handschrift dem Kernbestand zuzuweisen, wobei der Wortlaut der ältesten Handschrift mit Ausnahme weniger noch zu nennender Stellen als der der Urschrift angesehen werden kann. Vom 18. Rezept an ist in den genannten wichtigsten Handschriften die Reihenfolge diese:

Älteste Hs.	Siegmund	München	Schlägl
18. vernagelt	18. painwachs	18. painwachs	18. vernagelt
19. geschozzen	19. tzeprochen ruchk	19. zerbrochen rucken	19. agenhueffig
20. hagenhuof	20. pawchstreng	20. bauchstettig	20. geschosen
21. spetich	21. hüfftwang	21. tullen auß- werffen	21. twang
22. getwang	22. dillen aus- werfen	22. vernagelt	22. spetich
23. painwachs	23. geschozzen	23. geschozzen	23. chrank
24. wurm dreyer- layge	24. vernagelt	24. faules fleisch	24. puerczel drey- erlay
	25. pŭrczel dreyer- lay	25. zwanck	25. painwachs
	26. twanchk	26. spetich	26. zeprosten under dem satel
	27. spetig	27. mauchen	27. maukchen
	28. mauchken	28. flozgalln	28. herczslechtig
		29. gagenhuff	29. flosgal

[5]) Dies ein Beweis, daß die „älteste Handschrift" nicht die Urschrift ist.
[6]) Die Donaueschinger Hs. weicht schon vorher ab. Nach Nr. 13, Durchbruch des Eiters an der Huftkrone, folgt als Nr. 14 die Kehlsucht, als Nr. 15 der Rotz und erst als Nr. 16 das curvei, das in der ältesten Handschrift und bei Siegmund wie auch in der Münchener und Schläger Hs. unmittelbar an den Eiterausbruch anschließt.

Älteste Hſ.	Siegmund	München	Schlägl
	29. tråg	30. hertslechtig	30. roczig
	30. vlozzgallen	31. harnwind	Zuſätze.
	31. weys machen	32. krechen	
	32. hagel hůff	33. rewdig	
	33. herczslächtig	34. krancke augen	
	34. harenwind	35. persel dreyerley	
	35. sczarczen	Zuſätze	
	36. räppig		
	37. Czu den rozz augen		

Das Vernageln wird in der Münchener Handſchrift wie in der älteſten vor der Schußverletzung behandelt, während Schlägl den Haghuf zwiſchen die beiden rückt und Siegmund die beiden Mittel umſtellt. Man kann alſo wohl an der Reihenfolge der älteſten Handſchrift bis Nr. 19 feſthalten. Den Haghuf darf man gleichfalls im Hinblick auf Schlägl als Nr. 20 belaſſen, der bei Siegmund und in der Münchener Handſchrift hinter der Flußgalle erſcheint. Für die Spat und die Obſtipatio (getwang) iſt die Reihenfolge der älteſten Handſchrift nicht mehr verbindlich, denn alle drei Vergleichshandſchriften vertauſchen dieſe Mittel miteinander. Man wird daher für die Urſchrift lieber den Afterzwang als Nr. 21 und den Spat als Nr. 22 anſetzen. Daß Beinwachs und die drei Bürzelarten wie in der älteſten Handſchrift nebeneinander gehören, beſtätigt nur Schlägl, wo die beiden Krankheiten umgeſtellt ſind. Man kann ſomit wohl der älteſten Handſchrift, die inmitten des Bürzelrezeptes abbricht, bis dahin folgen, wobei nur die Vertauſchung von Nr. 21 und Nr. 22 angezeigt iſt.

Die älteſte Handſchrift dürfte nicht allein der Reihung der Heilverfahren nach der Urſchrift ſehr nahe kommen, ſondern auch inhaltlich. Als Zuſätze zu verdächtigen ſind nur jene wenigen Stellen, wo zu einem Krankheitsfall zwei Heilwege angegeben werden. Bei der Behandlung des Wurms zwiſchen Haut und Fleiſch folgt auf die ſchulmediziniſche Behandlung noch der Satz oder pint im ain rospain unwizzende an den hals: so wirt iz gesunt, der als zaubermediziniſcher Zuwachs zu betrachten iſt. Ebenso iſt in dem vorangehenden Rezept der Zuſatz oder sneid gachhail chlain als „unecht" zu betrachten. Auch der Wortlaut iſt in den meiſten Handſchriften derart übereinſtimmend, daß die Prägeform der Urſchrift für das ganze einheitliche Gebilde unverwiſcht zu greifen iſt.

Was an weiteren Krankheiten noch der Urſchrift angehört hat, kann aus Siegmund, München und Schlägl ermittelt werden.

Von den reſtlichen fünf Fällen der Schlägler Handſchrift ſtammen Nr. 26, 27, 28, 29, die in den anderen Handſchriften wiederkehren, gewiß aus dem Urbeſtand. Das Mittel Nr. 23 iſt als jüngerer Zuwachs zu betrachten. Nr. 30, der Naſenrotz, welcher beſtimmt der Urſchrift angehört, wurde von dem Schreiber oder ſeiner Vorlage eigenmächtig nach rückwärts geſchoben. Siegmund und München bieten noch weitere Mittel, die der Urſchrift zuzuerkennen ſind. Als Nr. 25 kann mit Schlägl der „zerbrochene Rücken" (Satteldruck) angereiht werden. Mauke und Flußgalle ſtehen meiſt und gehören ſachlich nebeneinander; nur iſt in der Schlägler Handſchrift die Herzſchlächtigkeit und bei Siegmund die Trägheit dazwiſchengetreten. Wir ſetzen die Mauke als Nr. 26 und die Flußgalle als Nr. 27 an. Für die Reihenfolge des Reſtes iſt keine Sicherheit zu erzielen. Die Herzſchlächtigkeit, das letzte in Schlägl verbleibende Mittel, gehört ſachlich mit dem Aſthma (sczarczen, krechen) zuſammen. Wir wollen daher dieſe Mittel zuſammen hier anſchließen, doch ſind wir uns bewußt, damit lediglich eine Vermutung zu geben. Jedenfalls ſind bei Siegmund und in der Münchener Handschrift Herzschlächtigkeit und Asthma benachbart geblieben. Daß die beiden Krankheiten (heute sind Herzschlächtigkeit und Asthma Ausdrücke für ein und dieselbe Krankheit) gesondert behandelt werden, entspricht der im Mittelalter geltenden Auffassung. Auch in der Handschrift der Breslauer Augustiner und in der Sammlung des Johannes Posenanie wird das Pferdeasthma eigens behandelt (kychen, schren), in der Donaueschinger Handschrift erscheint das Asthmarezept unter der Überschrift Welhes roß die kretzen[7]) oder rewden hat (Nr. 32). Wir setzen als Nr. 28 die Herzschlächtigkeit und als Nr. 29 das Asthma für den Kernbestand ein. Als Nr. 30 sei das Bugschwinden (Siegmund pauchstreng, München bauchstettig) angeschlossen, das in den meisten Handschriften begegnet und unverdächtig ist.

Es verbleiben nun noch folgende Krankheiten zu beurteilen:

	Siegmund	München
21.	hůfftwang	
22.	dillen auswerfen	= 21 tullen außwerffen
29.	tråg	
31.	weys machen	
32.	harenwind	
36.	räppig	= 33. rewdig
37.	Czu den rozz augen	= 34. krancke augen

Der Zwanghuf (Siegmund 21) fehlt nicht nur in der Münchener Handschrift sondern auch in den anderen hier mitgeteilten Texten. Wenn er trotzdem als Bestand teil der Urschrift angesetzt wird, so geschieht es darum, weil das Mittel inhaltlich und stilistisch unverdächtig ist und auch in der Debrecener Handschrift wiederkehrt. Daß es z. B. in den schlesischen Handschriften nicht steht, mag damit zusammenhängen, daß der Augustinertext mehrmals Lücken läßt und Posenanie aus den ihm vorliegenden Handschriften mit unverkennbarer Willkür auswählte, so daß er manche Krankheit zwei= und dreimal behandelte und andere, nicht unwichtigere, ganz ausließ. An welcher Stelle der Zwanghuf einzureihen ist, kann nicht ermittelt werden. Lassen wir ihn nach dem Vorgang Siegmunds vor dem Dillenauswerfen, so erhält er Nr. 31.

Ähnlich steht es mit dem „Dillenauswerfen", das das Sohlenauswerfen meint. In zahlreichen Handschriften ist dieser Fall ausgelassen. Der Ausdruck dillen, der in dieser Schreibung bei Siegmund und in der Donaueschinger Handschrift begegnet (München liest tullen), ist in anderen mittelhochdeutschen Denkmälern bislang noch nicht nachgewiesen worden (vgl. die Besprechung des Falles unter Nr. 32). Die Bezeichnung scheint entweder fehlerhaft oder aber bald wieder unverständlich geworden zu sein und mag die Unterdrückung dieses Rezeptes gefördert haben. Es ist bezeichnend, daß in dem späten Groß=Schützener Arzneibuch, dem das Mittel — gewiß in handschriftlicher Überlieferung — zukam, das Wort dillen weggelassen ist. Man braucht das Dillenauswerfen also nicht für eine Zutat erst einer Gruppenhandschrift zu erklären. Es begegnet auch in der Einsiedelner Handschrift unter der Überschrift Ain pferit entsolet, fand auch in die Drucke Eingang und lag auch tschechischen Übersetzern vor, die es allerdings meist mißverstanden.

Auch das Mittel gegen faules oder wildes Fleisch (caro luxurians), das in unserer engeren Textauswahl nur München darbietet, ist für den Kernbestand zu beanspruchen. Im 14. Jahrhundert wird es durch Johannes Posenanie (Nr. 21) und den Donaueschinger Text sowie später auch durch die preußische Kompilation und den anderen preußischen Text belegt. Wir wollen es als Nr. 33 dem Kernbestand zuweisen.

Bedenken gegen die Ursprünglichkeit erheben sich hingegen bei Siegmund Nr. 29, dem Anfeuern eines trägen Rosses durch Eingießen von Wein. Das ist keine Arznei

---

[7]) kretzen wohl graphisch aus krechen entstanden.

und das Mittel wurde auch schwerlich durch ernste Ärzte erfunden und verbreitet, sondern gehört in jene Gruppe von Pferdemitteln, die man als Roßtäuscherkniffe bezeichnen darf, deren besonders die Einsiedelner Handschrift eine eindrucksvolle Menge in Albrants Buch einschmuggelt. Bestätigt wird diese Auffassung durch das Geständnis der Texte, daß man das Mittel anwenden solle, wenn man das Roß verkaufen wolle. Auch Siegmunds Mittel Nr. 31, einen schwarzen Streifen des Fells weiß zu färben, muß als Roßtäuscher- oder Diebstrug ausgeschieden werden, obgleich sich auch Rusius mit dergleichen abgibt. Auch in der ältesten tschechischen Übersetzung des Albrantschen Roßarzneibuches lehrt ein Absatz, was man tun müsse, wenn man das Fell färben will (Chcesli koni srst zmieniti, Böhmisches Nationalmuseum IV H 28, Bl. 321ʳ).

Siegmunds Mittel Nr. 34 (schwarze Harnwinde) stammt gewiß aus der Urschrift und mag auch dort an 34. Stelle gestanden haben. Es kehrt in fast allen Handschriften wieder. Auch die Räppigkeit (Siegmund 36), für die München den Ausdruck Räude wiederholt, aber das durch fast alle Handschriften bezeugte Sondermittel beibringt, ist ebenso wie das vielfach an den Schluß gerückte Heilverfahren bei Erkrankungen der Augen ursprünglich. Diese als Nr. 35 und 36 aufzunehmenden Anweisungen sind wie alle „echten" Albrantrezepte auch in den tschechischen Übersetzungen wiederzufinden[8]).

Während man hoffen darf, damit den ganzen Kernbestand vor sich zu haben, ist die Reihenfolge, wie schon angedeutet wurde, z. T. unsicher. Ja es scheint, daß nicht einmal die Führung der ältesten Handschrift in dieser Hinsicht völlig verläßlich ist. Die sicher dem Schreiber derselben oder seiner Vorlage zur Last fallende Umstellung von Afterzwang und Spat ist ein greifbarer Verdachtsgrund. Die Anordnung der Krankheiten ist jedoch auch nach systematischen Gesichtspunkten unbefriedigend. Die naheliegende und bei Rusius ziemlich folgerichtig durchgeführte Anordnung, daß mit dem Kopf, den Augen, dem Halse begonnen und zu den Beinen und Hufen fortgeschritten wird, ist in den Albranthandschriften nur andeutungsweise vorhanden. So folgt z. B. nach dem Kopf zwar der Hals, die Augen aber sind an den Schluß geschoben. In diesem Zusammenhang gewinnt die Beobachtung einiges Interesse, daß bei Posenanie und auch in den tschechischen Übersetzungen die Augenkrankheit als Nr. 2 nach der Kopfverletzung steht. Ich versage mir aber den lockenden Eingriff, Posenanie gegen die übrige Überlieferung durchzusetzen, zumal Einfluß der Mar-

---

[8]) Man sieht, daß keine der als Hauptzeugen geführten Handschriften den ganzen Kernbestand aufgefangen hat. Schlägl ließ mehrere Mittel weg, München läßt die Harnwinde und den Zwanghuf vermissen, Siegmund vergaß das wilde Fleisch. So wäre der Verdacht nicht von der Hand zu weisen, daß noch ein oder das andere Mittel dem Kernbestand zukommt, das in keiner dieser Handschriften steht. Doch kann man weder aus dem Donauschreiber Text noch aus den schlesischen Hss. Ergänzungen gewinnen. Während der Text des Breslauer Augustiner nur einen auch anderwärts belegten Wurmsegen zusätzlich aufweist, sind die zahlreicheren Zusätze Posenanies eindeutig als volksmedizinische Mittel zu erkennen oder wie die Vorschriften zur Behandlung des Augenmals, des Fells in den Augen und des ougstal (= Augenhöhle) nur Varianten des allgemeinen Mittels gegen Erkrankungen des Auges, wobei vielleicht Einfluß Rusius mitgewirkt hat. Man vergleiche etwa Pos. 48 (Welch ros eyn wel hot in den ougen, zo nym czwelf crebis unde burne dy czu puluir unde blas im daz in dy ougen, bis se ym rot werdyn, unde strich dornoch honik: zo lutirt is sich) mit Rusius, Cap. LVIII: Contra maculam oculorum Equi. Si equus in oculo maculam patiatur, accipe zo sipiae, tartarum et piper aequaliter, et modicum salis, quae omnia pulveriza subtiliter (et) misce cum melle sufficienti in testa ovi; postmodum ponas ad cinerem calidum, vel ad solem, ut calefiat; ex hoc unguento ungatur oculus cum aliqua penna. In diese Familie gehören auch die Oftmb. Pos. 56, Preuß. Komp. 54, Oftmb. 24, 26, 27. Man vergleiche etwa auch Pos. 3 (VElch ros den ougstal hat, dem sal man lassen undi$_r$ dem nazebant unde bynt in den kopf nidir: zo blutit iz us) mit Rusius Cap. LX: Ad confri$_i$cationem oculorum. Si oculus fuerit confricatus, primo minue equum de vena oculi, poste$_a$ lava cum saponata frigide, et postea ponatur stelletta sub oculo. Vgl. dazu auch Pos. 49 un$_b$ Oftmb. 25.

stallerei des Laurentius Rusius in der zweiten Hälfte des 14. Jahrhunderts in deutschen Landen nicht ausgeschlossen ist. Nicht allein Albrechtdrucke sind durch dieses Werk beeinflußt worden, sondern wohl auch Handschriften. Auch in der frühen pferdeheilkundlichen Handschrift lat. fol. 54 der Preußischen Staatsbibliothek konnte ich — was außerhalb des vorliegenden Themas steht — in der der Cyrurgia des Henricus de Monte de Villa angehängten Practica equorum Parallelen zu Rusius verspüren. Will man keiner methodischen Willkür schuldig werden, so muß man sich mit der in den gewiß nicht voll befriedigenden Haupthandschriften vorgezogenen, etwas unsystematischen Anordnung der Krankheiten abfinden.

3. Die Krankheiten und Heilmittel.

Die Krankheiten werden nach der ältesten oder — wo diese versagt — nächstwichtigen Handschrift bezeichnet. Sodann wird angegeben, an welcher Stelle sie in den übrigen Texten des Anhanges zu finden sind, wobei andere Bezeichnungen und sachlich bemerkenswerte Zusatzangaben der anderen Handschriften in Klammer beigefügt werden. Auch die Parallelstellen der von Schmutzer herausgegebenen Donaueschinger Handschrift (abgekürzt Don.) und der von Rieck herausgegebenen Wiener Handschrift 15.101 (abgekürzt Ostmd.) werden angereiht. Da die mittelhochdeutschen Krankheitsbezeichnungen manchem Lesern nicht geläufig sein dürften, werden die Krankheiten kurz gekennzeichnet und die heutigen Bezeichnungen beigeschrieben; doch ist die Identifizierung der Krankheiten mitunter nicht eindeutig möglich. Die Ausführungen Schmutzers (Anhang a. a. O., S. 24—35) werden hier nicht wiederholt, wurden aber mit Nutzen berücksichtigt. Sie werden durch die folgende Aufstellung z. T. ergänzt und beeinträchtigt. Aus anderen als den im Anhang abgedruckten Handschriften wie aus Drucken verwandter Art werden gelegentlich aufschlußreiche Bemerkungen und Benennungen angeführt. Schließlich werden die Heilmittel Albrants mit den nötigen Erklärungen aufgezählt.

Mit Absicht werden die Texte nicht mit Siglen bezeichnet. Statt dieser meist erwünschten, aber blutleeren Kurzzeichen werden die Handschriften mit derart gewählten Abkürzungen bezeichnet, daß sie ständig Vorstellungen ermöglichen und wacherhalten. Die nötigen Angaben über die Handschriften sind den Texten vorangeschickt.

Diese Aufstellung enthält zugleich auch Anhaltspunkte über die Beziehungen der Handschriften zueinander, welche der Feststellung von Zusammengehörigkeiten und Entstehung der Überlieferungsflügel Dienste erweisen.

Nr. 1. Swelich ros ain siechs havpt hab oder daz gestoret sei oder fast von gesücht chranc sei. Alt. Hf. 1, Aug. 1, Pos. 1 (czu stossen adir czustoret), 57, Siegm. 1 (czustozzen), Mü. 1, Schlägl 1 (von ainem stoz czestert), Preuß. Komp. 1 (rutzig), 63, Preuß. Text 1 (czustoßen), Don. 1, Ostmd. 1.

Bezieht sich in der Hauptsache auf Verletzungen des Kopfes, bei denen eitriger Nasenausfluß auftritt, vielleicht hat man auch die Druse auf die hier vorgeschriebene Weise behandelt (Schmutzer, S. 24); auch an die Lungenbrustfellentzündung kann möglicherweise gedacht werden, da bei der rostfarbener Nasenausfluß auftritt. Preuß. Komp. 1 läßt auch an die Rotzkrankheit denken, Schmutzer weist darauf hin, daß in der Nürnberger und der Kopenhagener Handschrift umgekehrt das Rotzmittel gegen sieches Haupt empfohlen wird. Im „Klugen Landmann" (II, S. 130) lebt noch die Bezeichnung Haupt-Sucht. Albrant läßt dem Pferde die Nüstern zuhalten, bis es zu prusten beginnt, wodurch die Entleerung des Eiters herbeigeführt wird. Vorher läßt er gedörrten Rettich (retich, Raphanus) und Zitwer (zitwar, Curcuma zedoaria) pulverisiert mit Wein einflößen. Die offizinelle Zitwerwurzel spielt auch in der Volksheilkunde eine Rolle. Aug. und Ostmd. nehmen auch Lattich (Lactuca) mit dazu, Pos. 1 auch Salz; Preuß. Komp. 63 verwendet neben Zitwer und Rettich auch Attich (Ebulum Garcke); Preuß. Text fügt Wermut (Artemisia Absinthium) bei. Aus der Volksmedizin stammt Pos. 57, das empfiehlt, pulverisierten Hundsschädel in die Nüstern des erkrankten Pferdes einzublasen (Grundvorstellung wohl similia similibus). In der Groß-Schützener Handschrift gilt diese Vorschrift gegen die Rotzkrankheit: Vor die Rütz. Nimb die Hiernschallen von einen hundt, machs zu Pulffer, vndt Reibs dem Roß in die Nasen löcher: so würdts gesundt.

Nr. 2. Swelich ros ainen gesvollen hals hab und nicht verslinden müge. Alt. Hf. 2, Pof. 4, Siegm. 2, Mü. 2, Schlägl 2, Preuß. Komp. 3 (so das ym die druse in dem halse seyn), Preuß. Text 2, Don. 2, Oftmd. 32, meine Hf. 36, Bl. 8ʳ (Fir geschwer in halss).

Lehrt die Heilung der durch Streptokokken verursachten, mit Fieber verbundenen, Schluckbeschwerden verursachenden Abszesse, die, von der Nasenschleimhaut auf die Kehlgangslymphknoten und Rachenschleimhaut übergreifend, in der Umgebung des Pharynx entstehen (Druse, Pharyngitis). Ein vorn mit Werg oder Haar (eng) umwickelter gespaltener Stab wird dem Roß in den Hals gestoßen, wodurch die zugänglichen Eiterherde gespalten werden sollen, was auch heute noch dem Wesen nach neben der Anwendung des Heilserums geübt wird. Hierauf läßt Albrant zwei oder drei rohe Eier mit Salz oder Essig (gegen die verursachte Reizung) dem Pferde eingießen. In Oftmd. ist das Einführen des vorn gespaltenen Stabes weggelassen und nur ein Eiklar wird angewendet; dafür wird auf die Heilsamkeit von Honig und Pappelabsud (in Bier) hingewiesen. Pof. mengt den Eiern Salz und Essig bei, was auch Wolfenbüttel 6015 vorschreibt.

Nr. 3. So du dy würm wellest vertreiben aus dem magen. Alt. Hf. 3, Aug. 20 (in dem buche adir in dem magyn), Pof. 5, 41, Siegm. 3 (in dem magen oder in dem pauch), Mü. 3, Schlägl 3, Preuß. Komp. 25, 49, 68 (an der lebere ader an dem magen ader was yn an dem leybe is), Preuß. Text 3, 26 (Weder den buch biss der pferde), Don. 3, Oftmd. 20.

Diese Wurmkrankheit bezieht sich auf die meist durch Darmparasiten verursachte Wurmkolik oder das Wurmaneurysma an der Gekröseschlagader. Die erkrankten Tiere werfen sich mitunter nieder und wälzen sich (unde nedir wellit, Pof. 41). Gegen den Spulwurm (Ascaris megalocephala) bieten Zusätze besondere Mittel, doch wurden auch die hier angeführten Heilmittel gegen den Spulwurm angewendet. Albrant macht einen Einguß aus Essig, gestoßenen Eierschalen, gebranntem Pfeffer und Hammerschlag: rost ab dem eysen (ält. Hf.), hamir slac (Aug. 20, Oftmd. 20), flug sintir (Pof. 5, flucz sinter, Wien 3011), daz rött von dem eysen (Siegm. 3, rot ab eisen Salzburg), rost abgewetzet. Nach Schmutzer S. 25 ist anzunehmen, daß es Handschriften gibt, die nur dieses erste Verfahren darbieten; er sagt, die zweite Vor= schrift stehe außer in Don. nur noch in der Salzburger Handschrift. Doch schon in der ältesten Handschrift ist das zweite Mittel angeschlossen, welches rät, Gachheil, das in wallendem Wein gesotten wurde, dem Pferde einzugießen. Mit Gachheil wird meist Anagallis arvensis bezeichnet, doch kann auch an Schafgarbe, Günsel, Braunheil und andere Kräuter gedacht werden. Die tschechische Handschrift von 1444 bietet an der entsprechenden Stelle aneb wezmi řebříček (= Nägelein). In Don. erscheinen aycheln statt Gachheil. Pof. 5 setzt außerdem Salz und rockyn deyssym (Roggenhefe, Sauerteig) zu, Pof. 41 verzeichnet dieses Mittel gleichfalls und empfiehlt außerdem, im Winter Rindermist mit Essig einzugießen; Preuß. Komp. 68 verabreicht Honig und Enzian in Wein. Aus der Volksheilkunde sind die Wurmsegen bezogen (Aug. 21, Schlägl 4, Preuß. Komp. 27 u. a.). Das bei Pof. 5 heimlich nachts um den Hals des Pferdes gehängte Roßbein ist eine Entlehnung aus dem zaubermedizinischen Zusatzmittel gegen den „Wurm zwischen Haut und Fleisch" (Nr. 4). Heinrich von Pfolspeundt verabreicht gegen Spulwürmer bei Mensch und Tier unter anderem auch gestoßene Eierschalen und Pfeffer (Cap. LXIII): vnnd stos tzw puluer gepuluert eyer schalen, gestossen pfeffer, als gleich tzwsamen gemischt. vnnd nim das sso vill du mith den tzweien fordern fingern vff heben kanst vnd sewdt es in wein essigk. vnd tring das warm morgens vnd vff die nacht, es hilft. dem pferde gib es vff ein moll als ein tawbeney gros, vnd gib im das mher. die kunst hath mir nie kein moll gefelth. Das von Pof. 44 überlieferte

Spulwürmermittel hat damit nichts zu tun (Einguß von swercze), es scheint vielmehr eine Übertragung des lediglich Defäkation anstrebenden Mittels gegen den Afterzwang zu sein (vgl. Nr. 21). Im „Klugen Landmann" (II, S. 122) kehrt diese Anwendung wieder: Für die Würm im Bauch und Magen. Nimm ein Gläslein Schuster-Schwärtz, gieß dem Pferd ein wenig warm ein. Das Mittel des Preußischen Textes 26 (Umbinden einer Hopfenranke) ist ein Zusatz aus der Volksheilkunde.

Nr. 4. So daz ros den wurm hat zwischen der haut in dem vleisch. Alt. Hf. 4, Pos. 6 (handelt von den drei Arten des Bürzel unter der Überschrift Vor den worm czwissen der huyt, s. Nr. 24), Aug. 22, Pos. 42 (pirczil czwischen huyt unde fleysche), Siegm. 4 (den půrczel der würm), Mü. 4 (büsel), Schlägl 5, Preuß. Komp. 50 (pyrczel), 70 (pyrczel), Preuß. Text 4, Don. 4.

Mit „Wurm" bezeichnete man um sich fressende Geschwüre verschiedener Art. Schmutzer bezieht die Vorschrift auf den Pseudorotz und die Druse der Subkutis. Vielleicht gehören hierher auch Fälle der aus chronischer Entzündung entstehenden Schale, gegen die scharfe Einreibungen oder punktweises Brennen nützlich sind. Albrant verordnet Brennen und Einstreuung von pulverisiertem gebrannten Roßbein und Spangrün (Grünspan, Grünspat, d. i. viride hispanum). Die durch die älteste Handschrift erbrachten Belege für dieses Wort (grünspat, ain chraut spangruen) sind bemerkenswert, da Grimms Wb. die Bezeichnung nicht vor Beginn des 15. Jahrhunderts nachweist. Auch die zahlreichen Nennungen in den schlesischen Handschriften und das Vorkommen in der Donaueschinger Handschrift sind älter als die Belege Grimms.[1]) — Pos. 42 durchbrennt die Beule und füllt die Wunde mit Hirschunschlitt. Aug. 22 und Preuß. Komp. 50 gießen auch Essigabsud von bramwurcz (bremwurcz, Braunwurz = Scrofularia?) ein. Dies ist gewiß anderer Herkunft wie auch Preuß. Komp. 70 (Maulwurf, Regenwürmer und Kopf eines Hundes zu Pulver gebrannt mit altem Schmer). Helmhard von Hohberg, Das adeliche Land- und Feldleben, Nürnberg 1716, 2, 198ᵃ empfiehlt gegen den Wurm oder Bürzel Teufelsabbiß (Succisa). Das zweite, schon in der ältesten Handschrift vorkommende Mittel, heimliches Umhängen von Roßbein, stammt aus der Zaubermedizin und kommt wohl nicht der Urschrift zu. Aus der Volksmedizin stammen auch die Segen Pos. 43 und Preuß. Komp. 71. Im „Klugen Landmann" dient Albrants Mittel Für den Wurm an der Nasen (II, S. 133). Nach einem anschließenden Rezept muß das verbrannte Gebein von einem Roß sein, das am Wurm gestorben stammen.

Nr. 5. Swelch ros wazzer reh ist. Alt. Hf. 5, Aug. 5 (von dem wassir czu unrechte), Pos. 7, 23, Siegm. 5 (tzu rách), Mü. 5, Schlägl 6, Preuß. Komp. 4 (von wasser kranck), 38 (von dem wasser czu unrecht), 78 (Welch ros sich vorvehet von wassere). Don. 5, Ostmd. 5 (wasser ssich, vom Schreiber gebessert aus wassersucht) diu raehe bezeichnet verschiedene Leiden des Pferdes, meist eine Gliedersteifheit mit Entzündung der Hufleberhaut, Senkung des Hufbeins und Verwölbung der Hornsohle. Die Wasserrähe (durch Wasser verursacht) ist rheumatischer Art. Albrant erkennt sie am Triefen der Nasenlöcher und verordnet Aderlaß an der Halsader. Preuß. Komp. 38 schlägt an dem halze adir die houbt odir. Noch heute erfolgt bei der Rähe ein sofortiger ausgiebiger Aderlaß neben Einspritzung des speicheltreibenden Pilokarpin. Es ist bemerkenswert, daß Rusius, der gegen die Infusio Equi (Cap. CXXXVII) zahlreiche Mittel kennt, den ihm eigenartig erscheinenden Aderlaß als das Mittel des deutschen Magisters Maurus bezeichnet: Magister Maurus materiam de infunditura aliter prosequitur . . . aliquoties ex potu festinato post annonam infunditur equus, eo quod humores inferius infunduntur et occupant

---

[1]) Doch soll das Wort schon um 1300 ins Tschechische entlehnt worden sein. (A. Mayer, Die deutschen Lehnwörter im Tschechischen. Forschungen zur sudetendeutschen Heimatkunde, Heft 3, Reichenberg 1927).

imam partem, sive quia ex calore dissolvuntur, sive ex multitudine humorum . . .
Cura: Ante omnia (si ex comestione processerit) caveatur a cibo et potu, postmodum de vena colli, sive de vena cruris anteriories sub genu de utraque tibia, usque ad liptomiam (hoc est usque ad defectionem) minuatur, et in aere frigidissimo, sive in aqua usque ad ventrem, manere permittatur. — Später wurden die verschiedenen Arten der Rähe vielfach zusammengeworfen: wann ein Roß zu rehe worden, es sey vom Wind, Wasser, Lufft oder Futter oder sonst überritten ist (Rothens Memorabilia Europae, S. 3 des Anhangs Reysender Pferde-Cur, Ulm 1711). — Aus der Volksheilkunde stammt der Rähesegen, Poj. 51.

Nr. 6. Swelch ros mavchel reh ist. Alt. Hj. 6, Aug. 6 (von mancher leyge czu unrechte), Poj. 8, Siegm. 6, Mü. 6 (matelrat), Schlägl 7, Preuß. Komp. 5 (im enckil czu unrechte), 41 (vorvangit adir von mancherley handen zcu unrechte), 79, Preuß. Text 5 (in dem enckil cranck), Don. 6 (meüchelrehe), Oſtmd. 6 (vonn mancherley zcu unrechte).

Eine besondere Art der Rähe, aus verschiedenen Ursachen. Die mißverständliche Umſchreibung von mauchelreh durch von mancherley czu unrechte iſt ſachlich gar nicht so übel. Gewiß gehört die Belaſtungsrähe hierher. Die Bezeichnung mauchelraeh nimmt das Beſtimmungswort augenscheinlich von der Fußkrankheit mûche, die jedoch auch bei Albrant von der Mauchelrähe unterſchieden wird. Das erkrankte Roß ſpreizt ſich auf den Ballen. Die Heilung wird durch Aderlaß an den Beinen erzielt.

Nr. 7. Swelich ros wint reh ist. Alt. Hj. 7, Aug. 4 (von dem winde czu unrechte), Poj. 9, 24, Siegm. 7, Mü. 7, Schlägl 8, Preuß. Komp. 6 (an dem wynde czu unrechte), 40 (von dem rennen czu unrechte), 80, Preuß. Text 6, Don. 7, Oſtmd. 3 (von dem winde sich).

Die Windrähe wird von Albrant an der Ähnlichkeit der Symptome mit der Herzſchlächtigkeit erkannt. Schmutzer denkt daher (S. 27) wegen der dadurch betonten Beeinträchtigung der Atmung in erster Linie an die Lungenentzündung. Von den Ursachen hebt Poj. 40 (übermäßiges) rennen hervor. Auch Heyden, Plin. 208 (1571) befürchtet hiebon Windrähe und gibt ein Zaubermittel dagegen an: wenn man den pferden die großen stockzehen von den wölfen anhenkt, so sollen sie im rennen nicht balde müd, noch räch geritten werden (nach Grimms Wb.). Albrant empfiehlt Aderlaß zwiſchen Augen und Ohren. Das übernimmt u. a. auch Conrad Forer, Tierbuch 135ᵃ (Frankf. 1583): so ein pfärit räch vom wind ist, so sol jm di ader zwüschend den augen und oren aufgeschlagen werden. — Oſtmd. ſpricht vom Aderlaß an den oůgen unnd in den ohren.

Nr. 8. Swelich ros fueter reh ist. Alt. Hj. 8, Aug. 5 (von dem futir czu unrechte), Poj. 10, 25, Siegm. 8, Mü. 8, Schlägl 9, Preuß. Komp. 7 (von dem futter czu unrechte), Preuß. Text 7 (von dem futter czu unrechte), Don. 8, Oſtmd. 4 (vonn vutter czu unrechte).

Die Futterrähe iſt eine Krankheit infolge Aufnahme eines Übermaßes oder ſchlechten und unreifen Futters (Gerſte, Roggen). Der aufgetriebene Bauch und ein Kolikanfall machen das Übel sichtbar. Statt der heute verwendeten Aloepille gebraucht Albrant das Seifenzäpfchen. Dieses bewährte Mittel begegnet allüberall, z. B. Forer, a. a. O.: so aber räch vom futer wäre, und der bauch sich aufblaszt, sol jnen seichpfen in den hindern gethon werden. In der Groß-Schützener Sammlung empfiehlt das 66. Rezept: Stoß ihm venedische Saiffen in arsch, und ein Knollen salcz.

Nr. 9. Swelich ros den trit hab. Alt. Hj. 9, Aug. 7, Poj. 11, 26 (eynen trit der blutig ist), Siegm. 9, Mü. 9, Schlägl 10, Preuß. Komp. 8, 52, Preuß. Text 8, Don. 9, Oſtmd. 7 (34).

„Blutiger Tritt" (= Fußspur) infolge von Verletzungen. Schmutzer S. 27 denkt hauptsächlich an „Verwundung der Hufkrone durch falsches Treten des anderen Beines" unter Hinweis auf die Stelle Dat sick myt deme vote vp den anderen tredt (Wolfenbüttel Cod. 6015). Die Stelle wird gereinigt (schone gemacht) und alle Tage oder täglich zweimal mit gebähtem Brot zugebunden, um Eiterung zu vermeiden oder zu beheben: so stinchkt (neczit) er nicht. Bei Jacob Theodor Tabernaemontanus (Kräuterbuch) 596, Basel 1687) soll man gebähetes Rockenbrot verwenden. M. Böhme, Roszartzney 55 (1618) empfiehlt: dem soll man ein wenig mit werck darauffbinden. Für Plattdeutschland belegt Grimms Wb. (Mnd. Wb. 4, 608) Anwendung von gestoßenem Schwefel: so karve den tredt ut unde schudde der yn stotten swevel. Oftmd. 34, das ungelöschten Kalk mit Eiweiß empfiehlt, ist nicht von Albrant herzuleiten.

Nr. 10. Swelich ros ain ays hat. Ält. Hf. 10, Pos. 12, 27, 35 (eyn swolst), Siegm. 10, Mü. 10, Schlägl 11, Don. 10, in der Debrecener Handschrift hinter dem Zwanghuf.

eiz = Geschwür, Eiterbeule. Wird kreuzweis durchbrannt, darauf wird Schwefel mit einem heißen Eisen eingeträufelt und die Stelle mit gebähtem Brot und Salz zugebunden. Später wurde mitunter dieser Fall nicht eigens angeführt, doch wurde er auch ins Tschechische übersetzt: Ktery kon nezyty kdezkoli, tomu koni rozrzez nakŕyz horkym zelezem a wpust tam třen syry a wezma topeniczy dobrze slanu, nawiezyz mu na to dewatkrat dne.

Nr. 11. Swelich ros einn gespalten fuez hat. Ält. Hf., doch folgt unter dieser Überschrift das Mittel gegen das Verbällen, Aug. 19, Pos. 15, 28, Siegm. 11, Mü. 11, Schlägl 12, Preuß. Komp. 24, 48, Preuß. Text 9. Don. 11. Oftmd. 19.

Hier sind die Lahmheit verursachenden Hornspalten (hohle Wand, Hornkluft) gemeint, die heute durch Vernieten und Einlage von Hufagraffen unschädlich gemacht werden. Albrant erwähnt nichts von zweckentsprechendem Hufbeschlag, sondern läßt lediglich die Spalte „zwischen Huf und Haut" auftun und einen Lappen hineinlegen, der mit Eiweiß und Dinkelmehl (ein taiglein mit dinkel mel, tinkel mel, aber auch semil mel, wurm mel) bestrichen ist. Schlägl nimmt dazu noch Wein. tinkel mel auch in der Debrecener Handschrift; hier schrieb der Schreiber zunächst: vnd leg darauf ein chugel von trucken melb, doch wurde ihm oder dem Korrektor bewußt, daß trucken nicht der Vorlage entsprach und schrieb daher an den Rand dazu: vō tinkl oder waytz (erg. mel). In der ältesten tschechischen Handschrift heißt es Bl. 320ᵛ z biele muky.

Nr. 12. Welch rozz verpellet wirt. Siegm. 12, Ält. Hf. (unter der Nr. 11 angeführten Überschrift), Aug. 10, Pos. 16, 29, Mü. 12, Schlägl 13, Preuß. Komp. 13, 36, Don. 12.

verbellen bedeutet „beschädigen, so daß eine Geschwulst (am Huf) entsteht" (= Entzündung der Hufballen). Albrant empfiehlt, was noch heute bei der Steingalle geübt wird: Abnehmen des Eisens, Aufschlagen des Ballens und Auflegen von wassergetränktem Werg (erweichender Umschlag). Die Groß-Schützener Sammlung weiß gegen das Verbällen drei Mittel: Nr. 129. Dem Brich das Eyßen ab, und schlag dem Böhlen auf, leg ihm auch alle tag ein wachß mit wasser darauf. Nr. 130. So soll man ihm die Eyßen abprechen, und soll ihm die Böhlen aufschlagen, und wegschneiden, auch alletag wachß daüber legen. Nr. 131. Brich das Eyßen ab, undt schneid in den fueß, thue darein hayßen aschen auß dem offen, und güeß darein einen Essig.

Nr. 13. Swelich ros daz ayter aus geprosten ist. Ält. Hf. 13, Pos. 13 (30), 31, Siegm. 13, Mü. 13, Schlägl 14, Preuß. Komp. 81, Preuß. Text 10 (Wider die aglei, Südb. 1, Preuß. Komp. 56, Preuß. Text 23).

Eingreifen in dem Augenblick, da der im Hornschuh angesammelte Eiter an der Hufkrone durchbricht. Durch „Auskehren" ermöglicht Albrant der Flüssigkeit den Abfluß und sucht durch Auflegen von Hundsmist Infektionen zu verhüten. Pos. 30 gibt einen einleuchtenden Fingerzeig, wie man die Stelle der Erkrankung vor dem Austritt von Eiter feststellen kann. — aglei, ageley, die agelen, vielleicht sprachlich von hagel = hufig herzuleiten, ist in den angeführten Texten ein mir sonst nicht begegneter Fachausdruck für dasselbe Übel. Jedenfalls deutet die unter dieser Überschrift gegebene Behandlung (Auflegen von Hundsmist und Einstreuen von Spangrün) auf eine Erkrankung ähnlicher Art. Die südböhmische Handschrift läßt außerdem weit (d. i. das Färbekraut Waid) darüberbinden.

Nr. 14. Swelich ros daz gurvay hat. Alt. Hs. 14, Pos. 17 (cucsay), 32 (corvey), 59 (corney), Siegm. 14 (churfal), Mü. 14 (gurpfay), Schlägl 15 (curfair), Preuß. Komp. 9 (corveyen), 55 (korney), 82 (korney), Don. 16 (gürfey), Ostmd. 8 (kurse), zurfa Wien 3217, weitere Belege bei Schmutzer.

daz curvei ist eine Geschwulst an den Füßen des Pferdes. „Welche Hufzustände in Betracht kommen, ist unbestimmt; möglicherweise fällt Strahlfäule darunter" (Schmutzer S. 29). Das Wort kommt von frz. courbe (ital. corva, lat. curba bei Rusio) und war bald nicht mehr verständlich. Grimms Wb., das die Form Gurfei aus dem Albrechtdruck von 1542 kennt, erklärt weder die Krankheit noch das Wort. In der Groß-Schützener Sammlung heißt die Krankheit die gutfeür. Die Heilung wird nach Albrant durch Aufbinden von gesottenem Honig mit Knoblauch in ein bis drei Tagen erzielt, in Wien 3011 beansprucht sie dreizehn Tage. Pos. 17 verordnet Knoblauch mit altem Schmer, Pos. 59 empfiehlt, Hundsmist mit Spangrün unter Werg darüberzubinden, in Wien 3011 ist hering aus honig geworden. Unter der Überschrift Item welch pfert egilfussig ist (igelfüßig) gibt Preuß. 18 Mittel anderer Herkunft, welche auch das korffey heilen sollen.

Nr. 15. Swelich ros die chelsucht hat. Alt. Hs. 15, Pos. 33, Siegm. 15, Mü. 15, Schlägl 16, Preuß. Komp. 83, Preuß. Text 11, Don. 14.

Peter Uffenbach (Neues Roßbuch, Frankf. 1603) erklärt die Krankheit so: die strenge oder kelsucht ist eine entzündung der luft- und speisröhre, verstopft den ganzen hals des pferdes. Ähnlich Seuter (29): das pferd gewint underweilen die strenge oder keelsucht, d. i. wann dem pferd die weg in der keelen, dadurch der athem geht, bisz in die naslöcher dick, eng und verstopft werden, darumb es auch vast musz husten (nach Grimms Wb.). Es handelt sich also wohl wiederum um die Druse, vielleicht auch um das chronisch verlaufende Kehlkopfpfeifen, dem man heute mit Strychnineinspritzungen beizukommen sucht. Albrant läßt dem Pferd 24 Eiklar mit Weihrauch einflößen und das mit je einem Ring um Hals und Brust versehene Tier sich in Schweiß arbeiten. Im Schlägler Text geschieht dies durch Reiten. Siegm. 15 und Preuß. Komp. 83 nehmen auch die Schalen der Eier mit dazu, doch sind es in der Preußischen Kompilation nur 20 Eiklar ohne Weihrauch. Pos. begnügt sich mit 5 Eiklar, München mit 4, doch wird hier Wermut zugesetzt. Das Ziel ist, die Schleim- und Eitermassen zu lösen: darnach so prist es von ym (Siegm.). Die Kehlsucht wurde zuweilen auch mit der Rotzkrankheit (s. Nr. 16) zusammengeworfen. Die Groß-Schützener Sammlung, die mehrere Mittel gegen die Kehlsucht verzeichnet, überschreibt auch folgendes „Kehlsucht": Nr. 64 (entspricht hier Nr. 2). Der nimb Zwey Rohe Ayr, misch die mit Essig vndt salz, nimb ein Stab der vornen zerspalten Sey, umb wündt ihm mit wercke, und würff das Pferdt nider, stoß ihm die obemelten drey stuckh in den halß, biß die Ayr (!) brechen. — Nr. 65 (hier Nr. 16 entsprechend). Wann dem Roß der Halß und der Kopff groß geschwollen, so schmiern die geschwulst mit Baumöehl, bindt alß dann einen frischen haßenbalckh, das Rauche außwerts, darumb, hernach nimb Quecksilber, zertreibs in baumöel, dauch 2 federn darein, Steckhe sye dem Roß in Beede Naasen löcher dieff hinein. Im „Klugen Landmann", wo die Krankheit Gelbsucht heißt, sind die als Fontanell dienenden Ringe aus Eisen, während sie sonst wohl aus Leder hergestellt wurden: Für die Gelbsucht. Nimm das Weiße von 25. Eyern, zerbrock und (so!) gibs ihm zusammen in den Hals, hernach leg ihm einen eisernen ring um den Hals, so wirds gesund. In einem auf dieses folgenden Mittel wird auch der ererbte Weihrauch beigemengt.

Nr. 16. Swelich ros roetzig ist. Alt. Hf. 16, Aug. 2, Pos. 34, Siegm. 16, Mü. 16, Schlägl 30, Preuß. Komp. 2, 37, Preuß. Text 12, Don. 15, Ostmd. 2 (30), 31.

Die gefürchtete Rotzkrankheit (Nasenrotz, Malleus), die nun in den Kulturländern so gut wie ausgestorben ist, gilt auch Albrant als unheilbar, doch behauptet er, das erkrankte Tier für ein halbes Jahr gesund machen zu können. Die Texte sagen, daß das Pferd entweder gleich sterbe oder nach acht Tagen gesund werde und nach einem halben Jahre verende. Nach dem Schlägler Text kann es länger gesund bleiben, was auch Posenanie (beide Male durch Weglassung der einschränkenden Angaben der übrigen Handschriften) zu meinen gestattet. Im ältesten Text wird das Tier — wohl gleichfalls durch Weglassung — nach acht Tagen gesund oder stirbt. Am zuversichtlichsten ist der Text der Breslauer Augustiner, wo das Sterben überhaupt nicht in Betracht gezogen wird. Der Roßarzt Augusts des Starken (Hf. 39 des „Sudetendeutschen Archivs") sagt über den Rotz S. 87: Der Stein Kropf oder Roz ist eine Krankheit, welche von den verständigen Pferde Aerzten für unheilbar ausgegeben wird und diejenigen, welche sich gerimt haben, das einen Roziges Pferd von ihnen erhalten worden, haben gemeiniglich den Stein Kropf von der flüßenden drüße nicht zu unterscheiden gewust. Albrants Mittel besteht aus einem halben Pfund Baumöl und einem Viertel (eines Pfundes) Quecksilber, das nach dem Aufwallen dem kranken Pferd in die Nüstern gegossen wird. Das Mischverhältnis ist bei Aug. 2 und Ostmd. 2 nicht bezeichnet. Pos. nimmt nur ein Achtel Quecksilber, ebenso die Salzburger Handschrift. Ostmd. 31 ist von Nr. 1 (Hauptsucht) abzuleiten; in der Kopenhagener Handschrift dient das Rotzmittel gegen die Hauptsucht. Ostmd. 30 (pulverisierte Hechtschuppen unter dem Futter) hat mit Albrants Rotzmittel nichts zu schaffen. Albrant benützt Hechtzähne oder nach anderen Texten Hechtschuppen nur gegen Satteldruckschäden. Laurentius Rusius, der sich eingehend mit dem Nasenrotz beschäftigt (Kap. LXXI, S. 128—134) und mehrere Meinungen und Mittel anführt, kennt nicht die Quecksilberbehandlung. Nach Preuß. Komp. 37 heilt das Mittel Albrants den Rotz selbst dann, „wenn ihn niemand vertreiben kann". Das deutet auf das Vorhandensein auch anderer Rotzmittel in der Heimat des Schreibers. Ob und wieviel das Mittel Albrants zur allmählichen Ausrottung der Rotzkrankheit in Deutschland beigetragen hat, vermag ich nicht zu beurteilen. Ein Soldatenmittel verzeichnet Graf Johann Michael Kaunitz (Sudetendeutsches Archiv Hf. 36, S. 394): Ein Hengstel von der Stutten Czunczemuncza — ist den gantzen winter 1700 sehr kranck geweßen, daß gar ein forderer fueß gantz erlamet, alß habe den Pfannenschmidt von Gronsfeldischen Regiment nahmenß Fridrich Zwiefel dazue gehen laßen, welcher dießen schon so lang krancken tier einen solchen starcken einguß von weinlager, weineßig, alt schmer, quecksilber, weiß von eiern vndt Saffran geben, daß eß gleich vndtern henden todt gefallen den 8: April 1700. Daß hier Rotz das Hauptübel war, wird durch einen am selben Tage eingetragenen Vermerk über ein Hengstel von der Stutten Muncifaya zu schließen nahegelegt (S. 354): ist anno 1700 den gantzen winter an rotz sehr kranck geweßen, weilen eß alßo schon vncurabel war vndt der Czunczemuncza ihreß dießen tag alß den 8: April nach den starcken einguß verreckt, alß habe dießes auch hinauß treiben vndt todtschlagen laßen.

Nr. 17. Swelich ros revdig ist. Alt. Hf. 17, Aug. 13, Pos. 45, Siegm. 17, Mü. 17, Schlägl 17, Preuß. Komp. 15 (43), 75 (gryndecht), Preuß. Text 13, 28, Don. 17, Leipziger Univ.-Bibl. 1244, Nr. 10, Ostmd. 13.

Gegen die Räude verwendet die älteste Handschrift Schwefel, altes Schmer, Stripfwurz und menschlichen Harn. striphvurtzen (strephewurczen, strupwurtz, Don. stripfen würtzen), bei Lexer und Grimm nicht zu finden, ist mit Ochsenzungen=wurzel identisch. Das lehrt Pfolspeundt, bei dem es heißt: ochßen tzungen wurtz anders genant strupffen wurtz. Es handelt sich demnach um die Radix Anchusae officinalis.*) Die älteste tschechische Handschrift bietet dafür wolowy yazyk, die Leipziger Hs. belegt ochsenzcunge. Die Bezeichnung Stripfwurz nimmt ihr Bestimmungswort von der Krankheitsbezeichnung Strupfen, welche die Räppigkeit oder Räude meint. Dies geht aus einer Stelle im „Klugen Landmann" hervor, wo es heißt: Es ist zu wissen, daß die Rappen, Strupfen und Maucken einerley sey und aus einer Ursach herkommen (II, S. 129). Das Wort strupfen wurde als strupy (Plur.) ins Tschechische übernommen, vgl. die Besprechung der Handschrift XVII E 42 der Prager National- und Universitätsbibliothek. — Siegmund fügt zu dem Mittel der ältesten Handschrift noch Spangrün hinzu und Mü. und Preuß. Text 13 folgen dem. In letzterer Handschrift wird Schwefel, Spangrün, Kupferwasser, Ochsenzungen=wurzel (strephe wurtzen) in Schweinefett warm zur Salbung empfohlen. Die Abhängigkeit von Albrant verrät die Fügung in der sonne adder in eyner warmen stoube. Die Stripfwurz wird in mehreren Handschriften weggelassen, begegnet aber auch noch im „Klugen Landmann": darinnen siede Strupfen-Wurtz und Wermuth-Kraut (II, S. 130). Aug. verwendet nur Schwefel, Schmer und Span=grün. Pos. ersetzt demgegenüber das Spangrün durch pulverisierten Menschenkot. Zugleich empfiehlt er auch statt dessen bloß Hühnermist zu verwenden und mit Harn zu waschen. Preuß. Komp. 15 begnügt sich mit Schwefel und Spangrün. Preuß. Komp. 43 und 75 sind Mittel, die gleichfalls aus Albrant hervorgegangen sind: Waschung mit Lauge und Reiben mit einem Wolltuche, bis die kranke Stelle blutet, sodann Salbung mit altem Schmer und Alant (Inula) mit Schwefel — und zwar an der sonnen, wodurch sich Albrant in Erinnerung bringt. In Don. geschieht die Abreibung an der smitten (in der Schmiede, statt an der sonnen). Die ostmittel=deutsche Handschrift Wien 15.101 liest nicht yn eyner heißen stalen („Stallung"), wie Schmutzer nach Rieck zitiert, sondern deutlich stoben statt stalen. — An der Sonnen oder bey einer Glut geschieht die Heilung in der „Vollkommenen Pferd= und Reitkunst", Nürnberg 1689. Heute verwendet man Perubalsam, Kreolin, Lysol, Tabakabsud, Schmierseife mit Spiritus, Bäder usw.

Nr. 18. Swelich ros vernagelt ist. Alt. Hf. 18, Aug. 8, Pos. 14, Siegm. 24, Mü. 22, Schlägl 18, Preuß. Komp. 10, 34 (51, Hufsalbe), Preuß. Text 14, Don. 22, Ostmd. 9.

Unter Vernageln versteht man fehlerhaftes, Verletzungen verursachendes Ein=schlagen der Hufnägel, gelegentlich wohl auch wann ein Roß in einen Nagel getretten (Rothens Memorabilia Europae), was in der Wirkung dasselbe ist. Albrant läßt gestoßene Hirse, in Schmer gesotten, nach Abnahme des Eisens über den Huf binden. Das Pferd kann dann am nächsten Morgen wieder beschlagen und geritten werden. Nur Schlägl läßt damit bis zum zweiten oder dritten Tag warten. Die Texte lassen keinen Zweifel darüber, daß es sich um Hirse (Panicum) handelt: hierse wol gestozzen, Alt. Hs., hyrse mit aldem smere, Aug., Pos. und alle andern Handschriften ebenso eindeutig (nur Preuß. Komp. 10 Schmer mit altem Bier), in der ältesten tschechischen Handschrift dobre warzene yahli s horkym sadlem. Aus hirse mit unschlit wurde jedoch irgendeinmal Hirschenunschlitt, der beispielsweise in der Groß-Schützener Sammlung auftaucht. Eine andere, wohl gleichfalls in einer Schreibstube zustande=

---

*) Doch ist bei Götze strupfwurtz = Sauerampfer.

gekommene Änderung bietet Preuß. Text 14: hirs wurcz gestoßen mit heysem smere. hirs wurcz kann meinen: 1. Hirschwurz = Peucedanum Cervaria Cusson, 2. Hirschwurz = Aronicum scorpioides Koch, 3. Hirschwurzel = Laserpitium Archangelica Wulfen. Hirschunschlitt ist in der späteren Zeit ein sehr beliebtes Heilmittel. Der „Kluge Landmann" (II, S. 121 f.) verwendet es auch So ein Pferd den Fuß verböllt oder reh gewesen, auch Für den Huf und Horn-Spalt und andere Hufkrankheiten. In Niederdeutschland wurde die verletzte Stelle gelegentlich wohl auch ausgebrannt: deme sal man utbrennen alze eyneme trede (Grimms Wb. nach Schiller=Lübben, Mnd. Wb. 4, 608). Wien 3217 liest hasn smalcz statt heizem smalcz und Schmutzer scheint dem Hasenschmalz den Vorzug zu geben (a. a. O. S. 32). Doch bietet die älteste Handschrift mit haizzem smerb und fast die ganze Überlieferung folgt dem, so daß wohl Hasenschmalz das Jüngere ist.

Nr. 19. Swelich ros geschozzen ist und du den pfeil nicht gewinnen macht. Alt. Hf. 19, Aug. 9, Pos. 22, Siegm. 23, Schlägl 20, Mü. 23, Preuß. Komp. 11, Don. 23, Ostmd. 10.

Über das Herausziehen von Pfeilen im allgemeinen, worüber bei Menschen Heinrich von Pfolspeundt besonders eingehend handelt, verbreitet sich Albrant nicht, sein Mittel bezieht sich nur auf das Entfernen von Pfeilteilen, derer man mit der Hand nicht habhaft wird. Dieser Sonderfall wird von Rusius nicht behandelt, der Italiener sorgt nur für die Behandlung vergifteter Pfeile. Von Wunden durch Büchsenschuß ist auf langehin auch nach Erfindung des Schießpulvers nicht die Rede. Haeser bemerkt dies bei Pfolspeundt als merkwürdig. Auch in den hier vorgelegten Texten ist vom Kugelschuß nirgends die Rede, erst die Groß-Schützener Handschrift liefert einen Beleg dafür, daß das Pfeilschußmittel auch zur Entfernung der Flintenkugel angewendet wurde (Nr. 17): Wann ein Pferdt geschossen würdt, das Mann den Pfähl oder Kugel nicht kan gewünnen. Nimb ein Krebsen, und Stoß dem mit haißen schmer und binds dem pferdt auf den schuß, so ziehts die Kugel oder Pfeill yber nacht herauß. Ein anderes Mittel, lediglich für die Entfernung der Kugel dienend, steht in meiner Hf. 36, Bl. 68 r. Dies ist genau Albrant entnommen, nur gedenkt Graf Kollonitsch ausdrücklich auch der Gewehrkugel. In der ältesten Handschrift steht in dieser Vorschrift hasen smaltz; im vorigen Rezept könnte in der Wiener Handschrift 3217 das Hasenschmalz statt des heißen Schmers in Angleichung an diesen Fall zustande gekommen sein. — Nach dem Handwörterbuch des deutschen Aberglaubens (Stichwort Krebs) entfernte man auch bei Menschen den Pfeil oder die Kugel durch Auflegen von gestoßenen Krebsen mit Magnetstein. Der Krebs spielt schon bei Dioskurides, Plinius u. a. eine Rolle als Heilmittel, ist also in einem schulmedizinischen Roßarzneibuch nicht notwendig als ein Einsprengsel aus der heimischen Volksheilkunde zu betrachten. Schmutzer führt S. 32 Handschriften an, in denen mißverständlich statt des Krebses Kürbis, Kren, Krenwurz (= Merrettich) und Kornwurz auftauchen. Die medizinische Sammelhf. 125 des „Sudetendeutschen Archives" enthält einen Pfeilsegen.

Nr. 20. Swelich ros hagen huof ist. Alt. Hf. 20, Pos. 39 (Welch ros halhuwek ist), 62 (Contra haylhuuer, Wor dy haynhuwe), Siegm. 32 (Welch rozz hagel hůff ist), Mü. 29 (gagenhuff), Schlägl 19 (Wan ein ros agenhueffig ist), Preuß. Komp. 64 (Hot deyn pfert den hagel), Don. 29, Göttingen 26 (hagel hoüich).

Was unter der so bezeichneten Hufkrankheit zu verstehen sei, steht nicht fest; Schmutzer denkt an Entzündung der sogenannten Krone, wobei er auf Peter Uffenbachs Ruini-Übersetzung (6. Buch, 49. Kap.) hinweist.[1]) Die dort stehende Überschrift Wenn ein Pferd Hanhüfig oder Struppfhärig ist setzt augenscheinlich eine alte Aus-

---

[1]) Sudhoff, Arch. f. Gesch. d. Med., VII (1914) übersetzt hagel hoüich durch „strupphufig strupprauh".

druckweise fort, denn sie ist schon in der ältesten tschechischen Übersetzung des Roß=
arzneibuches nachgebildet worden: Ktery kon ma haghuf, to gest kdyz se wlasy
nad kopite drastie, k tomu wezmi cyste kadidlo a rozyz to na dwa prsty usw.
Der Name der Krankheit ist nicht klar. Haghuf, Hagenhuf, Hanhuf, Hagelhuf, der
Hagel, dazu das Eigenschaftswort halhuwek (hagelhufig) und die Benennung eines
an diesem Übel leidenden Pferdes Hagelhufer (weitere Schreibungen bei Schmutzer
a. a. O.), diese Ausdrücke sind weder Grimm, Götze und Lexer noch der gegenwärtigen
Fachsprache bekannt. Hufschmiede, Tierärzte und Ärzte konnten mir keine Erklärung
geben. Vielleicht ist das Bestimmungswort mit hagen, hain (Dornbusch) zusammen=
zubringen, „der von Haaren umhegte, umwucherte Huf". Schmutzer spricht von
„den gesträubt stehenden Haaren" und vermerkt, daß Rieck aus einer Stelle bei
M. Seuter ableitete, daß „die Bezeichnung agenhuof u. ä. auf die Hufknorpelfistel
beschränkt wurde. Albrants Behandlung ist folgende: pechgetränktes Werg wird
warm für drei Tage über den Huf gebunden, hernach wird der Fuß mit einem Gemisch
aus Kleie, Salz und Essig abgerieben. Dieses Mittel der ältesten Handschrift wenden
auch Pos. 62, Siegm., Mü. und die Preuß. Komp. an. Pos. 39 empfiehlt, den
Haghuf wie die Rappigkeit mit Brennen des Haares und Schwefel, Schmer und
Salz zu behandeln. Schlägl brennt und streut Spangrün auf und wäscht mit Alant=
wurzel= oder Eisenkrautwasser. Was letzteres ist, hilft wiederum Pfolspeundt erkennen.
Bei ihm kommt gross eysenkrauth mit gelen blumen vor (Crepis tectorum, von
dem Herausgeber mit Fragezeichen versehen); daneben gibt Pfolspeundt an, daß
adermennig an itzlichen enden ... auch eissenkrawth genannt wird. Auch die
älteste Handschrift kennt eine Waschung: chalchez (= Kaltguß) von aschen aus
magen halm (Mohnhalmen).

Nr. 21. Sver daz getwang hat. Ält. Hs. 22, Aug. 18 (Welch ros daz vorstelle
hot), Pos. 19 (WElch ros den buch getwang hat), Südb. 1, Siegm. 26 (Welch rozz
daz verstell hat oder daz twanchk), Mü. 25 (fürgestelle oder zwanck), Schlägl 21,
Preuß. Komp. 23, 47, Don. 25, Ostmd. 17.

daz getwang bezeichnet zusammenpressende Bewegungen im Leibe, Bauch=
grimmen; verstellen heißt zum Stehen bringen. Es handelt sich also um den After=
zwang (Obstipatio, Tenesmus). Die älteste Handschrift läßt das Pferd ein Kraut
namens azarum (azarum haizzet ain chraut) mit Brot verzehren und empfiehlt
statt dessen auch Einflößen von Seifenwasser. Statt des Krautes azarum bieten
Aug. atrament, Siegm. attrament, Mü. attriment, Preuß. Komp. 23, 47 attra-
menta, Ostmd. atermentum, das gestoßen wird. Es ist dies das atramentum sutorium
(Schusterschwärze) des Laurentius Rusius (Est illud quo sutores utuntur in coriis
tingendis. Est autem duplex, fossile et factitium. Valet adstringere et crustas
inducere). Vielleicht ist dies statt des rätselhaften Krautes azarum für die Urschrift
des Albrantschen Roßarzneibuches anzusetzen und die Benennung der ältesten
Handschrift als mißverständlich zu erklären. Aug. 18 flößt Atrament in Bier ein,
desgleichen beide Rezepte der Preuß. Komp. Pos. 19 und Schlägl kennen nur den
Einguß von Seifenwasser. In den späteren Handschriften tritt neben dem Einguß
ein Suppositorium mit Schusterschwärze, das wohl ein Zeugnis für jüngere Weiter=
arbeit ist. Ohne Kenntnis der ältesten Handschrift schien es Schmutzer umgekehrt:
die innerliche Anwendung scheint ihm aus dem Suppositorium mit Schusterschwärze
hervorgegangen. Siegm. und Mü. lassen wie Don. Speck mit Atrament bestreut
dem erkrankten Tier in den Mastdarm stoßen, desgleichen Südb., wo der Speck mit
aterminczen (= eingedeutschtes Atrament) bestreut wird. Im „Klugen Landmann"
lebt dieses Mittel fort und die aterminczen sind hier Dinten-Zeug: Wann ein Pferd
verstopfft, daß es nicht zürgen kan. Nimm Dinten-Zeug, stoße ihn zu Pulver,
schneide hernach einen Speck eines Fingers breit, bestreue den Speck mit dem

Pulver, und stoß ihn in den Afftern. Oftmd. gibt die Schusterschwärze mit Kleie und Ingwer ein.

Nr. 22. Swelich ros spetich ist. Alt. Hf. 21, Pof. 47, 58, Sübb. 2, Siegm. 27, Mü. 26, Schlägl 22, Preuß. Komp. 21, 45, Don. 26, Oftmd. 38 (Vor den spat).

der oder diu oder daz spat bezeichnet die Entzündung der Knochenhaut an der Innenseite des Sprunggelenkes, gewöhnlich mit Knochenauflagerung, ähnlich dem „Beinwachs". Der Spat verursacht Hinken: wird eine harte beulen, davon hincket ein rosz (Seuter 298). Albrant behandelt diesen Fall, wie dies auch heute noch geschieht, mit Brennen und „scharfer Einreibung": er umbrennt die Stelle, streut Spangrün ein und bindet heißes Brot darüber. Die älteste Handschrift empfiehlt sodann noch Waschung mit erkaltetem Tannzapfenabsud (chaltgůzz gesoten von tan zephen). Das bewahrt Schlägl unter Weglassung des Brotes und der Bedingung, daß der chalcus ein Tannzapfenabsud ist. Pof. 47 legt Nesselwurzel (nessilworczil, Radix Urticae urentis, vgl. Haesers Übersicht über die Heilmittel Heinrichs von Pfolspeundt) zwischen Haut und Fleich und „rührt das Pferd mit dem Sporne". Pof. 58 belegt als frühester Text zaubermedizinischen Einfluß. Der Spat muß kreuzweis durchschnitten werden und ein Kreuz von seyme muß in den Kreuzschnitt hineingedrückt werden. Die jüngere oftmd. Handschrift folgt darin diesem Überlieferungsstrang; dem seym entsprechen hier dy bletter dy uff deme wasser schweben, die Schmutzer für Wasserrosenblätter hält. Das Mittel begegnet auch in Sübb. 2, wo über die Pflanze Näheres angegeben ist: von der wurtz die da haisset alga ze latein, ze dewtsch seim, das da swimmet auff dem wasser. alga — Seim ist in Gardes „Flora von Deutschland" nicht zu finden, auch Pfolspeundt belegt diese Pflanze nicht. Siegmund verwendet seeminczen (so auch der Erstdruck), was wohl die heimische Wasserminze meint (Mentha aquatica). In der Nürnberger Handschrift heißt es sepleter, in Wien 3011 senif pleter. Neben der Wasserminze könnten auch die verwandten Arten Waldminze (Mentha silvestris) und Polei (Mentha Pulegium) gebraucht worden sein, letztere kommt bei Pfolspeundt vor und Don. läßt allgemein myntzen aufbinden. — Die beiden Rezepte der Preuß. Komp. empfehlen Kleie, Salz und Spangrün in den Kreuzschnitt zu legen. Seuter 298 läßt die Stelle vorher scheren: schür das haar ab auff dem spat. Melchior Sebiz (Sieben Bücher vom Feldbau, 1578) läßt mit feur uber den spat der länge, die quere fahren.

Nr. 23. Swelich ros dy painwachs hat. Alt. Hf. 23, Aug. 14 (Welch ros eyn ôbir beyn hot), Pof. 50, 54, Siegm. 18, Mü. 18, Schlägl 25, Preuß. Komp. 16, 73, Don. 18.

beinwahs ist ein geschwülstiger Auswuchs an den Beinen der Pferde. Das Überbein und der Überhuf (uber hüff Siegm. Mü., Salzburg) werden genau so behandelt und sind wohl nur andere Namen für dasselbe Übel. In der ältesten Handschrift wird das betroffene Bein mit zwei bocksledernen Riemen festgebunden (die wohl aus dem Mittel gegen den Bürzel Nr. 24 entlehnt sind und zur Ausrüstung eines Hufschmiedes gehörten). Darauf wird die Beule mit dem glühenden Eisen gebrannt, worauf Spangrün eingestreut wird und Waschung mit erkaltetem Tannzapfenwasser (chalchůzz von tanzephen wazzer) erfolgt. Die Waschung ist wiederum in Schlägl bewahrt (chalcus), das überdies Gerstenbrot über die gebrannte Stelle binden läßt. Bei Siegmund wird die Haut angesengt und Spangrün aufgestreut, ebenso in der Preuß. Komp., wo der Beinwachs wie im Augustinertext obirbeyn heißt (so auch Don.). Pof. 50 bietet zwei Mittel: 1. Kaltguß (unde beguys is mit caldym wassir.), Brennen der Haare mit ysin uz acis (?), Darüberbinden von gestoßener Wegebreit (wegebreyte, Wegerich, Plantago) und Gachheil. 2. Aufreiben der Beule (mache dy beynwachs vrat), Auflegen von grünem Enzian und Pflaster mit Eiklar. Auch die Zaubermedizin befaßte sich mit dieser Krankheit. Einen

Beleg liefert Seuter 285: So ein ros ein gewächs hat, dasz es daran hinkt, so nimb schelmenbain, und merke das ort wo es ligt und wie es ligt, reibs dem ros wol uber den beinwachs. schelmenbain sind Gebeine von Hingerichteten. Dasselbe meinen die von Schmutzer so (mit Fragezeichen) aufgefaßten schelmpain, die zur Einstreuung bei Satteldruck in der Nürnberger Handschrift vorgeschrieben werden.

Nr. 24. Du solt wizzen der wurm haizzet dreyer layge. Alt. Hf. 24, Pof. 6, Siegm. 25, Mü. 36, Schlägl 24, Preuß. Komp. 26, Don. 35, Oftmd. 21.

Der Bürzel oder Wurm ist eine Hautkrankheit, die Seuter 187 morbus farciminosus elephantialis nennt. Die Albranthandschriften sagen übereinstimmend, daß es drei Bürzel gebe, aber die meisten führen dann nur zwei davon vor, es sei denn, daß man mit Schmutzer als dritten „die über den ganzen Körper verbreitete Form, die aus a und b entsteht, wenn diese nicht rechtzeitig bekämpft werden" versteht.

Gegen diese Auffassung ist jedoch darauf hinzuweisen, daß der Beginn der dergestalt als dritter Absatz aufgefaßten Ausführungen (Ist aber daz du es versawmst usw.) nicht auf den Bürzel a (zwischen Huf und Knie) u n d den Bürzel b (Zagelbürzel) Bezug nehmen, sondern nur auf den letzteren. Es erscheint mir daher sinngerecht, diese Ausführungen als zum Zagelbürzel gehörig zu betrachten, daß das Folgende also keinen neuen Bürzel behandelt, sondern nur eine schlimme Weiterentwicklung des vernachlässigten Anfangsstadiums des Zagelbürzels. Auch fehlt vor dem von Schmutzer als dritten Bürzel aufgefaßten Krankheitsbild die stilistisch nötige Ankündigung, daß nun der dritte Bürzel an die Reihe kommt. Der erst hebt sich an usw. kündigt den Bürzel zwischen Huf und Knie an, Der ander hebt sich an usw. steht am Anfang des Zagelbürzels — der dritte fehlt. Als dritter Bürzel mag in der Urschrift ein an anderer Stelle lokalisierter Bürzel gestanden haben, etwa der an der Brust (einen solchen kennt die Nürnberger Handschrift und Pofenanie, worne) oder der bei der Nase, Wien 3011. In deutschen und tschechischen Handschriften wird in der richtigen Erkenntnis, daß der dritte Bürzel fehlt, der Wurm zwischen Haut und Fleisch, der von Albrant selbständig behandelt wird, an die Stelle des „dritten" Bürzels gerückt, ohne daß er freilich der Reihenfolge nach als dritter erscheint. Als letzter (zweiter oder dritter) steht vielmehr regelmäßig der Zagelbürzel mit seiner bösartigen Ausbreitung über seinen ursprünglichen Sitz hinaus. Die älteste Handschrift kündigt drei Bürzel an, bricht aber gleich am Anfang ab, so daß nicht auszumachen ist, ob schon hier einer der drei Fälle fehlte oder ob ein Fall erst von der späteren Überlieferung verloren wurde. Wenn spätere Handschriften wieder drei Bürzel aufweisen, so ist das nicht etwa einem unversehrten Überlieferungsstrang zu danken, sondern Ergebnis jüngeren Besserungsstrebens. So scheint das Fehlen eines Falles zu beweisen, daß der Überlieferungsfaden einmal sehr dünn war. Am besten stimmt mit dem überlieferten Stück der ältesten Handschrift der Schlägler Text überein. Diesem zufolge ist der erste Bürzel ähnlich dem Beinwachs und wird wie dieser behandelt, was der Text ausdrücklich sagt. Er heißt wolf, fras oder hecker (Schlägl verließt lecker) und stellt eine Beule dar, die am Beine zwischen Huf und Knie sitzt. Sie wird gebrannt und Spangrün wird eingestreut. Unter einer Binde heilt die Wunde in drei Tagen. Siegmund, der nur wenig abweicht, streut auch Salz mit ein. Bei Pofenanie ist dieser Unterschenkelbürzel der zweite. In der Preuß. Komp. ist er zwar der erste, doch sind textliche Abweichungen vorhanden. Er heißt hier der hencker; den Namen vros erhält in dieser Handschrift der „zweite" Bürzel, der aber identisch ist mit dem sonst selbständigen Bürzel zwischen Haut und Fleisch, s. oben Nr. 4. Pofenanie hat an erster Stelle einen Bürzel ergänzt, der am Roß vorne (an der Brust) bohrt. Die Haut wird aufgebrannt und Spangrün mit pulverisiertem Roßbein eingestreut. In Schlägl und bei Siegmund als zweiter, bei Pofenanie und in der Preuß. Komp. als dritter steht der gewiß der Urschrift angehörige Zagelbürzel. Er ist anfangs wie eine Nuß anzufühlen und juckt das Pferd, so daß es sich an den Wänden reibt. Schlägl läßt ihn aufschneiden und Spangrün, Schwefel, altes Schmer und Bilsensamen hineinreiben. Wenn man das versäumt und der Bürzel sich ausbreitet, soll die Stelle gebrannt werden und Einstreuen von gestoßenem Roßgebein mit Schwefel und Spangrün helfen. Versagt dies, so soll das Tier einen Wickel mit einem wermutgetränkten Tuch erhalten. In der Preuß. Komp. ist dieser Fall stark gekürzt und erhält den aufgesparten Namen Wolf. Hier wird die Beule mit einer Maus verglichen, was irgend einmal durch Verlesen aus nuz entstand. Auch die ostmd. Hs. bietet maueß; auch hier sind es drei Bürzel, welche koler, froß und wolff heißen.

Nr. 25. Welch rozz ain tzeprochen ruchk hat. Siegm. 19, Mü. 19, Aug. 12, Pof. 18 (WElch ros czubrochyn adir geswellt ist under dem satil), 40, 55 (der rucke serik adir czubrochin adir gellit), Schlägl 26, Preuß. Komp. 14, 42, 59, 69, Don. 18, Ostmd. 12, 29, (37).

Der „zerbrochene" Rücken (Druckschäden) entsteht meist durch Satteldruck. Gewiß mißverständlich dachte der Übersetzer (Karlsruhe, Cod. St. Georgen LXI) an Knochenbruch, indem er wörtlich übersetzte Contra fracturam dorsi equorum. Am vollständigsten und wohl der Urschrift am nächsten sind Pof. 18 und Schlägl. Pof. 18 wäscht die wunden Stellen mit Harn oder Kaltguß (calcus) und streut Pulver aus Hechtzähnen und verbrannten alten Sohlen ein. Um rasch reiten zu können, wird ein Fladen aus Semmelmehl und Eiweiß unter den Sattel gelegt. In Schlägl geschieht die Waschung mit Tannzapfenwasser und statt des Fladens kann Pergament aufgelegt werden. Dies weiß auch Siegmund, der statt des Fladens ein Pergamentpflaster verwendet und dem Pulver auch Schweinsknochen beimengt. Pof. 55 nimmt statt dieses Pulvers auch Hammerschlag. Waschung und Pergament oder Fladen sind weggelassen. Aug. und Ostmd. 12 streuen Pulver aus verbrannten alten Schuhsohlen auf und salben mit Baumöl. Dasselbe verordnen Preuß. Komp. 14 und 42, welch letzteres auch außerdem das vollständigere Mittel kennt: Hechtschuppen und Kinnbacken des Hechtes, wie auch die Auflegung von Pergament. Fast buchstäblich mit Siegmund übereinstimmend empfiehlt auch die Salzburger Handschrift Sweinen pain vnd Hechten chew. Kaum noch erkennbar ist die Abkunft von Albrant Pof. 40, wo pulverisierter Eselsmist mit einem verbrannten Ameisenhaufen gemischt wird. Hier wird vor allem getrachtet, Zeit zu gewinnen; man soll das Roß vierzig Tage stehen lassen, ehe man es reitet. Preuß. Komp. 69 läßt menschlichen Harn und Pferdemist darüberbinden. Der Roßarzt Augusts des Starken (Hs. 39 im „Sudetendeutschen Archiv") spricht sich gegen die von den Schmieden verwendeten Pflaster aus: so muß man der Schmiede ihrer Methode nicht nachahmen, als welche sogleich mit ihren klebenden Pflastern bereit sind, und einen Schaden damit oft nach langer zeit, anstatt zu heillen, unheilbar machen (S. 20). Der Schlußsatz von Don. vnd reyt wo du wilt ist aus dem Rezept gegen das Vernageln entlehnt.

Nr. 26. Welch rozz die mauchken hatt. Siegm. 28, Pof. 60, Sübb. 4, Mü. 27, Schlägl 27, Preuß. Komp. 20, Don. 27, Ostmd. 40.

Die Mauke ist eine Lahmheit verursachende Entzündung an der Bugseite der Fessel, besonders der Hinterfüße, die mitunter zu Hautbrand führt, der mit desinfizierenden Umschlägen behandelt wird. Albrant läßt die Stelle brennen, mit dem Laßeisen (Fliete) hineinschlagen und Salz mit Kornbrot über Nacht auflegen. Nach Wegnahme desselben wird Spangrün eingestreut. Schlägl verwendet statt Spangrün altes Schmer mit Tannennadeln (?). Preuß. Komp. 20 läßt es mit dem Aufbinden von Kornbrot nach dem Brennen bewenden. Die Mittel gegen Igelfuß sollen nach Preuß. Text 18 auch für müche und korffey nützlich sein.

Nr. 27. Welch rozz hat vlozz gallen. Siegm. 30, Pof. 61, Mü. 28, Schlägl 29, Preuß. Komp. 17 (die wassergallen adir die vlosgallen), 44 (VElch pfert das jucken hot), 72, Preuß. Text 21, Don. 28, Ostmd. 39, Kopenhagen bloytgallen.

Die Flußgalle ist eine Ansammlung von Flüssigkeit in den Gelenken und Sehnenscheiden. Das Übel wird durch Brennen und scharfe Einreibung beseitigt. Albrant läßt nach dem Brennen ein heiß aus dem Ofen kommendes Roggenbrot aufbinden und hernach mit altem Schmer salben. Pof., Preuß. Komp. 72, Preuß. Text und Ostmd. setzen dem Schmer weißes Harz zu, Wien 3011 pawmoll vnd harcz. Nur Preuß. Komp. 17 und 44 sehen statt der Salbung Aufstreuen von Spangrün vor. Schlägl und Mü. mischen das Schmer mit Tannennadeln (Baumblätter, auch der erste Druck tannenpleter). Ostmd. verlangt Gerstenbrot. Der älteste tschechische Text ist eine genaue Übersetzung, die Mü. und Schlägl am nächsten steht: Ktery kon ma proboy z nohy. tu gey profes horkym zelezem a yhned miey horky chleb. naloz na to, nechayz za trzy dny. a potom wezmi stare sadlo a lystie gedlowe ztlucz a na ranu naloz. Das Übel ist meist harmlos, doch können Kunstfehler verhängnisvoll werden. Graf Kaunitz auf Neuschloß bei Böhm.-Leipa büßte eine rappete frißlendische stutten namens Principessa infolge des Ungeschicks seines Schmiedes ein, wobei Schneiden statt Brennens bezeugt wird: Anno 1688 den 12. April von meinen Roitschmidt Tobias Rost zu Wosoff, weilen si di floßgallen gehabt, vndt er selbige öfnen wollen, di flaxen vndt adern entzwai geschnitten, daß sie den schaffler, sie todt zu schlaagen, hat gegeben mißen werden (Hf. 36 im „Sudetendeutschen Archiv", S. 11).

Nr. 28. Welch rozz herczslächtig ist. Siegm. 33, Aug. 15, Pof. 36, 63, Mü. 30, Schlägl 28, Preuß. Komp. 19, Don. 30, Ostmd. 22, (36), 47 (harte sletigk).

Die schleichend verlaufende, unheilbare Herzschlächtigkeit (Dämpfigkeit) zählt zu den sogenannten Hauptmängeln. Albrants Mittel ist eine (kurze) Anfeuerung. Er läßt Enzian mit etwas Salz in Wein einflößen. Aug., Preuß. Komp. und Ostmd. 47 lassen das Salz weg. Pof. 63 empfiehlt außerdem Aderlaß nach dem dritten und siebenten Tag. Nichts mit Albrant zu schaffen hat Pöf. 36; die dort beschriebene Manipulation soll wohl eine Erleichterung durch Entlassung der Darmgase herbeiführen. Fremder Herkunft ist auch Ostmd. 36. Die Bezeichnung der Krankheit, durch das Niederdeutsche beeinflußt, schwankt stark in der Schreibung, aber auch von Grund auf abweichende Bezeichnungen waren in Gebrauch. Im „Klugen Landmann" (II, S. 119) heißt es: Wann ein Pferd Haar-schlechtig, Hertz-schlechtig, Bauch-schlechtig oder Engbrüstig ist. Diese 4. Kranckheiten lauffen auf eins hinaus und sind nur den Namen nach unterschieden.

Nr. 29. Welch ros kýchet. Aug. 16, Pof. 20 (WElch ros den schren hat), Siegm. 35 (Welch rozz die sczarczen hat), Mü. 32 (Welich roß den krechen hat), Don. 32 (Welches ros die kretzen oder rewden hat), Ostmd. 15 (Welch roß kycht), 48 (Welch ros ist stetigk), Leipzig, Univ.-Bibl. 1244, Nr. 9 (daz gip), Salzburg (Fur die schrayzten).

Schmutzer bezieht diese Vorschrift (wohl unter dem Eindruck von Don.) auf die Räude. kiche bedeutet Asthma, Keuchhusten, krechen krächzen, rauhe Töne ausstoßen. Es handelt sich wohl ursprünglich auch hier statt dessen um die Herzschlächtigkeit oder das Kehlkopfpfeifen. Seuter belegt für herzschlächtig auch die Bezeichnung athmich: hartschlechtig, herzschlechtig, bauchschlechtig oder athmich. dise vier krankheiten ist alles ain ding, allein das sie mit dem namen underschidlich (Roßarznei 19, unter athmich 1, 594, vgl. die wohl von dieser Stelle abhängige Aussage des „Klugen Landmann" oben Nr. 28!). Der Ausdruck herzschlächtig bezeichnet jedoch nach Seuter etwas graduell Schlimmeres als athmich. Die Ausdrücke sczarczen und schren sind mir sonst nirgends begegnet. Daß sie dasselbe bezeichnen, geht aus der Gleichheit der unter dieser Überschrift stehenden Vorschriften hervor. kretzen (Don.) könnte graphisch aus krechen entstanden sein. Die tschechische Bezeichnung der Herzschlächtigkeit ist eine Übersetzung des kychen: Ktery kon ma dychawiczy (1444). Albrant gibt den asthmatischen Pferden drei Tage lang nur Roggenkleie zu fressen. Ostmd. 15 gibt Roggenstroh, die Leipziger Handschrift Spreu. Das nur hier belegte daz gip hat wohl nichts mit kip zu tun, mit dem es R. Froehner zusammenbringt, sondern mag stumpfsinnig aus deme gyp nicht czu essyn (so Aug.) verlesen worden sein. In der Groß-Schützener Hs. werden Truckhene Kleyen, gegen Huesten, dampff undt Herzschlächt zwei oder drei Tage lang gefüttert (Nr. 10). In meiner Hs. 36 dient das Mittel gegen Keuchen (wan ain Ros kheicht). Man vergleiche zur Beurteilung der Krankheit auch folgende Stelle bei J. Wopperer, Nützlicher Unterricht für dem (!) Landmann usw.: Der Drüsenbeul bestehet darinnen, daß sich eine ungesunde Feuchtigkeit in die Halsdrüsen unter dem Küfer des Pferdes ansezet, zuweilen ist dabei eine Husten, zuweilen auch ein beschwerliches Athmen. Hat das Pferd dabei Hize, und ein geschwinderes Athemholen als natürlich, so gäbe man ihm täglich 1 bis 2 Loth Salitter in dem Trank mit Honig und Gerstenmehl vermischt, bis dieses nachlast; ist aber dieses nicht dabei, so gibt man ihm alle Morgen 4 Loth frisch geriebenen Krenn in dem Futter, oder mit etwas Kleien vermischt. In der Einsiedelner Handschrift Bl. 54^v heißt es: Item weles roß den husten hab, dem gib roggen kleyen iij tag: es vorgät jm. Jedoch auch der Erfurter Druck von 1500 empfiehlt die diätetische Behandlung gegen eine besondere Art der Räude: Ob ein pferd ein ädern grint het. Dem gib drey tag nicht äders dan rücke kleyen so get der grint aller hin weck in kürtz. Im selben Druck wird dieses Mittel auch für ein stetigk ross verschrieben.

Nr. 30. Welch rozz pawch streng ist. Siegm. 20, Mü. 20, Aug. 11 (buch strenge adir vordenit), Preuß. Komp. 12 (Velch pfert vorstencket ist), 35 (Item welch pfert die bauchstetunge hot adir is vordenyt), 74 (Weder das buchstreben), Don. 20, Ostmd. 11 (buchstrebigk ader vordenet), Hans Sporers Druck Erfurt 1500 (So ein ros verdent ist), ein Druck des 16. Jh. — nach Schmutzer — brust strenge.

Albrant sagt nicht, was er unter der Krankheit versteht, nach Schmutzer S. 31 handelt es sich um „Schulterlähme mit Muskelatrophie (Bugschwinden)". Sudhoff erläutert buchstrebin als „bauchbläsig, Dampf, Lungenemphysem" (Arch. f. Gesch. d. Med. VII, 346). Albrant verordnet, die Brustader des kranken Pferdes mit Hanföl und Hundeblut zu salben. Preuß. Komp. 74 läßt außerdem den Rücken mit Spangrün schmieren.

Nr. 31. Welch rozz den hüfftwang hat. Siegm. 21, Preuß. Komp. 18, Debrecen.

Das Mittel bezieht sich wohl auf den heute durch zweckdienlichen Beschlag behandelten Zwanghuf, doch findet das alte Mittel auch noch gegenwärtig Anwendung. Albrant läßt dem leidenden Tier über Nacht Leinsamen mit altem Schmer über den Huf binden. Preuß. Komp. läßt statt dessen mit Speck angefettetes Werg auflegen. Dem Wortlaut Siegmunds ist textkritisch der Vorzug zu geben, ihm folgt auch die Debrecener Handschrift. Auch die Groß-Schützener Handschrift bewahrt das alte Mittel, das auch in die Albrant-Inkunabeln und andere Drucke Eingang fand (z. B. der „Kluge Landmann").

Nr. 32. Wann man dem rozz die dillen auswirfft. Siegm. 22, Mü. 21 (tullen), Don. 21 (dillen), Einsiedeln Bl. 58^v (Ain pferit entsolet), Südb. 5 (Wider das swill unter den hürnen), Wolfenbüttel (De solen aff to nemen), Karlsruhe (Quando solea pedis alicuius equi deposita est), Ostmd. Welchem roß der huff abe gehet), Hans Sporer, Erfurt 1500 (So einem ross dy hüf ab gen), „Kluger Landmann" (Wilt du einem Pferd die Sohlen auswerffen), Seuter (Wiltu einem rosz die solen auswerffen). Weitere Belege bei Schmutzer.

Es handelt sich um das Entfernen des dünnen Hornes zwischen dem starken Horne, welches das Hufeisen trägt, und dem Strahle (so erläutert Grimm die „Sohle"). Zum Unterschiede von der unteren Hornsohle wird diese Sohle auch Fleischsohle genannt. Albrant läßt eine Nacht lang Brosamen mit Salz aufbinden und am nächsten Tag trocknen, nicht verbrannten Lehm und Spangrün aufbringen. Ostmd. belegt Anwendung des Mittels auch bei ungewolltem Verlust des Hufes. Von den tschechischen Handschriften ist nur I H 29 des Böhmischen Nationalmuseums von gröberem Mißverständnis frei. Hier ist das Mittel Kteremu koni raty sie wrhu überschrieben, was sich vielleicht auf die Hornkluft bezieht. Die Bezeichnung dillen ist unklar. Schmutzer hält einen Zusammenhang mit dem von Ruffus gebrauchten Wort dessolatio für möglich. In A. Götzes frühneuhochdeutschem Glossar (2. Aufl. Bonn 1920) wird dillen nicht belegt, desgleichen fehlt es in dieser Bedeutung bei Grimm. Das Wort lebt noch um 1600. In meiner Hf. 36 gibt es drei Mittel: 1. Von Sollen od' dillen auswerffen vnd stoßen. 2. Sollen aus werffen. 3. So Ainem Ross die Sollen od' dillen aus geworffen sündt die selbigen balt witer zu haüllen (Bl. 34^v, 35^r).

Nr. 33. WElch ros wilt fleys hot in der wunden. Pos. 21, Preuß. Komp. 53, Preuß. Text 15, Mü. 24 (Welichs roß faules flaisch gewynnet), Don. 24.

Die Wunde ist mit Spangrün zu bestreuen und mit Wein zu waschen, worin Nesselsamen (Semen Urticae urentis) gesotten ist. Das Mittel steht auch in der Debrecener Handschrift, wobei auch, wie im Preuß. Text, der Passus begegnet oder den dy wunden stinchken. Auch die späteren tschechischen Handschriften bieten diesen Fall dar, der in der ältesten Übersetzung (1444) wie bei Siegmund fehlt.

Nr. 34. Welch rozz die haren wind hat. Siegm. 34, Mü. 31, Aug. 17 (Welch ros nicht gestallyn mak), Pos. 52 (Welch ros den caldyn stal hat), Preuß. Komp. 22, 46, 57 (Item vor die kalde pisse), 66, (76), Don. 31, Ostmd. 16 (Welch roß nicht gestallen magk), 41 (Welch roß blutt pissit), 44 (Vor dy kalde pysße). Leipziger Univ.-Bibl. 1244, Nr. 8 (Wenne sich eyn pfert vorvehet).

harnwinde = Harnzwang. Nach Schmutzer S. 34 handelt es sich um „Beschwerden und Störungen beim Harnabsatz, namentlich rheumatische Hämoglobinurie". Die „schwarze Harnwinde" (Osterkrankheit, Kreuzrähe, lumbago) ist eine plötzlich eintretende Lähmung der Hinterhand, durch Niederstürzen und Rotfärbung des Harnes zu erkennen, eine harmlose Muskelentzündung, die meist nach mehreren Ruhetagen auftritt. Albrant rät, gestoßenen Lorbeer in Wein oder Bier dem erkrankten Tier lau einzuflößen. Aug. und Preuß. Komp. 22, 46 ziehen Bier nicht in Frage. Pos. hält es auch für nützlich, das kranke Roß auf warmen Schafmist zu führen, ein Volksheilmittel, das auch J. Wopperer kennt: Wann ein Pferd nicht Strallen kann, und die Verstopfung des Haarns von einer Erschlaffung der Blasen herrühret, so führet man es eine Zeitlang in einem Schafstall herum, wodurch es gemeiniglich zum Strallen gebracht wird (Nützlicher Unterricht für dem Landmann usw. S. 41). Preuß. Komp. 76 läßt dem Pferd eine Laus in die Harnröhre einführen. Fremder Herkunft ist auch Ostmd. 41.

Nr. 35. Welch rozz räppig ist. Siegm. 36, Pos. 38 (repsich), Preuß. Text 16, Don. 33 (rewdig).

Räppigkeit oder Rappigkeit bezeichnet kaum etwas wesentlich anderes als Räude, aber sicher schon die Urschrift bot zwei Absätze dar. Die räppigen Stellen werden mit Kaltguß und Harn gewaschen, bis die Krusten abfallen. Dann wird Sauerteig aufgebunden, damit das Haar ausgehe. Schließlich wird Salbe aus altem Schmer, Quecksilber und Schwefel aufgestrichen. Pos. brennt das Haar mit einer Flamme ab und schmiert mit Salbe aus Schwefelmehl, Salz und Schmer. Siegm. und Preuß. Text stehen der Urschrift näher als Pos., dessen verderbte Überlieferung auch daran zu erkennen ist, daß hier diesem Mittel die Schlußphrase des Rezeptes gegen das Vernageln angehängt ist: unde rit is doch wor du wilt. Der Kaltguß (calcus) ist im Tschechischen getreulich nachgesagt worden: tehda myg gemu nohy kalkusem a moczem (1444, Bl. 319^v), ohne daß der Übersetzer damit eine klare Vorstellung verbunden haben mag. Nach der Schreibung kalkos in der Donaueschinger Handschrift vermutet Schmutzer, daß „Kalkwasser aus der Kalkgrube" gemeint sei (S. 22). Nach den oben Nr. 23 und 25 beigebrachten Schreibungen bedeutet das Wort jedoch Kaltguß, womit meist erkalteter Absud von Tannenzapfen gemeint ist, dessen Bereitung in der Salzburger Handschrift beschrieben wird (bei Schmutzer S. 30 angeführt, ohne daß die Beziehung zu kalkos hergestellt wird). Auch der Sauerteig ist umstritten. In der Donaueschinger Handschrift steht danach nym sawbern kalck vnd pind den darauff. Schmutzer hält dies für das Ursprüngliche, das über sawb'n talg (Salzburg) zu sawren taig geworden sei. Dagegen ist geltend zu machen, daß „sauber" als Beifügung zu Kalk nicht notwendig ist, während „sauer" vor Teig sinnbestimmend ist. Ich möchte darum lieber „Sauerteig" für die Urschrift in Anspruch nehmen.

Nr. 36. Czu den rozz augen. Siegm. 37, Pos. 2 (WElch ros boze ougyn hat), Preuß. Komp. 29 (krancke ougen), 77 (Weder das mol der pferde an den ougen), Preuß. Text 17, Mü. 34, Don. 34, Ostmd. 23.

Welcher Art die zu heilenden Augenkrankheiten sind, wird nicht gesagt. Schmutzer bezieht die Vorschrift auf Erkrankungen mit Trübung der Hornhaut oder Linse. Rusius widmet je ein Kapitel Contra maculam oculorum, Ad oculum percussum, Ad confricationem oculorum, Contra dolorem et ruborem oculorum. Siegm. und der Preuß. Text verordnen ein Pulver aus folgenden vier Substanzen: gebrannte Seemuscheln, deren Häute entfernt sind, weißen Ingwer, neunmal in Wein gelöschte Galmei (frz. calamine = Kieselzinkspat), Galitzenstein (Zinkvitriol), was alles durch ein weißes Tuch zu sieben und dem Pferd — durch ein Röhrchen, einen Federkiel oder eine pipe — in das kranke Auge zu blasen ist. Bei Pos. ist Galmei weggelassen und Preuß. Komp. 29 folgt dem. Diese beiden Handschriften berufen sich darauf, daß es die guten Schmiede so machen. Preuß. Komp. 77 mischt Pulver aus Eiweiß, Eierschalen und Muscheln. In der ostmd. Handschrift sind Nußschalen aus den muschelen geworden. Für das „Mal in den Augen", das Preuß. Komp. 77 mit demselben Mittel behandelt, hat Pos. ein eigenes Rezept. Auch für das Überwachsen des Auges mit Fell wird Anwendung des allgemeinen Augenmittels durch den „Klugen Landmann" (II, S. 125) bezeugt: Wann einem Pferd ein Fell über dem Aug wächst. Nimm eine Muschel, so das Wasser auswirfft, und brenne sie wie man Alaun brennet auf einer heißen Platten; so fällt das Schwartze von der Muschel hinweg und das Weiße bleibt an einem Stück; hernach nimm auch so viel gebrenntes Saltz, pulverisiere es zusammen und blase dem Pferd hiervon ein wenig in die Augen. Das ist — mit geringfügigen Änderungen im Wortlaut — Albrants Vorschrift gegen kranke Augen im allgemeinen. Die Angabe daz ist weyß in der Donaueschinger Handschrift, die Schmutzer sonst nirgends fand, steht auch in Siegm. 37 und Preuß. Komp. 29.

4. Charakter und Bedeutung des Roßarzneibuches.

Die handgreiflichste Feststellung, die das Zurückgreifen auf eine größere Anzahl von Handschriften aus der Zeit vor dem Buchdruck zeitigt, ist die, daß der Umfang des Roßarzneibuches kleiner ist als manche Inkunabeln und spätere Drucke vermuten lassen. Sein Inhalt konnte auf zwei zweispaltig beschriebenen Pergamentblättern

Platz finden. Der ursprüngliche Umfang des Roßarzneibuches ist fixierbar. Die Schrift enthielt anfänglich 36 Heilverfahren, wobei allein in Bezug auf den Zwanghuf, der mitgezählt wurde, ein Zweifel möglich ist. Dabei ist nicht anzunehmen, daß die erhaltenen Handschriften nur Auszüge aus einem umfangreicheren Werke seien, das dem ersten Drucker etwa noch bekannt gewesen wäre. Der größere Umfang der Drucke kommt vielmehr dadurch zustande, daß Gut anderer Herkunft (Laurentius Rusius und Volksheilmittel) beigegeben wurde. Damit soll aber nicht zugleich behauptet werden, daß Meister Albrant selbst mit den als Kernbestand ermittelten Rezepten seine Wissenschaft erschöpft habe und z. B. über die Ursachen der Krankheiten nur so dürftige Vorstellungen gehabt habe wie das Roßarzneibuch vorführt. Auch ist nicht zu glauben, daß er nicht weitere Krankheiten außer den behandelten gekannt habe; von den Hauptmängeln werden der Dummkoller, die Mondblindheit und das Krippenbeißen nicht erwähnt, die äußeren Krankheiten (Scherengebiß, Treppengebiß, Eingeweidebrüche, Knochenbrüche) werden gar nicht behandelt, bei den Gelenk- und Sehnenleiden vermißt man die Hufgelenklahmheit und die Sehnenentzündung, die Hautkrankheiten Igelfuß und Pferdezocken fehlen, wie auch mehrere Hufkrankheiten (Strahlkrebs, Knollhuf usw.). Mit Rücksicht auf die Umwelt, in welche die Anfangsangaben Albrant versetzen, ist es unglaubwürdig, daß das Roßarzneibuch dessen ganzes Wissen auf dem Gebiete der Pferdeheilkunde vorstellt. Die lateinisch und italienisch erhaltene Marstallerei des Laurentius Rusius enthält viel mehr Krankheiten und gibt in jedem Fall eingehende Auskunft über die Ursachen der Krankheiten nach dem damaligen Stand der Wissenschaft, und verschiedene Lehrmeinungen werden gegeneinander abgewogen. Dieses Werk gibt auch regelmäßig eine Beschreibung des Krankheitsbildes, was in Albrants „Kernbestand" meist vermißt wird. Und es ist dieser Rusius, der mit der Achtung und Bewunderung eines Lernenden von den Marstallern aus aller Welt spricht, die in Rom wirkten und deren Lehren er studierte: Hujus igitur nobilis animalis naturam a pueritia mea totis studiis percunctatus cum diversis marescalchis, qui quasi ex universis mundi partibus ad Urbem variis temporibus concurrerunt pro equorum genitura salubriter procuranda . . . sed experientia facit artem. Nec his contentus fui, sed varia sublimium personarum opera, quae hujus artis secreta consueverunt diligentius perscrutari, diligentissime exquisivi; semper in qualibet cura scripta experientiam adhibens, per quam summe veritas indicatur. Wir wissen, daß unter den in Italien wirkenden Marstallern Deutsche waren und daß gerade jener, dem Rusius die größte Verehrung bezeugte, Magister Maurus, ein Deutscher aus Köln war. Diese persona di grandi autorità (Barbieri II, S. 41) behält bei Rusius zuweilen das entscheidende Wort. Es ist nun kaum denkbar, daß in einem Kreise wetteifernder Ärzte eine Halbjahrtausendwirkung gerade einem Manne zugefallen wäre, der sich im Hintertreffen befunden hätte. Es macht vielmehr den Eindruck, daß Albrants „Roßarzneibuch" eine inmitten ständiger praktischer Arbeit auf irgend jemandes Wunsch niedergeschriebene Zusammenstellung einiger seiner erprobtesten Mittel vorstellt — ein Behelf für Marstaller, denen die Krankheiten vertraut waren, so daß sie die Diagnose stets selber stellen konnten, ein Handbüchlein für Schüler, die seine Ansichten über die Ursachen der Krankheiten aus seinem eigenen Munde vernommen hatten. Eine solche Schrift konnte von Anfang an deutsch abgefaßt sein, während sich der Meister mit seinen Berufsgenossen aus aller Welt an der hohen Schule von Neapel wohl in der internationalen Lehrsprache verständigte. Der uns vorliegende „Kernbestand" paßt zu einer solchen Vorstellung von der Entstehung der Schrift. Die Mittel entsprechen in ihrer Gänze der damaligen Schulmedizin. Der Empiriker, der sie erprobte und empfahl, war ein Gelehrter, kein Mann der Volksmedizin. Das eine zaubermedizinische Mittel, daß man dem Rosse gegen den Wurm ein Roßbein heimlich um den Hals hängen solle, wird nicht aus der Urschrift stammen. Die Handschriften hängen dieses Mittel einem an erster Stelle stehenden schulmedizinischen Verfahren an, in dem pulverisiertes Roßbein vorkommt, das wie jedes Knochenmehl zweckdienlich erscheinen mochte, mag es auch volksmedizinischer Herkunft sein.

Darstellung und Ausdruck entbehren nicht eines gewissen Schmuckes. Es wird manchmal ein Wort mehr verloren, als sachlich notwendig und in der Masse der sonstigen nüchternen Rezeptenliteratur üblich ist. Nach der Behandlung des vernagelten Fußes macht du iz morgens beslahen und reiten wo du wilt. Für das in das Auge zu blasende Pulver nimmt man muscheln die pey dem wasser ligent. Der Aufstrich gegen die Räude soll durch Wärme unterstützt werden, er wird deshalb an einer sunn oder in einer stuben gemacht. Feierlich beginnen die Bürzelrezepte mit der Anrede: Du solt wizzen, der wurm haizzet dreyerlayge. Diese Formeln sind darnach angetan, die Rezepte zu wirklichem Volksgut zu machen, und sie überdauerten mehrere Jahrhunderte; die Anrede vor den Bürzelrezepten lebte sogar noch weiter, als die Überlieferung einen der drei angekündigten Bürzel verloren hatte. Formelhaft wird die Zusage gegeben, daß Mittel „über Nacht" helfen. Bei Schußwunden lege man Krebse auf: so zeucht iz den pfeil uber nacht aus. Beim Vernageln, beim Zwanghuf, beim Sohlenauswerfen sind die Heilmittel uber nacht aufzulegen oder aufzubinden. Nimmt die Heilung längere Zeit in Anspruch, so ist es doch immer eine einprägsame Anzahl von Tagen. Das curvei heilt in drei Tagen, bei Spat bindet man das Heilkraut drei Tage auf, bei der Flußgalle drei Tage und Nächte. Beim vernachlässigten Zagelbürzel wird der Wermutwickel sieben Tage lang gemacht. Gegen die Kehlsucht verwendet man 24 Eiklar. Mitunter findet sich fast etwas wie Spannung im Aufbau, etwa als Kampf mit der Krankheit beim Zagelbürzel, dem mit Mitteln von sich steigernder Wirksamkeit zugesetzt wird, oder als Beschleunigung der Heilung bei Zwangslage des Reiters. Versagt bei Satteldruck das erste Mittel und mustu aber schire reiten, so setz perment daruber und reit! Ob vereinzelte alliterierende Fügungen wie czustoßen adir czustoret im ersten Rezept Posenanies (in der Donaueschinger Handschrift zerschlagen oder zerstoßen) als Stilmittel der Urschrift aufzufassen sind, scheint zweifelhaft.

Ob die Schrift eine selbständige Schöpfung oder teilweise oder ganz aus anderen Schriften zusammengesetzt ist, ist nicht geklärt. Jedenfalls ist es jedoch keine bloße Übersetzung aus dem Lateinischen. Gewiß sind Einflüsse der antiken, vielleicht auch der salernitanischen und arabischen Heilkunde vorhanden. Die Urschrift bot nach dem Zeugnis fast aller Handschriften keinerlei Quellenangaben und für keines der Heilverfahren des Kernbestandes ist bisher eine unmittelbare Vorlage nachgewiesen. In der Handschrift 28.720 des Germanischen Museums in Nürnberg steht nach dem Rotzrezept (Schl. Es wirt gesundt in einem halben Jar oder es stirbt zuhannt nach der ertzney) noch für den Nachsatz: vnd das beweist vns der meister ypocras das man das arzt war fint. Mit Bezug auf diese Stelle äußert Schmutzer (S. 11): „Möglicherweise weist aber auf absichtliche Verschweigung benützter Quellen zwecks Zuweisung des gesamten Inhalts an Albrecht die Tatsache, daß Kap. 15 in einer nicht dem Albrecht zugeschriebenen Handschrift als von Hippocrates veterinarius stammend bezeichnet ist." Der Nachsatz der Nürnberger Handschrift kehrt aber nirgends wieder und fällt daher wohl dem Schreiber zur Last.

Das Werk Albrants ist das erste deutsch geschriebene Roßarzneibuch. Bis dahin waren in deutschen Landen — da den griechischen und römischen Veterinärhandschriften keine größere praktische Wirkung möglich war — vorwiegend nur volksmedizinische Behandlungsweisen in Übung, deren größerer Teil gewiß Zaubermedizin war. Sicher aber gab es seit alters in der Volksmedizin auch einen reichen, durch Erfahrung erprobten Hausmittelschatz, für den indes nur in seltenen Fällen das Pergament zur Verfügung stehen mochte. Es ist wahrscheinlich, daß manche Erfahrungsheilmittel aus der Heimat in Albrants Roßarzneibuch Eingang fanden. Dieselben herauszusondern, ist aber kaum möglich. Die Erfahrungsmedizin des Volkes ist in vielen Fällen nicht wesensverschieden von der empirischen „Schulmedizin" der Pferdeärzte des 13. und 14. Jahrhunderts. Die Aufnahme heimischer erfahrungsmedizinischer Elemente durch Albrant beeinträchtigt darum nicht den „wissenschaftlichen" Charakter seiner Schrift. Daß sich der Meister selbst eines Gegensatzes zur Volksmedizin bewußt war, geht daraus hervor, daß er aus dieser kein zaubermedizinisches Mittel aufnahm.

Das Roßarzneibuch übte auf beide, anfänglich aneinander vorbeiwirkende Schichten Einfluß, auf die Schulmedizin und in noch näher zu kennzeichnendem Sinne auch auf die Volksmedizin.

Es ist nicht zu bezweifeln, daß die Bestrebungen der deutschen Pferdeärzte des Stauferhofes auch den Italienern und Franzosen zugute kamen. Bislang fehlen für die Nachweisung solcher Wirkungen noch wichtige Voraussetzungen. Die hier vorgelegten Texte wollen eine derselben vervollständigen. Doch auch der größere Teil des lateinischen, italienischen, griechischen, französischen und hebräischen Nachlasses jener Zeiten ist ungedruckt oder schwer erreichbar. So ist z. B. von der französischen Inkunabel Médicines pour les chevaux von Lozenne laut Mitteilung der Preußischen Staatsbibliothek in Berlin kein einziges Exemplar in deutschen Büchereien vorhanden. Auch steht es dahin, ob selbst nach Drucklegung und Zugänglichmachung des Handschriften- und Frühdruckbestandes der deutsche Anteil mit der zu wünschenden Genauigkeit feststellbar sein wird. Für Laurentius Rusius konnte der Versuch unternommen werden, aber die durch Haesers Angabe (I, S. 813), daß die Marstallerei Rusios „höchstwahrscheinlich im wesentlichen dem Werke Albrants entnommen" sei, erweckte Hoffnung, den deutschen Einfluß in diesem Werke genauer umschreiben zu können, ist enttäuscht worden. Was in den Albrechtdrucken so handgreiflich mit Rusio übereinstimmt, steht nicht in den älteren Handschriften und stammt wohl aus Rusios Marstallerei. Aus dem Kernbestand kehrt zwar manches inhaltlich bei dem Italiener wieder, aber literarische Entlehnung wird man kaum erweisen können, denn wörtliche Einflüsse sind nirgends zu finden, und nur auf Grund von Übereinstimmungen des Ausdrucks und der Darstellung wäre eine säuberliche Feststellung des deutschen Einflusses durchführbar. So muß man sich mit der allgemeinen Aussage begnügen, daß sich unter den Lehrern Rusios ex universis mundi partibus auch Deutsche — und zwar an hervorragender Stelle — befanden. Am greifbarsten ist sachliche Übereinstimmung Rusios mit Albrant bei den Augenkrankheiten und bei der Rähe. Bei letzterer scheint der deutsche Einfluß dadurch gesichert, daß Rusius die Autorität des Magisters Maurus für den in diesen Fällen sonst nicht üblichen Aderlaß in Anspruch nimmt. Maurus bedarf am dringlichsten einer eigenen Untersuchung. Sie kann hier nicht geboten werden, da mir der späte und seltene Druck seines Werkes nicht erreichbar war. Der künftige Bearbeiter sei jedoch auf die Angaben Barbieris (II, S. 41 ff.) als Ausgangspunkt verwiesen. Ich halte die Benennung Maurus nicht für den ursprünglichen Namen dieses deutschen Neapolitaners und möchte dem Verdacht Ausdruck verleihen, daß er mit Albrant identisch ist. — Von der Practica equorum der Handschrift 56, Bl. 199ᵛ ff der Preußischen Staatsbibliothek liegen mir Photokopien vor. Haeser brachte diesen Text mit Lanfranchi zusammen, der am Ende des 13. Jahrhunderts in Lyon und Paris wirkte. Indessen steht dieser Anhang nicht am Schlusse der Handschrift der Großen Chirurgie von Ludolf de Tzellis; es handelt sich vielmehr, wie der Direktor der Handschriftenabteilung aufmerksam zu machen die Freundlichkeit hatte, um die Cyrurgia des Henricus de Monte de Villa. Im Kern hat diese Practica mit Albrecht kaum etwas zu schaffen, eher ist sie mit Rusio zusammenzubringen. Wiewohl eine Betrachtung dieses Textes nicht im Plane der vorliegenden Arbeit lag, erwies sich die Einsichtnahme als nützlich. Ein lateinisches Pferdemittel (Equus qui mingere non potest), das bei Siegmund von Königgrätz außerhalb des Roßarzneibuches von Albrant steht, wird von der wesentlich älteren Practica vorweggenommen, was als ein Beleg dafür vermerkt zu werden verdient, daß in dem jüngeren Zuflug, der sich an Albrants Werk ansetzte, außer volksmedizinischem Gute auch literarische Elemente zu gewärtigen sind. — Für die deutschschreibenden Tierheilkundler des 16., 17., ja noch des 18. Jahrhunderts war Albrant von größtem Einfluß. Die bei Besprechung der Krankheiten und Heilmittel beigebrachten Stellen aus Seuter, Hohberg, Sebiz, Gersdorf, dem „Klugen Landmann" u. a. sind zugleich Belege für die Bekanntschaft dieser Schriftsteller mit Albrant. Spuren der Beeinflussung Heinrichs von Pfolspeundt durch Albrants Roßarzneibuch werden weiter unten nachgewiesen.[1]) In manchen Dingen gilt noch heute die Praxis des alten Meisters — sowohl in der fachgemäßen Tierheilkunde als auch in der Volksheilkunde.

Allein daß die Schrift deutsch abgefaßt wurde, deutet schon darauf hin, daß ihr der Urheber Verbreitung auch bei den ungelehrten Volksgenossen wünschte. Aber wiewohl sein praktischer Charakter das Werk allen Ständen empfahl, führte es lange Zeit nur ein literarisches Dasein. Die Schreiber, die es in der Frühzeit verbreiteten, waren keine Praktiker, wie papierene Mißverständnisse in den Handschriften beweisen. Es wird gezeigt werden, daß das Werk allgemeine Geltung erst durch obrigkeitliche Nachhilfe zur Zeit Karls IV. erlangte. Der Buchdruck tat sodann um 1500 ein weiteres dazu, doch darf dessen Einfluß nicht zu hoch angeschlagen werden. Es ist bemerkenswert, daß weniger Albrantinkunabeln als Albranthandschriften auf die Nachwelt gekommen sind. Die Träger der Volksmedizin gehörten der Mehrzahl nach Ständen an, die des Lesens unkundig oder doch ungewohnt und daher durch geschriebene und gedruckte Erzeugnisse schwer zu beeinflussen waren. Die Betrachtung der älteren Überlieferung führt zu der Erkenntnis, daß zuerst ein Einfluß der Volksheilkunde auf das schulmedizinische Werk in der Weise stattfand, daß der Kernbestand Zuwachs aus den volkstümlichen Erfahrungsmitteln, Heilsegen, Schelmenzaubern und Roßtäuscherkniffen erhielt, die in immer größerer Zahl in den Handschriften erscheinen. Mancherorts geht unter Albrants Namen bald ein Gemengsel, in welchem die Rezepte aus dem Kernbestand in der Minderzahl sind. Auf diese Weise werden die Albranthandschriften wertvolle Quellen für die Volksmedizin. Manchen Pferdesegen, den die Volkskunde aus lebendiger Überlieferung aufzeichnete, kann man schon in Albranthandschriften des 14. Jahrhunderts belegen. Gewinnt man derart für das Alter mancher Volksheilmittel Beweise, die kaum nötig aber gewiß willkommen sind, so verdankt man diesen Handschriften aber auch wichtigere Aufschlüsse über Volksgut, das aus der mündlichen Überlieferung nicht mehr gehoben werden kann, weil es nicht mehr lebt. Für andere Stücke erbringen die Albranthandschriften bemerkenswerte Ausbreitungsnachweise und stellen somit bisher unausgeschöpfte Quellen für die altdeutsche bis zur Zeit Albrants meist ungeschriebene

---

[1]) Es ließe sich ferner noch anreihen Walther, Pferde- und Viehzucht (1658), der Albrecht namentlich als Quelle anführt: es setzt Albrecht in seinem rosz-artzney von einer floszgallen ein solches recept (S. 71). Hingegen konnte ich keinen Einfluß Albrants mehr spüren bei P. C. Abildgaard, Pferde- und Vieharzt (Kopenhagen 1787) und in einem anonymen Erfurter Druck von 1756 „Bewährte und köstliche Arzeney wider allerhand Gebrechen und Krankheiten der Pferde. (Beide Werke sind dem Prager Antiquar K. André. Katalog 44, Nr. 1112 a und 1112 b.) R. Froehner macht mich darauf aufmerksam, daß im ersten Roßarzneibuch des Grafen Wolfgang II. von Hohenlohe (1564) ein gutes Stück aus Meister Albrecht „des Keiser Fridrichs schmidt" entnommen ist (wobei es heißt, er war auch des kaisers von Neapolis marsteller); s. darüber Walter Seele, Das erste Roßarzneibuch des Grafen Wolfgang II. von Hohenlohe, Inaug.-Diss. Berlin, Vet.-med. Fak. 1932, S. 110, Nr. 310.

Pferdeheilkunde und allerhand Pferdepraktiken dar. Auch letztere verdienen Beachtung, wiewohl sie mit Medizin nichts zu schaffen haben.

Ehe wir diese Zusätze betrachten, wird versucht, die Ausbreitung des Roßarzneibuches in der Zeit vor dem Buchdruck kulturgeographisch zu erfassen; und zwar beschränken wir uns darauf, die Durchsetzung des deutschen Ostens nachzuzeichnen, die über den deutschen Volksboden hinaus auch den slawischen Nachbar förderte. Die Sinnhaftigkeit eines solchen Versuches bedarf nach der 1937 erschienenen Schrift H. Aubins „Schlesien, Ausfallstor deutscher Kultur nach dem Osten" keiner Erläuterung mehr. Wiewohl Aubin nur von Schlesien spricht, kommt seinen Ausführungen grundsätzliche Geltung für den ganzen deutschen Osten zu. Er betont, daß das Kulturgut, welches die Schlesier nach dem Osten trugen, „zum allergrößten Teil allgemein deutscher Besitz oder solcher, den sie aus einzelnen Landschaften übernommen oder selbst mitgebracht haben" (S. 11), gewesen ist, aber er läßt keinen Zweifel darüber, daß auch ein nur als Durchgangsland in Erscheinung tretendes Gebiet und die Weitergabe gemeindeutschen Gutes die Kulturgeschichte etwas angeht, „weil wir die Aufgabe dieses Landes und seiner Bewohner im Haushalt unseres Volkes kennenlernen wollen" (S. 12). Nachdem er die Rolle Schlesiens auf dem Gebiete der Siedlung, des Rechtes und des Handels abgeschildert, weist er abschließend auf andere Gebiete hin: „Es wäre anziehend, auch andere Lebensgebiete auf die gleichen Fragen hin zu prüfen, vor allem die des geistigen Daseins, der Wissenschaft, der Literatur und Kunst. Ohne Zweifel würde unsere Skizze dadurch hellere und lebendigere Lichter aufgesetzt bekommen."

II. Die Ausbreitung im deutschen Osten.

1. Die deutschen Zeugen.

(Böhmen, Schlesien, Ungarn, die Oberlausitz, Preußen, die lateinische Übersetzung.)

Über die Wirkung und Ausbreitung des Roßarzneibuches am Ende des 13. Jahrhunderts und in der ersten Hälfte des 14. Jahrhunderts sind nur wenige Anhaltspunkte vorhanden. In der Zeit, da der romanische Nachbar im Süden lebendigen Anteil an der deutschen Pferdeheilkunde nimmt, scheint das Werk Albrants nördlich der Alpen zunächst nur literarisch vorzudringen, und zwar — etwa über Friaul — zuerst in den östlichen Gebieten. Hinweise auf das Werk sind bei anderen Schriftstellern kaum zu finden. Auf Bekanntschaft mit dem Roßarzneibuch könnte allenfalls eine Stelle bei jenem niederösterreichischen Ritter deuten, dessen satirische Gedichte unter dem Namen Seifrid Helbling laufen. 7, 746 häuft dieser Dichter zungenfertig Bezeichnungen von Pferdekrankheiten:

> lüg, du wær mir ie unmær,
> var in einen rostûschær,
> wart mîn an der selben stat.
> flôzgallen, beinwahs unde spat
> gebt ez allez hin für guot.

Gerade die genannten Krankheiten sind in der Volksmedizin von untergeordneter Bedeutung, werden aber im Kernbestand des ersten deutschen wissenschaftlichen Roßarzneibuches behandelt. Hätte der Spötter Mängel im Auge gehabt, die der Roßtäuscher mit Segen behandelte, so wären wohl eher Wurm, Blutstillung oder Verrenkung erwähnt worden, denn das sind die wichtigsten Fälle der Volksmedizin. Seifrid Helbling schrieb 1282—1299 und hatte österreichische Verhältnisse im Auge. In der Gedankenwelt des etwa gleichzeitig schreibenden Bamberger Schulmeisters Hugo von Trimberg nimmt das Pferd eine besondere Stelle ein, aber keine An-

4 Eis, Meister Albrants Roßarzneibuch im deutschen Osten.

spielung auf das Roßarzneibuch ist zu greifen. Der „Renner" soll durch die Lande rennen; mehrmals vergleicht Hugo sein Lehrgedicht mit einem vorwärtsjagenden Pferde, das mit dem Reiter (dem Verfasser) auch zuweilen durchgeht. Halbritter werden mit Mauleseln verglichen, da diese eine Kreuzung zwischen Roß und Esel sind, wie jene zwischen Ritter und Nichtritter stehen. Selbst Bileams Eselin erscheint als Gegenstand eines Gleichnisses.

Aus der zweiten Hälfte des 13. Jahrhunderts stammt die älteste erhaltene Handschrift des Roßarzneibuches, die in nicht ganz schmaler Stammlinie von der Urschrift herkommt. Das Pergamentblatt, das auf drei Spalten etwa zwei Drittel der Schrift überliefert, wurde einer lateinischen Handschrift des 15. Jahrhunderts neben einigen anderen älteren Blättern vorn beigebunden. Der älteste Besitzer des Bandes, der nun in der Prager National- und Universitätsbibliothek unter der Signatur VIII E 12 verwahrt wird, war ein Magister Konrad, Pleban zu Pssow.[1] Der Ortsname ist die tschechische Bezeichnung für zwei deutsche Dörfer nahe der westböhmischen Sprachgrenze. Pšov heißt tschechisch das Dorf Schaab im Poder= samer Bezirk wie auch das Dorf Schaub im Lubitzer Bezirk.[2] Der Leutpriester Konrad wirkte wohl in Schaab, denn Schaub besaß keinen eigenen Pfarrer, sondern war nach Kobilla bei Lubitz eingepfarrt.[3] Schaab ist hingegen ein alter Pfarrort. Das Gut Schaab wurde im Jahre 1400 von Johann Stenitz, dem Großmeister des ritterlichen Ordens der Kreuzherrn mit dem roten Stern, diesem Orden geschenkt;[4] Konrad wird vielleicht gleichfalls dem Kreuzherrnorden angehört haben. Sommer vermerkt, daß Schaab eine Schmiede hatte. Aus dem Besitze Konrads mag der Band, der das kostbare Bruchstück enthält, nach Prag gekommen sein. Daß man im 15. Jahrhundert das Blatt zum Vorheften verwendete, ohne darauf zu achten, daß die Schrift vollständig bleibe, deutet darauf hin, daß sie von dem Besitzer nicht mehr geschätzt wurde. Ihre Wirkung fiel in die vorhergehende Zeit. Daß die Handschrift in Böhmen hergestellt und die ganze Zeit über bis zur Außerkraftsetzung in Böhmen gewirkt habe, ist nicht unwahrscheinlich. Die Sprache des Bruchstückes paßt zu unseren Vorstellungen von dem in der Spätzeit der Přzemysliden in Böhmen geschriebenen Deutsch. Sie hat das Bayrisch=Österreichische zur Grundlage. î, û, iu sind zu ei, au, eu geworden: sei 1, 2, eysen 3, wein 3, leip 8; aus 1, davm 2, haut 4, dar avf 8; gevz 1, 2, 3, chreutzling 10, revdig 17, sevd 3. ei erscheint als ai, ay, ou als au: ayter 1, zway ayer 2, waicher 2, ain 2, ayzze 3, gachhail 3; havpt 1, avgen 7. Seltener ist der alte Lautstand bewahrt: drin 14, vleisch 4. b ist durch p vertreten: pain 4, prin 4, paynen 6 usw., k wird durch ch wiedergegeben: chranc 1, chlain 3, chert 8, stincht 9, rinch 15 usw., æ erscheint als e: tresen 1, reh 5, 6, 7, 8, die als dy 1, 2, 21, 23. Auch rein mitteldeutsche Anzeichen sind daneben nicht zu übersehen. ez lautet in der Regel iz (1, 3, 4, 7, 8, 10, 20), selten steht ez (20, 23); ader für oder 22; swebil 10, sweuil 20 neben einmaligem swebel 17; Monophthon= gierung huf 24, nuz 24 neben häufigeren Zwielauten (fuez 13, tû 23, spangruen 23).

---

[1] Vgl. Dolch, Katalog d. dt. Hss. d. Univ.=Bibl. Prag, 1909, S. 26.
[2] E. Pfohl, Orientierungslexikon der Tschechoslow. Republik, 3. Aufl., Reichenberg 1931. An die polnische Landgemeinde Pschow bei Rybnik ist nicht zu denken. Der Cod. VIII E 12, der aus dem letzten Drittel des 14. Jh. stammt, ist, seinem Inhalt zufolge, böhmischer Prove= nienz. Er enthält Bl. 205ʳ—209ʳ Alphonsi Cordubensis studii magistri Epistola de pestilentia ad Carolum IV data (Anf.: A. d. 1363 misse est hec consolatio) und Bl. 209ʳ—209ᵛ Casus pestilencie in Bohemia. Auch enthält sonst die Prager Univ.=Bibl. keine Hs. aus dem Rybniker Kulturkreis.
[3] J. G. Sommer, Das Königreich Böhmen, statistisch, topographisch dargestellt. Bd. 15, Prag 1847. Der Elbogener Kreis, S. 205.
[4] Ebda Bd. 14. Der Saazer Kreis, S. 29 1 f. Schon für 1402 wird für Schaab eine Pfarre durch eine Urkunde des Breslauer Officials Bernard von Frankenstein bezeugt (L. Schle= singer, Urkundenbuch der Stadt Saaz, 1892, Nr. 270).

Das Bruchstück, das fast ganz frei von Zutaten ist, worin ihm die Donau=
eschinger Handschrift nachfolgt, scheint aus zwei Vorlagen erflossen zu sein, denn
das viride hispanum heißt in den Vorschriften 19 und 20 grunspat, im Re ept 22
hingegen kommt ein chraut spangruen zur Anwendung; andererseits ist zu erkennen,
daß diese Handschrift für keine der erhaltenen späteren Fassungen die Vorlage war:
unter der Überschrift „Gespaltener Fuß" ist die Vorschrift gegen das Verbällen zu
lesen, ein Fehler, der in der späteren Überlieferung wirkungslos geblieben ist. Es
müssen also in diesem Punkte unverderbte Handschriften daneben im Umlauf gewesen
sein. Das Roßarzneibuch wird also in Böhmen schon in dieser frühen Zeit durch
mehrere Handschriften bekannt gewesen sein. Besonders tief war seine Wirkung
aber wohl nicht, denn die neuen Heilmittel, die Albrant seinem Volke brachte, wurden
nicht in der zu erwartenden Weise verbreitet. Das von ihm angewendete Spangrün,
das später geradezu ein Allheilmittel werden sollte, wird in Grimms Wörterbuch
erst zu Beginn des 15. Jahrhunderts belegt; es scheint also eine Zeitlang allein in
Albrants Roßarzneibuch empfohlen worden zu sein, doch wurde das Wort Grünspan
schon um 1300 ins Tschechische entlehnt.

Die nächstalten Handschriften des Ostens, die wir kennen, sind über zwei Menschen=
alter jünger als die „älteste" Handschrift. Sehen wir zunächst von der Leipziger
Handschrift ab, die Subhoff nicht ganz überzeugend im zweiten Viertel des 14. Jahr=
hunderts ansetzt, so treten uns die zwei schlesischen Fassungen aus dem 3. Viertel
des 14. Jahrhunderts entgegen. Wir haben Gründe für die Annahme, daß das
Roßarzneibuch aus Böhmen nach Schlesien vordrang — obwohl die nächstalte und
erste sichere Spur in Böhmen die erst um 1400 anzusetzenden Auszüge der süd=
böhmischen Handschrift XI D 10 der Prager National= und Universitätsbibliothek
sind und die erste vollständige sudetendeutsche Handschrift erst von 1435 datiert ist.
Diese von Siegmund von Königgrätz wohl in Prag hergestellte Reinschrift steht neben
der noch etwas jüngeren Handschrift des hart an der südböhmischen Grenze liegenden
oberösterreichischen Stiftes Schlägl der ältesten Handschrift am nächsten. Daß von
dem sudetendeutschen Überlieferungsstrang die schlesische Pferdeheilkunde herzu=
leiten ist, geht aus inneren Merkmalen der schlesischen Handschriften und deren
äußerer Übereinstimmung mit den tschechischen Übersetzungen hervor. So ist z. B.
die augenfälligste Besonderheit der Sammlung des Johannes Posenanie, daß die
Heilung „böser Augen" gleich hinter der ersten Vorschrift (houbet siech) eingeschaltet
wird, auch in den tschechischen Übersetzungen zu beobachten und daher für Böhmen
zu beanspruchen. Der Gedanke, daß etwa die Tschechen nicht von ihren deutschen
Landsleuten in den Sudetenländern, sondern von Norden her das Roßarzneibuch
erhielten, ist gewiß abwegig.

Über die Zeit des Vordringens des Roßarzneibuches nach Schlesien lassen sich
durch folgende Erwägung Anhaltspunkte gewinnen: Es ist schon gestreift worden,
daß Johannes Posenanie mindestens drei Vorlagen vor sich hatte. Der Text der
Breslauer Augustiner ist weder selbst eine dieser Vorlagen noch ist seine unmittelbare
Quelle mit einer der Vorlagen des Johannes Posenanie identisch. Dürfte man
annehmen, daß alle diese Texte schon schlesisch waren, dann wäre man berechtigt
zu schließen, daß die Einfuhr des Roßarzneibuches schon längere Zeit zurücklag.
Finden sich hingegen in den vorliegenden Handschriften Merkmale, welche auf außer=
schlesische Vorlagen deuten, dann wird man die Durchdringung Schlesiens mit dem
Verfahren Albrants nicht vor der Jahrhundertmitte ansetzen dürfen. Die Sammlung
Posenanies und der Text der Breslauer Augustiner ermöglichen die Entscheidung
dieser Frage. Am Anfang folgt Posenanie einer Handschrift, die wie die tschechische
Handschrift von 1444 das Muschelpulver gegen Trübung des Auges gleich hinter
dem Mittel gegen die Hauptsucht einreiht; die drei Bürzel sind zu dem Wurm, der

zwischen Haut und Fleisch liegt, nach vorn genommen, was mit dem Vorgang einer tschechischen Handschrift aus dem Jahre 1633 übereinstimmt. Seiner ersten Vorlage entnahm Posenanie die Rezepte 1—22. Die Fälle 23—25 behandelt abermals die schon einmal betrachteten Nähearten, stammen also aus einer neuen Vorlage, zumal auch die weiteren Vorschriften die übliche Abfolge darbieten. Um Wiederholung aus derselben Vorlage kann es sich nicht handeln, da starke Abweichungen vorhanden sind. Das Mittel gegen den wundgerittenen Rücken ist einmal das alte (Hechtzähne oder alte Sohlen zu Pulver gebrannt, Nr. 18), das zweitemal Eselsmist und Ameisensäure. Aber auch bei den inhaltlich gleichen Mitteln ist zu sehen, daß die Vorlagen verschieden waren. Man vergleiche etwa den blutigen Tritt:

Nr. 11.
Welch ros eyn trit hot, den saltu machyn reyne unde bint dor uf gebeit brott mit salcze an eyme tage czweyr: zo wirt her nicht unreyn und wirt daz ros gar schire gesunt.

Nr. 26.
Welch ros eynen trit hat der blutig ist, den sal man schone machen unde gebehet brot dor uf byndyn mit salcze: zo neczit her nicht. unde tu daz alle tage czwir.

Der zweiten Vorlage folgt Posenanie bis Nr. 40 (zerbrochener Rücken). Seine Abhängigkeit von den Vorlagen ist sklavisch. Genau mit Rezept 22 beginnt er, über jedem Fall eine lateinische[1]) und am Rande eine deutsche Bezeichnung desselben hinzusetzen, was er bei Wiedergabe der ersten Vorlage nicht tat (vgl. die Angaben unter dem Text!); das curvei heißt nach der ersten Quelle cucfay und cuffay (Nr. 17), nach der zweiten corvey (dreimal, Nr. 32) — und nach wieder einer anderen Vorlage corney (Nr. 59). Von Nr. 41 ab hat Posenanie eine dritte Quelle vor sich, beginnend mit Würmern im Leib, Bürzel zwischen Fleisch und Haut usw., worunter auch mehrere volksmedizinische Vorschriften begegnen (Rähesegen, houbet siech Nr. 57). Die Vorlage dieses dritten Teiles ist abermals mit keiner der beiden vorher benützten Quellen identisch. Für den wunden Rücken (Nr. 55) wird verbranntes Leder mit Schweinsmist pulverisiert, das Mittel gegen Beinwachs (Nr. 50) ist verschieden von den vorher gebotenen, gegen das Mal in den Augen (Nr. 56) wird Ruß, Katzenmist, Salz und Ziegenmilch verordnet. Überhaupt wird in diesem Teil die später sprichwörtliche Dreckapotheke schon recht vernehmlich angekündigt. Daß es sich aber auch bei der Vorlage dieses dritten Teiles in der Hauptsache um eine „Albrant"=Handschrift handelt, lehrt ganz deutlich die Mehrzahl der Mittel (lies etwa Nr. 59 bis 63!).

Posenanie hat die Texte in seine Mundart umgeschrieben. Die Möglichkeit, daß eine nicht erhaltene Vorlage in anderer Mundart abgefaßt war als die erhaltene Abschrift, ist bei Prosatexten kaum jemals völlig auszuschließen; positiv erwiesen kann sie dann werden, wenn der Schreiber aus Gedankenlosigkeit oder durch Mißverstehen eine Stelle, ein Wort buchstäblich übernahm, das lautlich nicht zu der Sprache des übrigen paßt. Einen solchen Fall findet man im Rezept Nr. 17 der Sammlung Posenanies, wodurch dessen erste Vorlage als außerschlesisch erwiesen wird. Es steht dort zo stof chloflech statt zo stof knobloch. Es kommt in dem Text sonst keine Verschiebung von k zu ch vor. Da an andere oberdeutsche ch=Gebiete kaum gedacht werden kann, ist anzunehmen, daß die Vorlage aus dem ostbayrisch=österreichischen Mundartgebiete bezogen wurde, das bis tief nach Böhmen hineinreicht. In der

---

[1]) Für die meisten Krankheitsnamen standen seiner Vorlage jedoch keine lateinischen Bezeichnungen zur Verfügung. Er schreibt: contra repsich, contra muche, contra wel (Fell in den Augen), contra spat, contra caldyn stal, contra mol usw. Rusios Marstallerei war diesen Schreibern also augenscheinlich unbekannt. Denn sonst hätten sie wohl die lateinischen Krankheitsnamen von dort übernommen. Auch in der durch die Karlsruher Handschrift überlieferten lateinischen Bearbeitung der Schrift Albrants begegnen deutsche Krankheitsnamen, s. S. 71 f.

ältesten Handschrift steht chnouelauch (Nr. 13), Siegmund von Königgrätz schreibt chnofflach (Nr. 14), der Schlägler Text chnobleich (Nr. 15). Dasselbe lehrt der dem Schreiber augenscheinlich unverständliche Krankheitsname, der über demselben Rezept steht. Posenanie schrieb aus einer ai= oder ay=Vorlage cucfay ab, während seine eigene Sprache kein ai < ei kennt. ai war in weiten Strecken Böhmens gebräuchlich; nicht nur die älteste Handschrift, auch Siegmund von Königgrätz schreibt ai statt ei. Auch für die zweite Vorlage Posenanies läßt sich eine südwestliche Heimat vermuten. Die oberdeutschen Diphthonge ie, uo sind bei Posenanie regelmäßig durch i (y), u vertreten (tryfenden 23, blutig 26, gissen 30, suche 30); gelegentlich aber schlüpfen ihm Diphthonge durch: vues 28, wůs 30 gegenüber in dem wuze 30, vuz 31 usw. Die Schreibung pirczil, deren Anlaut oberdeutsche Verschiebung beläßt, begegnet in den aus der ersten und dritten Vorlage erflossenen Teilen (Nr. 6, 42, 43), wogegen p für b bei anderen Wörtern nicht vorkommt. Diese Beobachtungen legen den Schluß nahe, daß Posenanie seine Sammlung nicht aus heimischen Texten zusammenstellte, sondern wohl sudetendeutsche Quellen vor sich hatte.

Auch der Text der Breslauer Augustiner weist auf eine oberdeutsche Vorlage. Der Schreiber fand in seiner Quelle reudig und reudin vor, womit er nichts anzu= fangen wußte, da ihm der Diphthong wohl ungewohnt war. Er machte daraus rendig und rendin (Nr. 13). Er las in seiner Vorlage mauchelrach und wieder ist es vermutlich der Diphthong, der ihn in Verwirrung bringt (für ihn gilt u: bůche 20, bůch strenge 11, uz 9, 10). So kommt die Überschrift Welch ros von mancher leyge czu unrechte wirt zustande — auch ræh versteht der Schreiber nicht, denn in allen vier Fällen der Rähe wird czu unrechte daraus, pirczil ist auch in diesem Text statt zu erwartendem burczil oder borczil anzutreffen (Nr. 22). Wohl wäre es denkbar, daß eine bayrische Handschrift etwa aus Wien nach Schlesien verschlagen wurde. Da aber eine größere Anzahl von oberdeutschen Handschriften ziemlich gleichzeitig nach Schlesien gekommen zu sein scheint, wird man lieber an ein angrenzendes Land als Aussender denken.

Die Betrachtung der tschechischen Übersetzungen bestärkt in dieser Auffassung; denn in diesen lehren inhaltliche Übereinstimmung mit den schlesischen Hand= schriften, daß letztere aus dem sudetenländischen Überlieferungsflügel des Roßarznei= buches am zwanglosesten zu erklären sind. Bei Behandlung des Asthmas wird dem Pferde ein Heiltrank aus Enzian und Salz mit Wein oder Bier eingeflößt. In der Urschrift (und dieser folgend in Schlägl und Donaueschingen) wird über die Anzahl der Wiederholungen des Einguffes keine Angabe gemacht. In der späteren Zeit werden darüber genaue Vorschriften gegeben, in München z. B. ist der Heiltrank achtmal zu verabreichen. Die Angaben der schlesischen Handschriften stimmen mit den sudetendeutschen überein. Die Handschrift der Breslauer Augustiner verordnet den Einguß neunmal, und so las auch Siegmund von Königgrätz in seiner Vorlage. Bei Pos. 63 ist der Vorgang dry wende vorzunehmen. Daß dies gleichfalls aus sudeten= deutschen Handschriften abgezweigt ist, bezeugt die tschechische Handschrift von 1444, wo gesagt wird, daß das Pferd nach drei Tagen gesund werde. Gegen den After= zwang verordnet Albrant Einguß von Schusterschwärze. Dieses kräftige Abführmittel wird von Pos. 44 auch verwendet, um Spulwürmer zu vertreiben. Die Ausdehnung des Verfahrens auch auf diesen Fall wird durch die tschechische Handschrift I F 10 des Böhmischen Nationalmuseums aus dem Ende des 15. Jahrhunderts für die Sudetenländer bezeugt. Auch den volksmedizinischen Zuflug der schlesischen Hand= schriften können wir mit Hilfe der tschechischen Handschriften vielfach als Lehngut aus den Sudetenländern erweisen. Dem Roß, das sich verfangen hat, läßt Pos. 53 das Zaumzeug durch warme menschliche Exkremente ziehen und hernach wieder ins Maul legen. Denselben Ratschlag überliefert die älteste tschechische Handschrift.

Schließlich sei darauf hingewiesen, daß der Wurmsegen der Handschrift der Breslauer Augustiner (Nr. 21) noch heute bei den Deutschen in West- und Südböhmen bekannt ist. Nach all dem darf angenommen werden, daß Schlesien die wissenschaftliche Pferdeheilkunde aus Böhmen empfing, und zwar kaum vor der Zeit der erhaltenen Handschriften. Diese sind nicht aus schlesischen Vorgängern, sondern wohl aus ostoberdeutschen Vorlagen erflossen. Der Text der Breslauer Augustiner ist nicht genau datierbar, aber man kann ihn schwerlich vor der Jahrhundertmitte ansetzen. Posenanies Sammlung gibt einen genaueren Anhaltspunkt (1361—1366) und man darf daher das Vordringen des Roßarzneibuches nach Schlesien etwa um das Jahr 1360 ansetzen. Daß mindestens vier sudetendeutsche Texte ziemlich gleichzeitig ins Schlesische umgeschrieben wurden, kann kaum als das Spiel des Zufalls erklärt werden. Man sieht sich veranlaßt, es mit dem Aufblühen der Prager Universität in Verbindung zu bringen. Es ist bekannt, daß gerade auf medizinischem Gebiet die Wirkung Prags auf Schlesien ja auch sonst nicht gering war. Es ist schon längst vermutet und ausgesprochen worden, daß ein Teil der medizinischen Handschriften Breslaus aus den Sudetenländern stamme, ja daß manche davon Nachschriften von Vorlesungen der Prager Lehrer seien.[1]) Jedenfalls fällt die Weitergabe des Roßarzneibuches in die Zeit der gesteigerten Entfaltung der von Karl IV. gegründeten Prager Universität, deren eine Fakultät die „polnische" Nation bildete, und von Karl wurde eine auf der neapolitanischen beruhende Medizinalordnung in Schlesien eingeführt. Von hier aus besehen gewinnt die Geleitangabe der ältesten erhaltenen tschechischen Handschrift eine ernstere Deutbarkeit. Die Stelle lautet: A ty gest slozyl Albrecht Cesařow Bedřychow kowarz vrozeny z Napulie a m(ystr) Sstepan prasky magistrat pokusyl gest toho wseho vcenie na mnohych koniech, gez mu Cesarz biese poručyl. In meinen Ausführungen über Albrant bei der Sommerhochschulwoche 1937 ließ ich es offen, ob diese Angabe, daß in Prag auf kaiserlichen Befehl das Roßarzneibuch durchgeprobt wurde, „buchstäblich zu nehmen ist oder nur die Wichtigkeit des Büchleins in den Augen der Zunftjünger unterstreichen sollte." Inzwischen erwog ich auch die Möglichkeit, diese Stelle einfach als eine stilistische Nachahmung der Angaben über Albrants praktische Erprobung der Mittel an den Pferden Kaiser Friedrichs, wie sie in den deutschen Handschriften überliefert wird, aufzufassen (vgl. diese etwa im Text Siegmunds von Königgrätz). Nunmehr möchte ich aber auf Grund der dargelegten Zusammenhänge der schlesischen Handschriften mit Böhmen einer buchstäblichen Auslegung der tschechischen Bemerkung den Vorzug geben. Der dort genannte Kaiser wäre dann Karl IV. Eine Bestärkung in dieser Auffassung gewinnt man durch eine Angabe vor dem zweiten Teil der Handschrift des Stiftes Einsiedeln, wo der Kaiser mit Namen genannt wird: Dis nach geschriben kunst hätt bewert kayser Karlis artzet (Bl. 58ᵛ).[2])

Es scheint demnach, daß das deutsche Roßarzneibuch der Stauferzeit in Böhmen durch Karl IV. nach vorheriger Prüfung zu allgemeiner Geltung gebracht wurde. Er mochte mit dem Werk in Italien oder — was wahrscheinlicher ist — in Böhmen bekannt geworden sein. Die nachhaltige Wirkung, die es in Böhmen und dessen Nachbarländern ausübte, besonders jenen, die der Luxemburger seinem Hause erwarb, wäre dann in der Hauptsache auf das Gewicht des kaiserlichen Vorbildes zurückzuführen.

Ließen die schlesischen Handschriften auf zahlreiche Texte in Böhmen vor 1360 schließen, so stützen die tschechischen Übersetzungen, die gleichfalls auf sudetendeutsche

---

[1]) H. Haeser, Lehrbuch der Geschichte der Medizin I, S. 658. Auch die nach 1348 von der Prager Schule ausgehenden Pestschriften haben Schlesien, wie K. Sudhoff, Arch. f. Gesch. der Med. VII zeigte, stark beeinflußt.

[2]) Darunter beginnt der Text mit der zweiten Vorschrift des Kernbestandes: Item weles roß ein geschwulen hals hät vnd nit schlinden mag, so nim iį aiger vnd mischs mit essich vnd nimm den ainen gespalden stab vnd bewind jn mit werk vnd stoß jm den stab jn den hals vnt jm die essen brechent.

Vorlagen höheren Alters zurückweisen, den Eindruck, daß Böhmen schon damals und somit als erstes deutsches Land mit dem fortschrittlichen Roßarzneibuch völlig durchsetzt war. Daß von diesen anzunehmenden zahlreichen Texten heute nur mehr wenige vorfindlich sind, schafft keine ernsten Bedenken. Die Hussitenkriege haben unschätzbare Bestände mittelalterlicher Handschriften vernichtet, und manche der größten Sammlungen traf noch in späterer Zeit ein beklagenswertes Schicksal. Die Bücherei der Rosenberge z. B., die zehn- bis elftausend überaus kostbare Bände umfaßte, wanderte nach dem Tode des letzten Herrn von Rosenberg im Jahre 1611 nach Schwanberg in Westböhmen, wurde alsbald beschlagnahmt, dann von Ferdinand II. seinem Sohne geschenkt, der Teilbestände ehemaligen Eigentümern zurückstellte; 1647 wurde sie nach Prag gebracht, fiel hier den Schweden in die Hände und wurde zerstreut: in Fässern wurden von den Schweden Büchermassen elbeabwärts außer Lands befördert[3]).

Ein vorhussitischer Beleg für die Ausbreitung des Roßarzneibuches in Böhmen nächst dem „ältesten" Pergamentbruchstück findet sich in der Handschrift XI D 10 der Prager National- und Universitätsbibliothek. Diese um 1400 geschriebenen Auszüge sind einer in Südböhmen kurz nach 1450 hergestellten Handschrift vorwiegend naturwissenschaftlichen Inhalts beigebunden. 1649 gehörte der Band dem Kloster Goldenkron. Dolch, der die Handschrift im Katalog und für das Berliner Handschriftenarchiv beschrieb, entging es, daß es sich bei den auf Blatt 145ʳ stehenden Auszügen um Albrantvorschriften handelt (vgl. die Fußnote unter dem Text!). Die Abhängigkeit von einer Albranthandschrift kann leicht durch Gegenüberstellung erhärtet werden; und zwar ist der Vergleich mit Siegmund von Königgrätz am aufschlußreichsten. Als Beispiele mögen die Mittel gegen Mauke und Afterzwang dienen.

Südb. 1.	Siegm. 26.
Wider vorstelle oder twangk der pferd nym speck als gros als ein vinger und bespreng in mit aterminzen, die wol geriben ist, und stos in in des pferdes leib.	Welch rozz daz verstell hat oder daz twangk, so nim attrament und stozz daz tzu puluer. und nim dann ainen speck und sneid den alz ainen vinger oder grosser und stozz daz in den leib: so wirt es vertig.
Südb. 4.	Siegm. 28.
Wider die mauchen nym ein prait eisenn das da glue, und zeuchs uber die stat der wetagen und prens woll. darnach hack es mit dem flieden darjnn und leg darauff salcz und prot zesamm gemengt, und sprenge alle tage dar auf spangruen: so wirt im pas.	Welch rozz mauchken hat, die stat sol man prennen senftichlichen mit ainem haizzen eysen und darnach pŏchk si mit einem fliedel und leg dann dar auf salcz und rŏchken prŏt uber tag und uber nacht. und tŭ es dann ab und sprenge grũnspat dar auff: so wirt es schir haylen.

Gegen Verstopfung verordnete die Urschrift Einguß von Seifenwasser (Alt. Hf. 21, Schlägl 21, Pof. 19). Das Specksuppositorium ist eine früh zugewachsene Ergänzung, die auch schon in der Donaueschinger Handschrift steht und in die Drucke Eingang fand. Die südböhmische Hufsalbe Nr. 6 ist nicht aus dem Kernbestand zu erklären.

---
[3]) Einige weitere, wenig bekannte Fälle sinnloser Zerstörung von Bücherschätzen seien aus Heinrich Roch, Neue Laußnitz- Böhm- und Schlesische Chronica, Leipzig 1687 festgehalten; S. 25 Den 8. hnius (Januar 1422) hat Zischka bey der Stadt Deutschen Broda Käyser Sigmunden biß auff das Haupt geschlagen und in der Flucht 450 Wagen voller herrlicher Sachen worunter 3 Rüstwagen mit Latein- Griechisch- und hebräischen Büchern erhalten, so die Ungarn in den Böhmischen Kirchen geraubet hatten. S. 76 General Bucquoy 1620 zerstört Klattau: die Kirche wurde ein Roß-Stall, und die köstliche Bibliotheck zu Asche.

Sie bestätigt, daß sich schon im 14. Jahrhundert in Böhmen mancherlei Zuflug angesetzt hatte, den uns in größerem Maße die schlesischen und tschechischen Abkömmlinge bewahren.

Der gelehrte Siegmund von Königgrätz nahm wenig Zutaten auf. Er war ein Mann von vielseitiger naturwissenschaftlicher Bildung. Das ist aus dem von ihm geschriebenen Band zu ersehen, der das Roßarzneibuch enthält. Er bezeichnet sich selbst Blatt 248^r als den Schreiber desselben: Finis adest operis, mercedem posco laboris, die Martis in vigilia Andree per manus Sigismundi de Grecz Anno domiin 1435 — und am Vorderdeckel als Besitzer: Liber Sigismundi de Hradecz Regine. Er hat also die Handschrift für sich behalten. Es ist ein Vergnügen, seine wohlausgeformten Schriftzüge zu lesen, die auf dieselbe Schreibschule deuten wie die tschechische Handschrift II C 10 des Böhmischen Nationalmuseums, die — 1445 geschrieben — unter anderem die tschechische Übersetzung der Chronik des Twinger von Königshofen enthält. Siegmund von Königgrätz war bestimmt ein Deutscher. Wohl ist der Band in der Hauptsache lateinisch; aber Werke, von denen es deutsche Übersetzungen gab, nahm er in dieser Gestalt auf. Auf Bl. 121^r bis 126^r steht das von Konstantin von Afrika dem Abendland erschlossene Harnbuch des Jsaak-ben-Soleiman in der nach 1400 in Würzburg entstandenen Verdeutschung Meister Ortolfs von Bayerland. Auf Blatt 128^r bis 129^r beweist Siegmund seine Bekanntschaft mit der deutschen Fassung des Harnbuchs des Ägidius von Korbeil. An siebzehn anderen Stellen findet man deutsche Heilmittel und Notizen eingesprengt, nirgends aber etwas Tschechisches. Besonders wertvoll ist uns ein auf Blatt 132^r bis 136^v eingeschaltetes lateinisch-deutsches Heilpflanzenwörterbuch. Eine zweite Handschrift aus seinem Besitz ist der Codex III C 2 der Prager National- und Universitätsbibliothek, von Johannes von Neuhaus im Jahre 1450 geschrieben. Der Band, der nur auf Blatt 150^{rv} deutsche Heilmittel als Einsprengsel darbietet, ist im übrigen zur Gänze lateinisch. Der astronomisch-meteorologische Inhalt beurkundet das Verständnis Siegmunds auch für diese Wissensgebiete. Am Vorderdeckel steht in Schriftzügen, die noch kein Merkmal des Alterns aufweisen, der Besitzvermerk buchstabengleich wie in der Handschrift IV D 25. Inzwischen hat sich Siegmund einen Siegelstock zugelegt (SHR, das R gefällig an das H anlehnend, dreimal). Dieser gelehrte Deutschböhme hat zweifellos der Entwicklung der böhmischen Kultur einen beachtenswerten Dienst erwiesen. Es scheint, daß er es war, der Ortolfs Harnbuch in Böhmen erstmals einführte. Ein kurzes Bruchstück davon aus Goldenkron (Hf. XII B 21 der Prager National- und Universitätsbibliothek) kann nicht mit Sicherheit vor seinem Wirken datiert werden. Neun Jahre nach Siegmunds Text des Harnbuches ist die erste tschechische Übersetzung datiert und wie bei dem Deutschböhmen steht sie in einem Bande gemeinsam mit dem Roßarzneibuch Albrants. Noch 1554 zeigt die tschechische Handschrift XVII E 42 der Prager National- und Universitätsbibliothek, die aus dem Schönhengst stammt, Albrant und Ortolf in einem Bande vereint. Im Deutschen ist sonst nicht die Neigung nachweisbar, die beiden recht verschiedenen Schriften nebeneinander zu stellen. Der Vergleich der mir freundlichst vom Berliner Handschriftenarchiv zugesandten Verzeichnisse der bisher bekannten deutschen Ortolfs- und Albranthandschriften ergab, daß außer bei Siegmund von Königgrätz im Deutschen nirgends beide Schriften zugleich überliefert sind.

Über das Leben Siegmunds liefert, wie R. Schreiber auf meine Bitte nachzusehen die Freundlichkeit hatte, W. W. Tomeks Dějepis Prahy (IX, 89, 236 u. a.) einige Daten. 1442 war er Baccalaureus, ab 1465 ist er als Magister und Probst des Allerheiligenkapitels auf der Prager Burg belegt und starb vielleicht schon 1471.

Die Siegmundsche Abschrift des Roßarzneibuches ist nicht allein durch Sorgfalt der Schrift und des Wortlautes ausgezeichnet. Durch die Fernhaltung von Heilsegen und durch die Umgebung, in der sie in der Handschrift IV E 16 steht, bezeugt sie auch, daß Albrant noch durchaus als Vertreter der Schulmedizin galt. Ein Heilsegen und ein lateinisches Mittel gegen die Harnverhaltung werden von Siegmund dem Albrant= schen Büchlein ferngehalten. Sie erscheinen außerhalb desselben, vorausgeschickt. Das lateinische Rezept Si equus mingere non potest, das aus dem Erfahrungsschatz von Marstallern stammt, begegnet mit wörtlichen Parallelen auch in der Practica equorum der Berliner Handschrift. Wenn andere Mittel gegen das Übel nicht helfen, führe man das Pferd in alio loco ubi equi mingere solent. Das zweite Mittel ist ein Segen, der schon lange in der deutschen Volksheilkunde lebte. Nur die Einkleidung ist lateinisch; die Beschwörungsformel ist deutsch und noch ist Stabreim vorhanden: Vade ad loca, ubi ossa mortuorum inveniuntur, et considera qualis iaceat, ut sic levatum, postquam operatus sis, reponas. et tene tecum equum inicias die ionis ante ortum solis et dicens unde dic ita: Ich beswer dich, uberpain und ubel pain, pey den tzwain engeln Michahel Gabriel, das du swennest und verswendest als diser töd tet, da man in des ersten in die erd legt. et non escas sed evanescas. in gotes namen amen. tribus hoc facere.[1]) Das ist einer der frühesten Belege für das Weiterleben der aus den Altländern mit in die neue Heimat gebrachten Heilsegen in den Sudetenländern. Die große Segensammlung der Prager National= und Universitätsbibliothek (XVI F 3), worin auch ein Hufsegen steht, stammt erst aus der Wende des 15. zum 16. Jahrhundert. Einen Pferdesegen aus dem Jahre 1419 enthält die Hf. 25 des Stiftes Hohenfurth.

Innerhalb des Roßarzneibuches hat Siegmund nur zwei Vorschriften, die nicht dem Kernbestand angehören. Beide stammen aus dem Trugmittelschatz der Roß= täuscher (Wein gegen Trägheit und Weißfärben schwarzer Streifen des Fells), die Siegmund gewiß aus einer Vorlage übernahm. Das Aufpulverungsmittel verzeichnet auch die Preußische Kompilation:

Siegm. 29.
Welch rozz trag ist, wenn man es ver- chauffen wil, der giezz im auf ein mazz wein in den hals: so wirt ez snell.

Preuß. Komp. 84.
Welch ros trege ist, wen man ys vor- kouffen wil, deme geus weyn yn den hals eyne mose.

Das Haarfärbemittel begegnet etwas anders auch in der Einsiedelner Handschrift, bezeichnenderweise in dem Abschnitt „Roßabenteure". Hier steht zunächst (Bl. 61ʳᵛ) ein Mittel Wiltu ein roß wiß füß machen, was dadurch erzielt werden soll, daß man aus Schnecken, altem Schmer und gestoßenem Alant durch Zerreiben eine Salbe macht, die man über dem geschorenen schwarzen Fleck mit Leder festbindet. Hierauf folgt ein zweites Mittel, das sich neben Siegmunds Vorschrift setzen läßt:

Siegm. 31.
Wildu machen wo ain pfert ain swarczen strich an ym hat daz er weys werd, so nim scheren, alz vil du der haben wild, und seud si in einem newen hafen und faym daz smalcz ab, daz von den scheren chumpt, und streych es dem rozz uber dy swercz: so wirt es weys.

Einsiedeln, Roßabenteure Bl. 61ᵛ.
Ein roß wiß füß machen. Item nim daz blüt von einem scher, und wa du ein roß damit bestrichest an zwifel ... (Lücke) Etlich sieden ein scher iij tag jn salcz in wasser. die wil es enwenig warm, bestrichet ein schwartz pferit: so vallent die schwartzen har uss.

Siegmunds Reinschrift ist als eine genaue Wiedergabe seiner Vorlage zu betrach= ten, die uns nicht erhalten ist. Die nahe Verwandschaft seines Textes mit der ältesten

---

[1]) Dieser Segen ist ein später Nachfahre des bei Müllenhof und Scherer, Denkmäler deutscher Poesie und Prosa aus dem 8. bis 12. Jahrhundert mitgeteilten spätalthochdeutschen Zaubers (12. Jh.), II, S. 304 f.: Ih besueren dich, uberbein, bi demo holze, da der almahtigo got an ersterben wolda durich meneschon sunda, daz du suinest unde in al suachost (Hf. suacchost).

Handschrift legt es nahe, ihn zur Ergänzung des fehlenden Schlußteils derselben heranzuziehen. Er ist hiefür geeigneter als die Donaueschinger Handschrift, obgleich diese älter ist. Denn Siegmunds Vorschriften folgen genauer der Reihenfolge der ältesten Handschrift als die Donaueschinger Handschrift. Diese hat das curvei hinter Kehlsucht und Nasenrotz geschoben und die drei Bürzelarten für den Schluß aufgespart, während Siegmund wie die älteste Handschrift das curvei nach dem Eiterausbruch an der Krone und die drei Bürzelarten an 25. Stelle darbietet, die in der ältesten Handschrift an 24. Stelle stehen. Der Rezeptbestand ist bei Siegmund wie in der Donaueschinger Handschrift vorzüglich bewahrt; beide Handschriften haben nur je eine Vorschrift ausgelassen (Donaueschingen den Zwanghuf und Siegmund das wilde Fleisch). Keinesfalls kann daher Siegmund aus der Donaueschinger Handschrift erflossen sein. Beide Handschriften stammen vielmehr von einer Fassung ab, welche sowohl den Zwanghuf als auch das wilde Fleisch behandelte und älter als die Donau= eschinger Handschrift war. Gegenüber der ältesten Handschrift hatte das gemeinsame (nicht notwendig unmittelbare) Vorbild einige greifbare Abweichungen. Bei der Hauptsucht (Nr. 1) sagt Don. am Schlusse So erkenne dapey wenn jm die naßlöcher usw., Siegm. das erchenst du wann ym die naslöcher; die ält. Hf. nur und swenne di nasloecher. Der formale Zusatz wirkt in Aug. nach: dis ist eyn czeichen, wenne ym dy naselochyr; im Tschechischen: potom poznass zie ten kuon bude zdraw (I F 10, S. 422). In der ältesten Handschrift heißt die Überschrift des dritten Rezeptes So du dy würm wellest vertreiben aus dem magen; Don. schreibt Welhs roß den würm in dem magen hat oder in dem pauch, Siegm. Welch rozz die würm hat in dem magen oder in dem pauch. Während Pos. der ältesten Handschrift folgt, übersetzen die Tschechen den Zusatz „im Bauche": Ktery kon ma črwy w zaludku nebli w bryše (IV H 28, Bl. 319ᵛ), ebenso I F 10 und andere. Die älteste Handschrift verordnete nach dem Brennen der Eiterbeule (Nr. 10): und la swebil dar in; dagegen sagt Don. vnd swebel darein rennen, Siegm. und swebel dar yn rennen. Die älteste Handschrift prägt den Zusatz des vierten Rezeptes so: oder pint ir ain rospain unwizzende an den hals; Don. dagegen vnd pind es dem pferd an den hals daz es nymant wisse und ebenso Siegm. und pintt yms an den hals, das es nyemant wizz. Am auffälligsten ist folgender Schreibfehler in Don.: also machtu auch wol püssen die pain wasch (so Z. 249, am Schlusse des Bürzels zwischen Huf und Knie). Denselben Fehler hat auch Pos. 6 abgeschrieben: alzo machtu wortribyn den beyn waysch. Posenanies Vorlagen waren, wie oben ausgeführt wurde, sudetendeutsch. Auch Schlägl, welches gleichfalls in engster Beziehung zu der durch Siegmund ver= tretenen sudetendeutschen Überlieferung steht, überkam den Schreibfehler: also masch masch (!) puessen die pain wasch (!). Es liegt nahe, auch die Donaueschinger Handschrift von dem sudetendeutschen Überlieferungsflügel herzuleiten, obgleich der gelehrte Siegmund das Versehen durchschaute und heilte: also machtu auch puezzen daz painwachs. Auch Wien 3217 (aus dem 15., nicht 14. Jahrh.) liest payn baschs.

An manchen Stellen bewahrt Siegmund eine bessere Lesart als Donaueschin. Im Zusatz zur dritten Vorschrift heißt es in der ältesten Handschrift: oder sneid gachhail chlain vnd seud in; die gemeinsame Vorlage von Don. und Siegm. scheint daraus gemacht zu haben: oder nym gacheil vnd sneid die chlain, was Siegm. bewahrt, während Don. oder nym aycheln vnd sneyd die darbietet. Die Waschung gegen die Räude geschieht in der ältesten Handschrift an einer sunn oder in einer stuben; Siegm. bietet an der sunnen oder in ainer haizzen stubenn, während Don. an der smitten liest. Die Schlußformel des Absatzes über das Vernageln lautet in der ältesten Handschrift und reiten wo du wilt; bei Siegmund am Schluß derselben Vorschrift genau so, in Don. aber glitt sie irrtümlich an den Schluß des Satteldruck= mittels (Z. 130).

Es wurde schon auf die enge Verwandtschaft des Schlägler Textes und der ältesten Münchener Handschrift mit Siegmund von Königgrätz hingewiesen, so daß diese drei Handschriften für das in der ältesten Handschrift fehlende letzte Drittel als Ersatz eintreten. Die Schlägler Handschrift, die wohl für den Kulturkreis des Stiftes zeugt, in welchem sie noch heute liegt, steht in manchen Einzelheiten der ältesten Handschrift noch näher als Siegmund, wiewohl sie etwas jünger sein mag als dessen Abschrift. So hat die Schlägler Handschrift die Waschung beim Beinwachs, die in der ältesten Handschrift vorkommt, bewahrt, während sie bei Siegmund und in der Münchener Handschrift fehlt. Auch beim Spat behält nur Schlägl die Waschung der ältesten Handschrift bei. Bei Behandlung der drei Bürzel stimmt Schlägl am besten mit dem Wortlaut der ältesten Handschrift überein. Durch solche Unterschiede wird es möglich, gewisse Stellen Siegmunds als Merkmale der böhmischen Überlieferung in Abgrenzung gegen die österreichische zu erkennen. Die Münchener Handschrift 289 ist sieben Jahre jünger als Siegmunds Reinschrift. Sie ist nächst der Donaueschinger Handschrift der älteste datierte Text außerhalb des ostdeutschen Siedelbodens, der uns erhalten ist. Konnten wir für die Quelle der Donaueschinger Handschrift eine ostdeutsche Heimat vermuten, so ist es von einiger Bedeutung, festzustellen, ob derselbe Herkunftspfeil auch für die Münchener Handschrift gilt und ob diese mit dem sudetendeutschen oder dem österreichischen Überlieferungsflügel zusammenzubringen ist.

Es ist nun deutlich zu erkennen, daß Siegmunds Fassung mit der Münchener näher verwandt ist als die Schlägler. Die eben angeführten Vorzüge der Schlägler Handschrift mangeln so wie dem Siegmundschen auch dem Münchener Text und darüber hinaus sind Neuerungen Siegmunds in der Münchener Handschrift wiederzufinden. Am Schlusse des Mittels gegen Beinwachs sagt Siegmund: und dem uber hüff recht also. Auch die bayrische Handschrift hat dieses Anhängsel, das in unseren anderen Texten nicht begegnet; es lautet in der Münchener Handschrift: dem uberhuff thu recht dasselb. Deutlich ist auch die enge Verwandtschaft zwischen Siegmund und dem Münchener Schreiber beim Satteldruck:

Siegm. 19.	Mü. 19.	Schlägl 26.
Welch rozz ain tzeprochen ruchk hat, so nim verprante alte soln tzu puluer und sweineinew pain und hechten chew, und mache daz tzu puluer und stråw yms auf den pruch. můstu aber reytten, so sneyd daz pflaster aus alz weyt der pruch ist oder ein wenig weyter, und secz perment dar uber und reyt. so haylt es dar under churczleich.	Welich roß ain zerbrochen rucken hat. So nym verprennt alt solen und brenn dy zu puluer und sweynnen pain und hecht schyppen und mache das ze puluer und sae im das auff den bruch. mußest du aber reyten,so schneyd dy pflaster aus als weyt der bruch ist oder ain wenig weyter und stöß permut dorüber und reytt: so hailet es gar kürtzlich darunter.	Wenn eyn ros zeprosten oder czu geswollen unter dem sattel, so puluer hechten chew und verprunnen altsalen dar ein, und wasch es dann mit danczepfen wasser: es wirt gesund. muestu aber reiden tegleich, so mach von semel mel einen dunen zelten und leg den under den satel dar uber, oder du secz ein pergamen dar uber an den satel: so haild es cze hant.

Das Pflaster, das Siegm. und Mü. ausschneiden lassen, ist durch einen Lesefehler der gemeinsamen Vorlage verschuldet. Es soll über der Druckwunde aus dem Sattel= „polster" eine Höhlung ausgeschnitten werden, wie Schmutzer S. 31 richtig erkannte. Das pflaster fand auch in den Erstdruck Eingang. Unverderbt ließt Salzburg 12: wellestu aber reyten so sneyd das palster aus als weit der pruch sey oder ein wenig weiter, vnd reich ein permeit daruber. Bei dem ersten der drei Bürzel heißt es Siegm. 25 daz haist der wolff, Mü. 35 und das haißet der wolff, dagegen ließt Schlägl 24 der haist der wolf.

Solcher Übereinstimmungen zwischen Siegmund und der Münchener Handschrift gegenüber der Schlägler ließen sich noch weitere finden. Die Beispiele dürften genügen, um die Aussage zu rechtfertigen, daß die Münchener Handschrift dem sudetendeutschen ihr zeitlich unmittelbar vorangehenden Text näher steht als der benachbarten österreichischen Handschrift. Es sei nurmehr darauf hingewiesen, daß auch sprachliche Anhaltspunkte dieselbe Herkunftsrichtung vermuten lassen. Mit dem Bürzel wußte der Schreiber augenscheinlich nichts anzufangen, er nennt die Krankheit büsel. Das b des Anlautes deutet auf eine außerbayrische Vorlage. Allerdings hat der Schreiber b im Anlaut öfter (gebetes brott 10, bind 4, roßbain 4 usw.) gegenüber prenn 4, gepetes 9, geprenten 3 usw. Auffälliger ist das Unterbleiben der Verschiebung in dem Pflanzennamen strupwurtz 17, während dem Schreiber sonst pf geläufig ist (rimpffe 18) und drit für trit 9.[1]) Auch für die Münchener Handschrift 289 wird man also eine mitteldeutsch-böhmische Handschrift als Vorlage und damit eine zweite Spur oftwestlicher Beeinflussung vermuten dürfen. Künftiger Forschung bleibe es vorbehalten, die übrigen „westlichen" Albranthandschriften zu untersuchen.

Wir setzen nun die Betrachtung der Wirkungen des Roßarzneibuches im deutschen Osten fort. Auch nach dem Südosten drang die fortschrittliche Pferdeheilkunde vor. Die älteste und bisher einzige bekannte mittelalterliche Handschrift des Roßarznei= buches in Ungarn bewahrt die Bibliothek des Reformierten Kollegiums in Debrecen. Sie stammt aus dem 15. Jahrhundert, der Albranttext wurde im Jahre 1469 geschrieben (am Schlusse des Roßarzneibuches datiert). Ein Heilmittel gegen die Pest ist 1474 datiert.[2]) Der Band enthält leider keine alten Schreiber= oder Besitzer= angaben, mit deren Hilfe sich entscheiden ließe, ob die Heilmittel in Ungarn geschrieben wurden oder wenigstens seit alters dort befindlich und wirksam waren. Daher ist die Möglichkeit nicht auszuschließen, daß die Handschrift nicht der Entstehung nach deutsch= ungarisch ist, sondern erst in neuerer Zeit dahin gelangte, da sie keine Wirkung mehr auf die dortige Heilpraxis ausüben konnte. Wenn sie hier trotzdem angezogen und unter dem angedeuteten Vorbehalt als ein Zeuge für die Reichweite des deutschen Roßarzneibuches geführt wird, so geschieht das darum, weil eine zweite, späte Quelle aus dem ehemaligen Westungarn die Sicherheit gibt, daß Deutschungarn tatsächlich von der deutschen Schulmedizin des Mittelalters erreicht wurde. Diese zweite, in meinem Besitz befindliche Handschrift wurde um 1700 geschrieben und beweist, daß die Lundenburg=Preßburger Gegend damals mit Albrantverfahren völlig durchsetzt war. Unsicher ist allein, ob die Einfuhr schon im 15. Jahrhundert erfolgte und ob das Werk alle Teile Ungarns durchdrang. Es sei aber auch darauf hingewiesen, daß eines der drei bekannten Stücke der Albrantinkunabel von Ambrosius Huber (Nürnberg um 1500, vgl. Gesamtkatalog Nr. 825) in Ungarn auf die Nachwelt kam. Leider befinden sich allerdings auch in diesem Bande, der nun im Magyar Nemzéti Múzeum in Budapest liegt, wie mir von dort mitgeteilt wurde, keine alten Besitzervermerke.

Da für den Debrecener Text Beeinflussung durch Drucke ausgeschlossen ist, kann es versucht werden zu ermitteln, aus welchem Überlieferungsflügel er herzuleiten ist.[1]) Bezeichnend für die Herkunft des Textes scheint mir die Tatsache, daß er das Mittel gegen den Hufzwang enthält, und zwar in einer Siegmund von Königgrätz sehr nahestehenden Gestalt. In der älteren Überlieferung ist dieses Mittel meist ausgelassen, das erst durch die Drucke wieder dauernd in das Roßarzneibuch eingeführt wird. Es fehlt auch im Schlägler Text und in den schlesischen Handschriften. In der Preußischen Kompilation, welche die Vorschrift überliefert, zeigt es starke Abweichungen. Hier wird eine zwei Finger dicke Wergschicht mit Speck um den Huf gelegt

---

[1]) Die Schreibung spengron muß nicht auf niederdeutschen Einfluß zurückgeführt werden; das o kann durch Verlesen aus v für u entstanden sein.
[2]) Prof. R. Huß setzt die Hs. (brieflich) ins Jahr 1414, wobei es sich wohl um irrtümliche Beurteilung des Zeichens für 7 (in 1474) handelt.

(Nr. 18). Man vergleiche dagegen die ganz enge Verwandtschaft der Mittel bei Siegmund und in der Debrecener Handschrift:

Debrecen.
Item welichs ros das hueftwang hat. Nym linsadt und altz smerb un ...*) das durcheinander und pintt das dem ros uber den huef uber nacht: es wirt gesundt.³)

Siegm. 21.
Welch rozz den huefftwang hat, so nim linsåt und altes smer, und sneid daz durich einander und pint es dem rozz umb die hůff uber nacht: es wirt frisch.

Auch durch die Verwendung der gleichen auffallenden Ausdrücke stellt sich die Debrecener Handschrift in den böhmischen Überlieferungsflügel. Im nächstfolgenden Rezept (Welichs Ros Ays hat), das fast ganz wortgleich mit Siegmund ist, steht das kennzeichnende und swebel darein rennen (so Debrecen). In der ältesten Handschrift heißt es und la swebil dar in (Nr. 10), bei Posenanie liest man unde la sweuil dor in rynnen (Nr. 12, böhmischer Einfluß!) und unde swebil dor in treuffen (Nr. 27). In den preußischen Fassungen und in der Handschrift der Breslauer Augustiner fehlt diese Vorschrift. Die Schlägler Handschrift geht mit Siegmund an dieser Stelle enger zusammen: ren haysen swebel dar ein (Nr. 11), wobei ren bestimmt aus der Vorlage stammt, denn es wurde aus Flüchtigkeit vergessen und darüber nachgetragen. Siegmund bietet wortgleich mit Debrecen und swebel dar yn rennen. — Bei der Mauchelrähe läßt sich die Sorgfalt der Textgestaltung der Debrecener Handschrift beobachten. Der Schreiber hatte erst irrtümlich geschrieben Item welichs Ros dy mauk / ken hat, tilgte dann dy und ken und schrieb kelrach darüber und rauch ist daneben. Diese Art der Rähe erkennt man daran, daß sich das Tier auf den Beinen spreizt: so sprewczt es sich mit den painen liest die Schlägler Handschrift (Nr. 7). Der Text der Breslauer Augustiner bietet daz sperrit sich uf dy beyn (Nr. 6), Posenanie daz sprenczit sich uf dem beyn (Nr. 8), die Preußische Kompilation das sperrit sich uff die beyne, ys strubet sich: also stets sind die B e i n e beobachtet. In der Debrecener Handschrift heißt es das spreytzet sich auf den p a l l e n, und pallen statt beinen bietet auch die älteste Handschrift (daz spreizet sich auf dem pallen Nr. 6) und Siegmund von Königgrätz liest genau wie die Debrecener Handschrift daz språwczt sich auf den pallen (Nr. 6). Das ist auch die Ausdrucksweise des zweiten preußischen Textes (das sprandig sey uff den ballen Nr. 5), der wohl durch lausitzische Vermittelung gleichfalls aus dem böhmischen Zentrum Einflüsse empfing. Auch bei Behandlung der Hornspalten stimmt die Debrecener Handschrift im Ausdruck am genauesten mit Siegmund von Königgrätz überein. Der Text der Breslauer Augustiner verwendet eyn tuch von wurmel, Posenanie eyn kulchyn won semil mel und an anderer Stelle eyn kuchelyn won tinkil mele. Letzteres paßt gut zu Siegmund, welcher ain chügel von tincheln melwe bietet. Während die Münchener Handschrift kleymel einsetzt, fällt in Schlägl gegenüber Siegmund das Wörtlein von weg. Debrecen bietet ein chugel von trucken mele, doch wurde trucken am Rande richtiggestellt: vö tinkl oder waytz wurde hinzugesetzt, was gewiß geschah, solange die Vorlage dem Schreiber noch zugänglich war. Mögen diese wenigen vorläufigen Aussagen über die Debrecener Handschrift bis zur Vorlegung derselben durch R. Huß genügen! Es sei nur mehr darauf hingewiesen, daß innerhalb der Heilvorschriften auch mancherlei Abweichungen vorkommen. Beispielsweise wird statt Rettich und

---

*) Ein Wort ausgelassen, von andrer Hand am Rand ergänzt, das nach der mir vorliegenden Kleinkopie gesoit (-gesneit?) zu lesen ist.
³) Ich muß es mir versagen, den Debrecener Text den Anhängen beizufügen. Daran hindert mich ein Versprechen, das ich Prof. Huß in Debrecen gab, der die ganze Handschrift herausgeben will, in der das Roßarzneibuch steht. Die mir vorliegenden Lichtbilder seien darum nur zur Einreihung dieser Fassung in die Überlieferung genützt.

Zitwer gegen die Hauptsucht, die auch hier an der Spitze steht, Wegrich (Begreich) und Zitwer (zwitwar) empfohlen. Auch der Volksmedizin (zu Pulver gebrannter Igel, Rinderhaare usw.) und den Praktiken der Roßtäuscher ist Raum gegeben. Hat es so den Anschein, daß auch Ungarn von Böhmen her, mit dem es zeitweilig ein gemeinsamer König verband, mit dem Roßarzneibuch Albrants bekannt gemacht wurde, so ist es doch nicht unwahrscheinlich, daß auch Niederösterreich und Steiermark Handschriften in das Reich der Stephanskrone sandten. Gern hätte ich die in Marburg an der Drau befindliche Handschrift befragt, ob sie über das Roßarzneibuch im Südosten des weiteren etwas hergibt, doch blieb mein an die fürstbischöfliche Bibliothek gerichtetes Gesuch um Photokopien unbeantwortet.

Die zweite, bestimmt dem deutsch-ungarischen Kulturbereich angehörige Albranthandschrift stammt aus der gräflich Kollonitsch'schen Schloßbücherei in Groß-Schützen (etwa dreißig Kilometer südlich von Lundenburg), von wo auch eine zweite deutsche medizinische Handschrift herstammt, die kurz nach 1500 geschrieben wurde. Ich erwarb beide Bände im Jahre 1937 von einem Prager Antiquar. Das Roßarzneibuch trägt den Titel: Artzney Buch Darinnen Sehr Nuczliche vnndt Zum öffteren Aprobierte Recepter vor allerhandt Zuestaendt vnd vnfähl der Pferdten von mir aus vnder Schidlichen Manuscriptis thails zusammen getragene thails von gutten freundten thails v. Roßartzten v. andern Roßuerstendigen Communicierte zu finden. Es handelt sich zunächst darum, den Entstehungsort dieser Vorschriftensammlung sicherzustellen.

Mit einer Untersuchung der Sprache ist in dieser Zeit — nicht allein nach dem Schriftcharakter ist die Handschrift um 1700 anzusetzen — kaum etwas auszurichten. Die Entscheidung bringen vielmehr die Quellenhinweise. Wenn gelegentlich der kurfürstliche Stallmeister zu München erwähnt wird, so beweist dies allenfalls den großen Ruf dieses Mannes, sagt aber über die Heimat der Handschrift ebensowenig aus wie die Aufnahme eines Mittels auß dem gerstorff buech, womit augenscheinlich das Gersdorffsche Feldbuch der Wundarznei (Straßburg 1528) gemeint ist. Die naheliegende Annahme, daß die Handschrift in Groß-Schützen selbst geschrieben wurde, wird durch anders geartete Quellenhinweise gestützt. Ein als Nr. 23 eingereihtes Mittel gegen das Vernageln stammt auß dem fürstl. Artztneybuech, das zweifellos identisch ist mit jener Quelle, auf die in Nr. 16 mit der Angabe Ex libris Principis de Liechtenstain hingewiesen wird; und nochmals wird in die gleiche Richtung gewiesen bei Nr. 35, wo eine Vorschrift vermerkt wird, welche bey dem fürst Carl Esebio (so!) Liechtenstain offt und vill mahl probiert wordten. Karl Eusebius (1611—1684) residierte in Feldsberg in Südmähren und war als Besitzer der Herrschaft Lundenburg ein Nachbar des Grafen Kollonitsch. Tatsächlich ergab die Durchsicht der „Geschichte des fürstlichen Hauses Liechtenstein" von Jakob von Falke (2. Band, Wien 1877, S. 319), daß Fürst Carl Eusebius ein Pferdeliebhaber war*) und eine eigenhändig geschriebene „Warhaffte Gestüt-Ordnung" hinterließ, die sich in der Liechtensteinschen Bibliothek befinden soll. Noch ein halbes Jahrhundert später ließ sich Fürst Anton Florian eine Abschrift davon herstellen. Ein anderer Quellenhinweis, der die Entstehung der Handschrift in Groß-Schützen bestätigen hilft, ist die Angabe, daß ein Mittel gegen Huffschäden (Nr 126) vom Vngerischen schmith stammt. Ein solcher Mann wäre nicht angeführt worden, wenn er nicht mit dem Verfasser in nachbarlicher Berührung gewesen wäre. Ist demnach die Entstehung der Handschrift in Deutsch-Westungarn gesichert, so ist sie als ein Zeuge für die Pferdeheil-

---

*) Die prachtvollen Liechtensteinschen Pferdeställe in Eisgrub wurden von Joh. Ad. Delsenbach (Unterschied, Prospecten, Gebäude und andere Curiosen Sachen, Nürnberg) um 1720 in Kupfer gestochen (vergl. Hans Recht, Eisgrub in alten Bildern, Graphik des 18. und 19. Jahrhunderts. Brünn 1937; hierin zwei Ansichten des Eisgruber Reitstalls nach Delsenbachs Kupfern reproduziert).

kunde des Südostens zu werten. Die restlichen Quellenhinweise lehren, daß das Heilwissen in verschiedenen Gesellschaftsschichten verbreitet war. Es finden sich noch folgende Angaben: schmidt Achats (mehrmals), Jud äscherl (mehrmals), von Welz, Baron Geymon, Saldadten Mannier, ein Wasenmeister und mein Bereitter. Diese letzte Angabe läßt an ein Mitglied der gräflichen Familie als den Verfasser des Pferdebuches denken. Der Bereiter wird noch ein zweites Mal — nun mit Namen — erwähnt, und zwar wiederum mit dem Possessivum: Mein Bereitter M. Bourgois (Nr. 95). Von einem Viech Handler Zu Ambsterdamb bezog der Verfasser ein groß aufgemachtes Wundermittel, das er an die Spitze seiner Sammlung stellt. Bei einem anderen Rezept heißt es wie es die Italianer pflegen.

Diese Groß-Schützener Handschrift liefert den Nachweis, daß sich hier an der Grenze des deutschen Kulturbodens das Roßarzneibuch Meister Albrants bis in diese späte Zeit eine beherrschende Stellung bewahrte, denn sie ist nichts anderes als eine Kompilation von Albrantrezepten, neben denen fremdes Gut in der Minderzahl ist. Die angeführten Quellenhinweise zeigen, daß die Albrantmittel aus verschiedenen Kanälen dem gräflichen Sammler zugekommen sind, so daß wir an dieser späten Handschrift erkennen können, daß Albrants Verfahren geradezu Volksbesitz geworden waren. Dabei läßt sich mit Bestimmtheit aussagen, daß es nicht allein der Inhalt, die Mittel und Methoden, waren, die sich Nordwestungarn zu eigen gemacht hatte, sondern daß das Roßarzneibuch durch ununterbrochene Überlieferung in schriftlicher Fixierung in den Häusern dieser Schmiede, Reiter und Soldaten verbreitet war, denn Ausdrücke und Wendungen der ältesten Handschriften begegnen auf Schritt und Tritt. Es wurden selbst solche Stellen getreulich weitergegeben, die man gewiß nicht mehr verstand. Zum Beweise der literarischen (und zwar handschriftlichen) Überlieferung seien einige Stellen in Gegenüberstellung mit älteren Handschriften vorgeführt, die bezeichnende Verballhornungen und Mißverständnisse enthalten.

Groß-Schützen Nr. 64.
Kehlsucht (!). Nimb Zwey Rohe Ayr, misch die mit Essig vndt salz, nimb ein Stab, der vornen ZersPalten Sey, umb wündt ihm mit werche, und würff daz Pferdt nider, stoß ihm die obemelten drey stuckh in den halß, biß die Ayr (!) brechen.

Siegm. 2.
Welichs rozz ain gswollens haupp hat, also das es nicht geslinden mag, so nim tzway röhe ayer und misch die mit salcz oder ezzich. und mach ain stab alz grozz alz ain dawm, der vor gespalten sey, und umb wint den mit werch oder mit har. und wirff das rozz nider und stözz ym den stab in den hals, uncz das die ays presten. darnach geus ym die temperung in den hals.

Nicht willkürlich wird hier Siegmund von Königgrätz zur Gegenüberstellung gewählt: in anderen Texten sind es meist „zwei oder drei" rohe (auch weiche) Eier. Bei der folgenden Vorschrift entspricht die älteste Handschrift dem Groß-Schützener Text am besten:

Groß-Schützen Nr. 111.
So ein Roß die gutfeür (!) hat. Seudt Hönig, und Stoß Knoblauch darunter, und binds yber, das ist frat in feseln.

Alt. Hf. 13.
Swelich ros daz gurvay hat, so seud honich und stoz chnouelach dar under und nim daz ze sammen und pintz im drauf: so haylet iz in drin tagen.

Man vergleiche noch, was aus der Vorschrift gegen den Eiterausbruch an der Hufkrone geworden ist:

Groß-Schützen 127.
Welchen Pferdt das Eyter Zum fues auß schlögt, So Kehre es doch dahin (!) das der fueß gesPalten würd (!), und leg ihm warmb hundts Koth darauf.

Siegm. 13.
Wann dem rozz daz aytter auf dem fůzz aus prist, so sol man es aus cheren sam der fůzz gespalten sey, und sol dar auff pinden warmen huntz mi̊st.

Beweisend für schriftliche Überlieferung scheinen mir auch Stellen wie: so schlag ihm mit einem fliedel drein (Nr. 100) = darnach po̊chk si mit einem fliedel (Siegm. 28), Brenn die haut auf dem Bainn, biß es sich rimpfft (Nr. 101) = dem prenn man die haut auf auf dem painwachs uncz si sich rimpht (Siegm. 18), So durch Stosse sye (Flußgallen) mit einem glüenten Eyssen. leg darauf haiß rockhes Brodt, welches Erst auß dem offen Kombt (Nr. 99) = so durchkligs mit ainem gluenden eysen und leg tzehant dar auf ro̊kken pro̊t alzo hayzz aus dem öfen (Siegm. 30). Schlägl liest: so durich stos sy mit einem eyssen und leg dar auf roken prat das du haysses auf dem hofen (Nr. 29). Bei dem Wurmb ein Purtzl heißt es: der ist dreyerley, der Erste hebt sich usw. . . . dem Magstu also Erkhennen, wann sich das pferdt Reibt in der wendt (Nr. 69) = daz erchenstu alzo, daz sich daz rozz reybt wider die went (Siegm. 25). Eine mhd. „Schere" wird unverstanden so nach-geschrieben: So schneidt die Maden mit einer (scherr schärr weeg) scharr Sagg, undt leg usw. Die Beispiele ließen sich noch stark vermehren.

Das Groß-Schützener Arzneibuch steht für zahlreiche Albranthandschriften, denn manche Mittel kehren darin mehrfach wieder und eine die Verschiedenheit der Quellen verwischende Vereinheitlichung der Schreibung ist nicht durchgeführt. spangrin (z. B. Nr. 69) kommt neben grunspat (z. B. Nr. 72) vor. Wie die zahlreichen, oft durch zeitbedingte Wandlung des Wortschatzes zustande gekommenen Mißverständ-nisse lehren, sind diese Vorlagen Zeugen einer alten handschriftlichen Überlieferung, die naturgemäß nicht zur Gänze innerhalb des deutsch-ungarischen Kulturkreises stattgehabt zu haben braucht. Erscheint es sicher, daß handschriftliche Traditionen in der Groß-Schützener Sammlung einmündeten, so ist andererseits auch darauf hinzuweisen, daß daneben auch gedruckte Quellen herangezogen worden sind. Leicht würde man z. B. das Drüsenmittel Nr. 32 für eine Abschrift des Rotzmittels einer Albranthandschrift halten, wenn nicht ausdrücklich gesagt würde, daß es aus dem Gersdorfbuch stammt. Dieses hat Albrant genau ausgeschrieben, noch in der Wieder-gabe des Grafen Kollonitsch ähnelt es stark dem Mittel, wie es vor dem Buchdruck umlief:

Groß-Schützen 32.
Auß dem gerstorff buech vor die drüe-sen. Nimb 1 lb. Baum öell, wehele das wohl, und ein 4ting queckhsilber, laß kalt werden, gueß dem roß mit ein ander in die Naßen Löcher.

Alt. Hf. 15.
Swelich ros roetzig ist, so well ein halp pfunt pavm œl in einer phann und einen vierdunch chochsilber und laz ez erwallen und geuz ez dem ros in dy naslocher usw.

Die gedruckten Roß- und Wundarzneibücher sowie auch die alle praktischen Dinge berührenden landwirtschaftlichen Hausbücher haben gewiß in vielfältiger Weise auf die handschriftlichen Albrantnachfahren eingewirkt. Das sinnreiche Mittel, den fehler-haft eingeschlagenen Nagel zu ermitteln, das der Groß-Schützener Sammler der Gestütordnung des Liechtensteiners entnahm, begegnet beispielsweise auch in einem kurzen Anhang über Pferdepflege für Reisende (Reysender Pferde-Cur) in Rothens Memorabilia Europae usw. (Ulm 1711):

Groß-Schützen 23
Wann Ein Pferdt vernagelt ist. auß dem fürstlichen Arztneybuech. No. 352 Blath. Nimb Hüersch Inslet und hartes der wohl gesotten seye, mit alten schmer, Bindt es darauf vndt wilstu dem Naagl wissen, so güeß Kaltes wasser auf dem Hueff. welcher Naagl zum Ehisten Truckhen würdt, dem ziehe herauß.

Pferde-Cur S. 3.
Wann ein Roß vernagelt ist, oder sonsten in einen Nagel getretten hat, ein gut bewährt Recept. Erstlich mercke darauf, wann ihm die Hüffe sehr hitzen; da du es aber nicht wissen kanst, wo es ist, so nimm kalt Wasser, geuß es auf beyde Hüffe oder füsse. welcher am ersten trucken wird, an demselben ists. reisse ihm das Eysen herunter und fühle mit einer großen Zangen usw.

Der im Eiterherd steckende Nagel ist infolge der Wärmeleitung des Eisens auch am Kopfende der wärmste; die über diesem stehende Wasserschicht verdunstet daher am schnellsten. Fürst Carl Eusebius von Liechtenstein konnte dieses Mittel gewiß aus älteren Drucken entnehmen. Er kannte neben der neueren Roßarzneiliteratur aber wohl auch den alten Meister. Die Inkunabel des Albrantschen Roßarzneibuches aus der Presse Johann Zainers (Ulm 1498) ist laut Gesamtkatalog der Wiegendrucke (Nr. 821) gegenwärtig nur in zwei Stücken bekannt. Ein stark unvollständiges Stück liegt in der Wolfenbütteler Landesbibliothek und ein fast vollständiges wird in der fürstlich Liechtensteinschen Fideikommißbibliothek verwahrt. In diesem fehlt nur Blatt 20. Dem Fürsten Karl von Liechtenstein auf Nikolsburg ist „Der Unterricht für Fahnenschmiede" des Wiener Tierarztes Johann Gottlieb Wolstein gewidmet. Das in der „Anstalt für Sudetendeutsche Heimatforschung" in Reichenberg befindliche Stück dieses Werkes stammt aus der Groß-Schützener Schloßbücherei, die übrigens noch mehr einschlägige Druckschriften enthielt, wie der Katalog des Prager Antiquars Phsvejc zeigt, durch dessen Hände die Bücherei im Jahre 1937 ging. Eine dieser Schriften ist in Ungarn gedruckt: Nützlicher Unterricht für dem (!) Landmann, zur Erzüglung einer guten Gattung Pferde. Zusammengesetzet von Johann Wopperer, Rittmeister und Kassarnverwalter zu Temeswar. Gedruckt bei Joseph Anton Slowatzek und Zu bekommen bei Herrn Zappal, Lotterieeinnehmer auf den (!) Paradeplatz in Temeswar. Nach Papier, Druck und Schreibung zu urteilen, ist das nun in meinem Besitz befindliche Büchlein zu Ende des 18. Jahrhunderts gedruckt worden. Auf 61 Seiten wird über Pflege, Aufzucht und Krankheiten der Pferde gehandelt. Wörtlicher Einfluß Albrants ist in diesem Werkchen nicht zu greifen, doch bezeugt es das Fortleben von Albrantmitteln bis in diese späte Zeit.

Durch ostmitteldeutsche Mundart meldet sich auch die Handschrift 15101 der Wiener Nationalbibliothek, die 1931 von M. Rieck herausgegeben wurde, als ein Zeuge für die Verbreitung des Albrantschen Roßarzneibuches im deutschen Osten an. Der Text stammt nicht — wie der Herausgeber und nach ihm Schmutzer meint — aus dem 15. Jahrhundert, sondern wurde gewiß nach 1500 geschrieben;[12]) trotzdem ist noch keine Beeinflussung durch Drucke zu spüren. Über die Heimat der Handschrift läßt sich nichts Sicheres sagen. Man kann an Schlesien, Nordmähren oder ostmitteldeutsche Sprachinseln in den Karpathen denken. Für letztere spricht ein inhaltlicher Anhaltspunkt, der freilich trügen kann. Die in der Hauptsache lateinische Handschrift enthält außer dem Roßarzneibuch nur noch ein deutsches Stück, Eyn loblich exempel von eynes reychen bürgers Bon mit sampt den gebeten czw der heyligen frawen anna, das in Ungarn spielt. Der noch ungedruckte Text beginnt Bl. 27ʳ: Nach christi gebürt tausent ccc iar ist gescheen in dem konigreich czw vngern jn eyner grosßen stad, doch (Docs?) genant, do was eynes reychen burgers sone usw.

---

[12]) Auch der Beschreiber des Handschriftenarchivs der Preußischen Akademie der Wissenschaften setzt die Handschrift ins 16. Jahrhundert.

Das Pferdeheilbuch dieser Handschrift schreibt noch Albrant wie die Handschrift der Breslauer Augustiner und die Reinschrift Siegmunds, während um diese Zeit sonst Albrecht schon durchgedrungen ist. Wiewohl sich auch oberdeutsche Einflüsse bemerkbar machen (pluet 11, fuoß 19), scheint diese Fassung aus dem schlesischen Überlieferungsflügel abzustammen. Sie teilt einige Merkmale mit der Handschrift der Breslauer Augustiner. Man vergleiche die Behandlung des Satteldrucks:

Aug. 12.
Welch ros eynen czubrochyn rŏcke hot, so bŭrne alde solyn czu puluere unde wirf in den bruch. dornoch salbe ys mit boum oley, bis is geheilit.

Ostm. 12.
Welch ros zcu brochenn rucken hot, zo nym alde zolen und borne dy zcu puluer und wyrff yn den bruch. dor noch salbe is mit bom ŏll, bis ys heylenn wirt.

Gegenüber den anderen Handschriften weisen Aug. und Ostmb. hier gemeinsame Kürzung auf: Hechtkiefer und Schweinsgebein ist weggelassen. Dagegen ist die Salbung mit Baumöl eine eigenartige Zutat der beiden Handschriften. — Unter all den hier herangezogenen Handschriften wird das Pferdeasthma nur in Aug. und Ostmb. kychen genannt:[1]) Aug. 16 Welch ros kȳchet = Ostmb. Welch roß kycht. Statt Swelch ros mavchelreh ist und Swelich ros fueter reh ist liest die Handschrift der Breslauer Augustiner Welch ros von mancher leyge czu unrechte wirt und Welch ros von dem futir czu unrechte wirt — und die ostmitteldeutsche Handschrift folgt dem: Welch roß vonn mancherley zcu unrecht wirt und Welch roß vonn vutter zcu unrechte wyrt. Diese Änderung ist von Schlesien auch nach Preußen weitergegeben worden (s. die Zusammenstellung der Überschriften bei Besprechung der Krankheiten!). Es ist bemerkenswert, daß die bei Schmutzer als eigenartig erkannte Lesart maueß statt nuz beim Zagelbürzel der ostmitteldeutschen Handschrift in der Preußischen Kompilation Nr. 26 vorweggenommen ist (so greyff du den worm als eyne mus). Das ganze, stark gekürzte Rezept zeigt in diesen beiden Handschriften engste Verwandtschaft: An erster Stelle steht der Bürzel „zwischen Huf und Horn", an zweiter Stelle der Bürzel „zwischen Haut und Fleisch", am Schlusse der Zagelbürzel. Gewiß war weder die Handschrift der Breslauer Augustiner noch die Preußische Kompilation die unmittelbare Vorlage der Wiener Handschrift 15101, doch ist diese wohl aus demselben Überlieferungsflügel abgezweigt.

Wir wenden uns nun dem nördlichen Teile des deutschen Ostens zu.

Etwa zur gleichen Zeit wie für Schlesien findet sich auch für die Oberlausitz ein Zeuge für die Bekanntschaft mit Albrants Roßarzneibuch. In der Handschrift 1244 der Leipziger Universitätsbibliothek ist ein Pergamentblatt mit Pferdeheilmitteln beigebunden (Bl. 153), das nicht viel nach der Mitte des 14. Jahrhunderts geschrieben sein mag. Sudhoff, der es erstmals herausgab, will es gar im zweiten Viertel des 14. Jahrhunderts ansetzen. Das Bruchstück ist ein Fremdkörper in dieser deutschlateinischen Mischhandschrift, deren Teile verschieden alt sind; die ihm einst unmittelbar vorausgehenden Papierblätter sind herausgerissen. Das Pergamentblatt selbst, das 13 Vorschriften enthält, ist beschädigt; sein Schreiber ist nicht bekannt. Auch alle anderen „Teile der Hs., die einigermaßen gleichzeitig sein könnten, sind ohne Hinweis auf die Herkunft".[14]) Das Binden der Handschrift wird erst nach 1461 erfolgt sein, da das erste enthaltene Stück diese Jahreszahl trägt. Bis 1490 gehörte der Band dem Magister Johannes Klein aus Löbau in der Oberlausitz. „Er hat im Vorderdeckel seinen Namen eingetragen und dazu findet man folgenden in einer ganzen Anzahl hiesiger Handschriften wiederkehrenden Schenkungsvermerk: Istum librum legavit magister Johannes clene de lobaw pro libraria Collegij principis Cuius

---

[1]) So auch in einer niederdeutschen Hf. Vgl. R. Froehner, Segen gegen verschiedene Krankheiten der Haustiere. Veterinärhistorische Mitteilungen I (1921), 7/8.

anima requiescat in pace 1490. Aus der Bibliothek des Fürstenkollegs kam die Handschrift 1685 an die Universitätsbibliothek".¹⁴) Durch diese Eintragung des Besitzers wird das Bruchstück als ein Zeugnis für die Oberlausitz in der Zeit vor dem ersten Albrantdruck (1485) erwiesen. Die Sprache gestattet es, auch in dem Schreiber des 14. Jahrhunderts einen Oberlausitzer zu vermuten.

Das Blatt bildete augenscheinlich den Schluß eines Büchleins; denn die letzte Vorschrift steht auf der ersten Spalte der Rückseite, während deren zweite Spalte leer blieb und erst von einer jüngeren Hand zugleich mit dem oberen Rande mit anderen Dingen beschrieben wurde. Sudhoff brachte dieses Bruchstück nicht mit dem Roßarzneibuch Meister Albrants zusammen und auch R. Froehner, der es nochmals abdruckte, bringt es nicht damit in Verbindung. Die Arbeit, in deren Rahmen es Sudhoff veröffentlichte, befaßt sich mit pferdeheilkundlichem Schrifttum verschiedener Art und ihr Schluß (VII, S. 346) kündigt eine Besprechung der „Albrant"-Handschriften an. Wohl aber zählt Schmutzer a. a. O., S. 15, das Leipziger Bruchstück in der Reihe jener Handschriften auf, die das dem Albrant zugeschriebene Roßarzneibuch überliefern, und zieht bei Besprechung der Krankheiten eine Vorschrift daraus an (daz gip S. 30, worunter er die Räude versteht). Da Schmutzer nicht an einen fixierbaren Kernbestand des Roßarzneibuches glaubte, machte er folgerichtig auch weiters keine Bemerkung darüber, inwieweit das Bruchstück, das wir die Löbauer Handschrift nennen wollen, als eine „Albrant"-Handschrift bezeichnet werden darf. Das erhaltene Schlußstück enthält mancherlei Volksmedizin und daneben Albrantrezepte, sowohl solche, die dem oben ermittelten Kernbestand angehören, als auch solche, die von Schreibern später mit der Schrift vereinigt wurden. Die aus dem ursprünglichen Bestand des Roßarzneibuches stammenden Vorschriften sind:

Nr. 8. Wenne sich eyn pfert vorvehet (oben Nr. 34). Unter dieser Überschrift steht Albrants Mittel gegen die Harnwinde: Lorbeer ist in Wein oder Bier dem Rosse in den Hals zu gießen. Ohne bemerkenswerte Abweichung von den anderen Handschriften.

Nr. 9. Widir daz gip (sonst kychen, krechen, schren, sczarczen usw. oben Nr. 29). Statt Roggenkleie wird Roggenspreu gefüttert (ruckine sprv). Bemerkenswert ist, daß die Dauer der Kur wie im Text der Breslauer Augustiner nicht vorgeschrieben ist, während die übrigen alten Texte die Diät mit drei Tagen befristen. Die ostmitteldeutsche Handschrift folgt der Löbauer in der Angabe, daß man das Pferd nach Belieben fressen lassen solle und kennt gleichfalls nicht die Dauer der Kur: deme gib zcu essen ruckyne cleyen alzo vyl ys magk: ys wirt gesunt.

Löbau 9.	Aug. 16.
Nym ruckine sprv vnde gib im di als vil als is essen mag odir vil.	deme gyp nicht zcu essyn wenne rŭckẏne clẏen: so wirt ys gesunt.

Nr. 10. Wenne das pfert rudecht is (oben Nr. 17). Statt der Bezeichnung Stripfwurz steht ochsenzunge, was sonst nur noch in dem jüngeren Preußischen Text 27 der Fall ist. Wohl aber lag dem ersten tschechischen Übersetzer eine Quelle vor, die gleichfalls die Pflanze mit dem heute üblichen Namen Ochsenzunge benannte, denn er übertrug wörtlich wolowy yazyk. Das deutet darauf hin, daß auch die Löbauer Handschrift aus sudetendeutschen Handschriften schöpfte und nicht etwa von Pos. oder Aug. herkommt, da diesen Handschriften die Bezeichnung Ochsenzunge nicht geläufig ist. Die Übereinstimmung des Asthmarezeptes der Löbauer Handschrift

---
¹) Mitteilung der Handschriftenabteilung, die auch auf die Beschreibung der deutschen Teile des Bandes im Anzeiger für Kunde des deutschen Mittelalters 2, 242 aufmerksam machte.

mit dem Text der Breslauer Augustiner spricht nicht dagegen, zumal wir auch für letzteren eine sudetendeutsche Vorlage vermuten durften.

Einige weitere Mittel der Löbauer Handschrift sind Zutaten, die auch anderwärts den ursprünglichen Albrantrezepten beigemengt erscheinen. Drei Vorschriften haben Gegenstücke in der Preußischen Kompilation (Nr. 3 Fell in den Augen, Nr. 6 Hautbürzel, Nr. 7 Bürzelzauber). Nr. 1 (wunde Stellen) klingt in der ostmitteldeutschen Handschrift Nr. 37 nach, Nr. 4 ist der weitverbreitete Jobsegen gegen den schwarzen oder roten oder weißen Bürzel, der auch schon in der Handschrift der Breslauer Auguftiner mit Albrants Schrift vereinigt ist. Zu den restlichen fünf Mitteln volksmedizinischer Art sind in den hier herangezogenen Handschriften keine genauen Gegenstücke vorhanden, doch dürften die festgestellten Gleichsetzungen hinreichen, um die Löbauer Handschrift als ein Zeugnis für die Ausbreitung des Albrantschen Büchleins in der Oberlausitz führen zu dürfen.[15])

Ein zweites (späteres und fragliches) Zeugnis dafür ist das Stück der Ulmer Inkunabel (Zainer 1499), das in der Bibliothek der Oberlausitzischen Gesellschaft der Wissenschaften verwahrt wird. Leider ist auch in diesem nach dem Gesamtkatalog der Wiegendrucke nur in diesem einen Exemplar überkommenen Druck kein alter Besitzervermerk vorhanden, so daß es nicht ausgeschlossen ist, daß der Band erst spät in die Oberlausitz kam. Er gelangte, wie R. Jecht mitteilte, als Geschenk des Stifters in den Besitz der Gesellschaft. Seine frühere Geschichte ist unbekannt. Auch ist das Stück ohne bemerkenswerte Spuren einer praktischen Benützung.

Aus Preußen stammt laut Mitteilung des Berliner Handschriftenarchives der Wiener Codex 2977, dessen Pferdemittel vom Schreiber selbst in zwei Teile gegliedert wurden. Beide Teile sind Albranttexte. Wir greifen die von dem Schreiber angedeutete Zweierleiheit auf und gewinnen so als Zeugen für das Albrantsche Roßarzneibuch im Nordosten die „Preußische Kompilation" und den „Anderen Preußischen Text", welch letzterer von dem Schreiber die selbständige Überschrift Dis ist eyne gutte ros arczteye erhielt. Die „Preußische Kompilation", die drei Handschriften ausschrieb, füllt Bl. 116ʳ—127ʳ, der „Andere Preußische Text" Bl. 127ʳ—134ʳ des Bandes, der in der zweiten Hälfte des 15. Jahrhunderts geschrieben wurde. Beide Texte sind unbeeinflußt von Druckwerken.

Wann Preußen von dem alten Arzneibuch des Marstallers Friedrichs II. erreicht wurde, läßt sich mit einiger Genauigkeit ausmachen. Zur Zeit etwa, da der Böhmenkönig Ottokar II. im Ordensland weilte, war der Überlieferungsfaden dünn und das Werk in deutschen Landen noch kaum als praktischer Behelf in Verwendung. Als solcher diente es in größerem Maße in deutschen Landen vor der Mitte des 14. Jahrhunderts wohl nirgends. Erst um diese Zeit drang es, zunächst literarisch, nach Schlesien und der Lausitz vor. Es läßt sich aufzeigen, daß Merkmale sowohl der schlesischen Texte als auch der Löbauer Hs. in Preußen wiederkehren, so daß gefolgert werden kann, daß Schlesien und die Lausitz das Werk nach Norden weitergaben. Von diesen Gebieten aus ist die Einfuhr nach Preußen kaum vor dem letzten Drittel des 14. Jahrhunderts ansetzbar.

Die Preußische Kompilation erfloß aus drei Vorlagen. Der ersten folgt der Schreiber von Nr. 1 bis Nr. 36, der zweiten von Nr. 37 bis Nr. 62 und der dritten von Nr. 63 bis zum Schluß. Die ersten zwei dieser Quellen waren Handschriften,

---

[15]) Im Text Sudhoffs ist richtigzustellen: ossen st. assen Z. 10, geschriebene st. geschribem Z. 18, moltwerff st. moltwurff Z. 19, Reynwurme vnde eynes hundis houbt st. Reynwurme yn eynes hundis houbt Z. 19/20, mit aldem smere st. mit alden smere Z. 20, mensche st. menschen Z. 27, wyessen Z. st. wyesson Z. 27; sachlich wichtig ist der Richtigstellung von mit cole daz glas Z. 7, wofür in der Handschrift mit ole daz glas steht: o hat am Wortanfang mehrmals einen lotrechten Mittelbalken, der Sudhoffs und auch Froehners irrtümliche Lesung co statt o verursachte. Auch ist stets vnde statt vnd zu lesen, da statt des meist abgekürzten vn auch vnde ausgeschrieben vorkommt.

die Abweichungen mit dem Text der Breslauer Augustiner teilen. Die Überschriften der Rähefälle bieten in den Rezepten 5, 6, 7 und 38, 39, 40 der Preußischen Kompilation in Übereinstimmung mit dem Mißverständnis des Textes der Breslauer Augustiner czu unrechte. Auch vermochte der preußische Schreiber von der Schreibung Welch ros von mancher leyge czu unrechte wirt (Aug. 6) nicht mehr zu der ursprünglichen Bedeutung Swelch ros mavchel reh ist (Alt. Hſ. 6) zurückzufinden; er nennt das Rezept ratlos Item sich hot vervangit von mancherley handen czu unrechte wirt. Die Handschrift der Breslauer Augustiner empfiehlt im Gegensatz zur älteren Überlieferung bei Satteldruck auch eine Salbung mit Baumöl (Nr. 12) und zwei der Quellen der Preußischen Kompilation schrieben das nach (Nr. 14, 42). Bei der Verstopfung läßt der Text der Breslauer Augustiner Attrament in Bier einflößen (Nr. 18), während sonst das Attrament auf Brot gegeben oder Seifenwasser eingeflößt wird; die Preußische Kompilation folgt in beiden Abschnitten, die von der Verstopfung handeln (Nr. 23, 47), dem schlesischen Vorgänger. Bei der Herzschlächtigkeit wird dem Pferde Enzian mit Salz in Wein eingeflößt. Im Text der Breslauer Augustiner ist das Salz weggelassen (Nr. 15) und auch in der Preußischen Kompilation fehlt es (Nr. 19). Bei Flußgallen mischen Posenanie (Nr. 61), die Preußische Kompilation und der Andere Preußische Text (Nr. 21) dem zur Einreibung verwendeten alten Schmer in Abweichung von den anderen Texten weißes Harz bei. Diese Beispiele, welche die auffindbaren Belege nicht erschöpfen, zeigen deutlich, daß die Schlesier das Roßarzneibuch nach Preußen weitergegeben haben.

Ebenso deutlich ist zu erkennen, daß den preußischen Schmieden auch Texte bekannt waren, die nicht von den erhaltenen schlesischen Fassungen herleitbar sind, sondern ein engeres Verhältnis zu der Löbauer Handschrift aufweisen. Das Räudemittel der Preußischen Kompilation Nr. 75 weicht von den sonstigen Handschriften dadurch ab, daß es dem aus altem Schmer und Schwefel hergestellten Schmiermittel auch Alant beimengt, zur Abreibung ein wollenes Tuch verwendet und dieses so lang fortsetzt, bis die räudigen Stellen bluten. Diese Abweichungen bietet auch die Löbauer Handschrift dar:

Löbau 10.
Wenne das pfert rudecht is, so nym alant vnde als smer vnde sweuil vnd ochsenzcunge vnde stos daz vnde wasche daz phfert mit warmer louge vnde ribis mit eyme wullinen tuchte bis daz is blute, so trugis an der sunnen odir in eyner warmen stoben, vnde smere is denne: so vorget is im.

Preuß. Komp. 75.
Wen eyn pfert gryndecht ist. Nym alant und alt smer und swebil und czustos das und wassche ys mit louge und mit eyme wullen tuche, biß das blute. so truge is an der sonnen und smere is: so vorgeet ys ym.

Die Fassung Preuß. Komp. 75 kürzt gegenüber der Löbauer Handschrift, bewahrt aber die entscheidenden Abweichungen und selbst Äußerlichkeiten. Auch Preuß. Komp. 43, das zwar Alant wegläßt, verordnet, das Pferd mit einem Wolltuche zu reiben bis es blutet. — Ähnlich ist das Zusatzrezept Preuß. Komp. 54 gegen die Überwachsung der Augen junger Pferde durch Fell in der Löbauer Handschrift vorweggenommen, deren Text indes teilweise durch Ausbröckelung zerstört ist:

Löbau 3.
(So e)yn pfert daz vel in den (oug)en hot, so nym glas von eyner ( )pen vnde stos daz sere vnde ( )e mit ole daz glas vnde ( )fis dem pferde in die ougen.

Preuß. Komp. 54.
Item wiltu dem pferde das fel vortreyben yn den ougen, so nym glase schrüm und reyb das kleyne und nym denne eyne fedirkele und blos dem pferde in das ouge: so wirt im bas.

Man vergleiche auch noch folgende zwei volksmedizinischen Vorschriften, für die in den hier herangezogenen Handschriften sonst nirgends eine Entsprechung vorhanden ist.

Löbau. 6.
Widir den pirczil. Nym eynen moltwerff vnde Reynwurme vnde eynes hundes houbt vnde burne daz vnde mache eyn puluer vnde mache daz mit olande vnde mit aldem smere vnde smere iz mitte: s(o) w(irt) ym b(az).

Preuß. Komp. 70.
Weder den pyrczel nym eynen moltworff und reyn worme und eynes hundes hoppt. das burne czu puluer und menge is czu aldem smere do methe.

Löbau 7.
Widir den piczil mache eyn crůcze mit dem dumen dem pferde an di ṣtirne vnde sprich: Daz crůcze do gŏt an bekarte sinen rukke vnde starb an der menscheyt vnde nicht an der gotheyt vnde vf irstund an dem dritten osterlichen tage, wor gŏt vnde mensche. also werlich buzze dysem ( )wyess( ) pferde odir disem roten dis vbeles. vnde daz tů dristunt mit dem dumen vnde driges mit eyme pfenninge. den pfenning gib durch sente Stephans ere. so mache eyn crucze von blye vnde snyt ym di hůt vf an der stirne vnde lege daz crucze dor in: s(o) w(irt) i(m) b(az).

Preuß. Komp. 71.
Weder den pyrczel. Mit dem dawmen mache eyn creucze dem pferde an der styrnen und sprich: das creucze das gote, das busen desem weysen, adir wie is ist. das thu dreystundt mit dem dawmen und dreystundt mit eyme pfennige. und den pfennig gyb denne durch sinte Steffans ere. so mache eyn creucze von bleye und offene ym die hutt an der styrne und lege das creucze dor yn: so wirt ys gesunth.

Daß die beiden Anweisungen in beiden Handschriften nebeneinander stehen, bestärkt uns in dem Schluß, daß auch aus der Lausitz ein Strang nach Preußen gezogen wurde. Da die Löbauer Handschrift nur ein Bruchstück ist, können weitere Belege nicht angeführt werden. Wenn wir aber andere Merkmale der preußischen Fassungen in sudetendeutschen Handschriften wiederfinden, so werden wir im Hinblick auf die Löbauer Handschrift nicht an unmittelbare Ausfuhr von Böhmen nach Preußen denken dürfen, sondern lieber annehmen, daß diese Vorschriften und Lesarten aus den von Böhmen abgezweigten nicht erhaltenen lausitzischen Fassungen herzuleiten sind.[16]) Die sudetendeutschen Handschriften treten in dieser Weise als Ersatz für nun verlorene lausitzische Handschriften ein.

So kommt die Krankheitsbezeichnung aglei (f. Krankheiten Nr. 13) in Schlesien nicht vor. Wie die Preußische Kompilation Nr. 56 und auch der Andere Preußische Text Nr. 23 benennt und behandelt die Krankheit auch jener Sudetendeutsche, dem wir die südböhmischen Auszüge verdanken (Nr. 1). Bei der Kehlsucht werden dem Rosse 24 Eiklar und Weihrauch eingeflößt; der preußische Kompilator entnahm sein Rezept Nr. 83 einer Handschrift, die wie Siegmund von Königgrätz (Nr. 15) empfahl, die Schalen der Eier mit zu verwenden. Bei dem Schmiermittel gegen die Räude setzt Siegmund (Nr. 17) auch Spangrün zu und der Andere Preußische Text ahmt dies nach (Nr. 13).

Wir sehen also deutliche Linien, die uns die Wege des Roßarzneibuches Albrants in den ostdeutschen Kulturlandschaften darstellen. Seit der Zeit Karls IV. bringt

---

[16]) Dies im Gegensatz zu meinen Ausführungen in „Forschungen und Fortschritte", bei deren Niederschrift mir die Löbauer Handschrift noch unbekannt war.

das wissenschaftliche Arzneibuch von Böhmen aus sowohl nach dem Südosten als auch nach Norden vor, Schlesien und die Lausitz geben es nach Preußen weiter. Die um 1600 geschriebene Vorschriftensammlung meiner Handschrift 36 enthält Bl. 57ʳ folgendes Rezept gegen den Wurm, das dem Markgrafen Friedrich von Brandenburg geläufig gewesen sein soll: Aber Ein Anderes. So nimb S. Johanus wurtz vnnd schneidt dem Ros An der stüern die hautt auf vnd schüeb die wurtz hinein vnd due Ain hafft daruber dz es nit herausfalle vnd der masen vnden betten ohren da man inen die niffel schneidt Auch hinein geschoben so wiert der gaul dhuen als wüll Er wieten vnd stirbt der wurm. vom margrauen Friteriich vom Prandtenburg.*) Das mag sich auf den 1413 geborenen Friedrich II., genannt der Eisenzahn, beziehen, der 1437—71 regierte und 1454 die Neumark erwarb. Dieses volksmedizinische Verfahren gehört nicht dem Kernbestand an, doch wurde es in ähnlicher Gestalt schon den schlesischen Albranthandschriften einverleibt.

Als ein Zeugnis für die ostdeutsche Pferdeheilkunde stellt sich schließlich auch die lateinische Übersetzung dar, welche im Cod. St. Georgen LXI zu Karlsruhe ent=halten ist. Die zehn Anweisungen, die auf Bl. 12ᵛ dieser Handschrift stehen, sind von Sudhoff ohne kulturgeographische Aussage veröffentlicht worden. Der gegenwärtige Verwahrungsort soll uns nicht darüber hinweggehen lassen, diese Aufzeichnungen aus der zweiten Hälfte des 14. Jahrhunderts zu lokalisieren, soweit dies möglich ist. Sudhoff hat darauf hingewiesen, daß die Hälfte der Krankheiten ausschließlich in deutscher Sprache benannt ist. Im ganzen finden sich in dem Text 10 deutsche Wörter. Drei davon zeigen ausgesprochen mitteldeutsche Lautung: oberbeyn, buchstrebin, wormscrot. Nur ein Wort zeigt oberdeutschen Lautstand (ruoz). Die Be=trachtung inhaltlicher Merkmale lehrt, daß die Auszüge aus dem Osten des mittel=deutschen Sprachgebietes stammen. Neben Rettich und Zitwer verordnet Preuß. Komp. 63 in Abweichung von den übrigen Handschriften auch Attich und die ganze Wortgruppe rettich und attich wurde von dem lateinschreibenden Heilkundler übernommen:

Preuß. Komp. 63.
Wiltu dem pferde bussen der houbt seuche, so nym rettich und attich und derre die czusampne und mache eyn puluer mit czitbar und missche den mit weyne und geus dem pferde in den hals.

Karlsruhe 8.
Contra capitis passionem equorum. Re retich vnd atich et sicca bene et pulueriza et zedoarium, pulu(ere) ista simul, misce cum vino bono et collo equi infunde et sanabitur.

Die Bauchstrenge heißt nur in der Preußischen Kompilation das buchstreben (vgl. Krankheit Nr. 30, wo die Bezeichnungen der anderen Handschriften zusammen= gestellt sind) und die lateinische Handschrift überschreibt das auch im übrigen genau übersetzte Rezept Contra hoc quod uocatur buchstrebin (Nr. 5).

Die Bezeichnung Überbein statt des gebräuchlicheren Namens Beinwachs ist im Osten häufiger als im Westen. Wie Aug. 14, Pos. 54, Preuß. Komp. 16, Ostmd. 14 (aber auch Don. 18) schreibt auch der Bearbeiter Contra oberbeyn (Nr. 4). Be=merkenswert ist auch die Überschrift Contra hoc quod uocatur schule, womit die

---

*) In dieser Hs., die ich von den Wiener Antiquaren Gilhofer & Ranschburg erwarb, finden sich noch folgende Quellenangaben; von dem herren Kraytt von fristitz (Bl. 12ʳ), gelernt von valthin Plazer (Bl. 14ʳ), von dem heren dhomom Ruedolff khanzler gelerndt (Bl. 16ʳ), bewärt vom dem schmid von lugelfingen (Bl. 17ʳ), bewärtt durch V. Enghoffer (Bl. 18ʳ), Probatumb Jorg Pisch hoffmeister (Bl. 22ʳ), Prabatub durch graff oswalt von Ewerstain (Bl. 25ʳ), vom khaiser (Bl. 27ʳ), bewärt vom Meister Christoflen (Bl. 59ʳ), von herren von harach (Bl. 75ʳ, böhm. Uradel, das Geschlecht erwarb 1524 die Herrschaft Rohrau in Niederösterreich), vom franhamer (Bl. 78ʳ), herzog othen (Bl. 96ʳ), von ain Erfahren vnd wolgeachten Reitt schmid vnd stallmaister (Bl. 124ʳ); in einem Schußrezept wird Bl. 110ʳ Reinberger schmalz vorgeschrieben.

„Schale" gemeint ist. Diese Krankheit wird in Preuß. Komp. 61 und Ostmd. 43 zusätzlich angereiht und heißt in beiden Fällen gleichfalls schule (Wedir die schule, Vor dy schule). Nr. 1 der lateinischen Albrantübersetzung ist ein volksmedizinisches Verfahren, das schon bei Posenanie mit dem Roßarzneibuch vereinigt ist und auch den tschechischen Übersetzern bekannt war:

Pos. 53.
Welch ros sich worwangen habe. Nym daz gebis unde czuch is durch eynen warmyn lutis mist unde lege is dem pherde in den munt, und worstoph ym dy nazelocher alzo lange, bis is begynne dresyn.

Karlsruhe 1.
Contra illud quod volgus uocat re. Tam cito, cum vidis equum habere illud quod uocatur re, depone frenum de ore equi et trahe benam freni per calidum stercus hominis et equum statim frena et equita ad patibulum uel iuxta. Tunc obstrue sibi nares, donec sternutet.

Durch diese Hinweise ist zugleich dargetan, daß die lateinischen Heilvorschriften der Karlsruher Handschrift tatsächlich nichts anderes als eine Übersetzung aus dem Albrantschen Roßarzneibuch sind, was Sudhoff nicht ausgesprochen hatte. Man vergleiche etwa noch im Preuß. Text 13 (Welch ros rewdig ist) die Stelle und salbe die rawden an der sonnen adir in einer heyßen stouben mit Karlsruhe 2 vngue equum in calido sole vel in aliquo loco calido ut in pirali (Contra scabiem equi). Von den 10 Vorschriften gehören 8 dem Kernbestand an; die beiden Zusatzstücke sind auch in den schlesischen und preußischen Handschriften mit Albrant vereinigt zu finden.

Die Übertragung der deutschen Schrift ins Lateinische zeigt wie auch die lateinischen Überschriften bei Posenanie an, daß diese Heilvorschriften im 14. Jahrhundert noch durchaus als Gelehrtenwissen galten.

Das deutsche Neuland im Nordosten war im 15. Jahrhundert mit Albranthandschriften schon stark durchsetzt. Der eine erhaltene Codex, der unsere „Kompilation" und unseren „Text" überliefert, die mindestens vier verschiedene Handschriften ausschrieben, läßt zugleich auch erkennen, daß das Werk um diese Zeit bereits mit volksmedizinischen Elementen stark durchdrungen wurde. Weisen bereits die schlesischen Handschriften und das Löbauer Bruchstück beträchtliche volksmedizinische Beimengungen auf, so ist die Zahl derselben in den preußischen Fassungen noch bedeutend größer. Dadurch wird der schulmäßige Charakter des Werkes verwischt und zum Ausdruck gebracht, daß die Wirkung des Buches breiter geworden war. Breitere Schichten haben es gelesen, verwertet, ihrem bisherigen Wissensschatze eingebaut und mit diesem verquickt.

Bevor wir die Wirkung des Buches auf den slawischen Nachbar in den Sudetenländern behandeln,[17]) ist noch eine Tatsache der preußischen Medizingeschichte aufzuzeigen, die einen weiteren Beleg für die praktische Bedeutung der Schrift im deutschen Nordosten und zugleich einen neuen Quellenhinweis für den größten deutschen Chirurgen des Mittelalters erbringt.

---

[17]) Über das Roßarzneibuch in Polen und Rußland stehen mir keine Grundlagen zur Verfügung. Es ist wahrscheinlich, daß diese durch starke deutsche Minderheiten befruchteten Räume gleichfalls mit dem Werk bekannt gemacht wurden. Ob es auch ins Polnische und Russische übersetzt wurde, ist mir unbekannt. Deutsche Handschriften und Drucke dürften in russischen Städten mindestens in den Händen der deutschen Bürger gewesen sein. Als ein Beleg dafür ist vielleicht das 1612 in Frankfurt gedruckte Stück der „Hippopronia" des Meisters Albrant zu betrachten, das nach Angabe Hermann Helds (Beiträge zur Geschichte der deutschen Sprache und Literatur LX, 1936, S. 191) durch ein Exemplar in der Bibliothek der Akademie der Wissenschaften der UdSSR. vertreten ist.

2. Heinrich von Pfolspeundt.

Die Bedeutung des Deutschordensbruders Heinrich von Pfolspeundt ist seit der Auffindung und Herausgabe seiner Bündt-Ertznei durch H. Haeser und A. Middeldorpf (1868) fest umrissen. Wohl nur „ein durchaus handwerksmäßiger, empirischer Wundarzt", ist er auf manchen Gebieten mustergültig, etwa bei den Frakturen, und in der Rhinoplastik für Deutschland bahnbrechend. Es sei für ihn auf die ausführlich eingeleitete Ausgabe verwiesen, wozu hier nur die eine Berichtigung erforderlich ist, daß sich Heinrich nicht nach dem Weimarischen Dorfe Pfuhlsborn (Pfolozborn) benennt, sondern nach Pfalzpoint (Pholespiunt) an der Altmühl zwischen Eichstätt und Kipfenberg und somit kein Thüringer ist. Ein Schüler des Johann von Birer, jn Lottringen gesessen, nicht fern von Metz, holt er aus deütschen vnd welschen landen allerhand Kenntnis und kommt mit seiner Kunst ins Land tzw Preußenn, jn dem großen kreigk zcwischen dem deuschen ordenn vnd dem könige von Polen, wo er im Jahre 1460 seine Wundarznei verfaßte. Nach seiner Angabe hat er mher dan iii ader iiii thausenth menschenn geheylt.

Nur selten wird die Tierheilkunde in seiner Bündt-Ertznei gestreift, in Nebensätzen wird das Pferd oder allgemein das Vieh erwähnt. So bietet ihm das Werk wenig Möglichkeit, auf das Heilen von Pferden einzugehen und seinen diesbezüglichen Wissensschatz auszubreiten. Dennoch ist — wie mich dünkt zwingend — seine Vertrautheit mit dem Roßarzneibuch Albrants nachzuweisen.

Schon im Kernbestand desselben kommt das Mittel gegen den „zerbrochenen" Rücken vor. Der Schlägler Text verschreibt Pulver aus Hechtzähnen und verbrannten alten Sohlen und kalte Waschung (Nr. 26). Siegmund von Königgrätz pulverisiert Hechtzähne, verbrannte alte Sohlen und Schweinsknochen, vergißt aber die Waschung (Nr. 19). Der Text der Breslauer Augustiner begnügt sich mit pulverisierten alten Sohlen und salbt mit dem allheilenden Baumöl (Nr. 12). Posenanie entnahm aus seiner ersten Vorlage Pulver aus Hechtzähnen und alten Sohlen, Spangrün und Waschung mit Harn oder kaltem Wasser (Nr. 18), aus der zweiten Vorlage Pulver aus Eselsmist und einem Ameisenhaufen sowie Salbung mit Baumöl (Nr. 40), aus der dritten verbranntes Leder und Schweinsmist sowie Hammerschlag (Nr. 55). Hier ist schon deutlich vorgezeichnet, was Heinrich von Pfolspeundt zu lesen bekam. Der Kompilator der preußischen Handschrift greift mit Nr. 14 auf das Mittel der Breslauer Augustiner zurück; unter Nr. 42 gibt er zweierlei an: einmal verbrannte alte Sohlen mit Hafer und Salbung mit Baumöl, zum zweiten ein Pulver aus verbrannten alten Sohlen, Schweinsgebein, Hechtschuppen und Kinnbacken des Hechtes; unter Nr. 59 Pulver aus Roßbein und Waschung; unter Nr. 69 folgt noch ein Mittel, das einen wichtigen Schritt dem Deutschordensbruder näher kommt: das Mittel ist nicht mehr bloß für Pferde, sondern auch für Menschen nützlich — Weder die swolst der pferde uff dem rucke und menschen. Dieses Rezept verschreibt menschlichen Harn und Pferdemist.

Wir sahen, daß die alten Sohlen durch Leder schlechtweg ersetzt werden durften. Bei Heinrich von Pfolspeundt wird Leinen verbrannt, das alt oder neu sein mag. Dazu nimmt der Deutschordensbruder wie Johannes Posenanie Schweinsmist und Eselsmist: Das sinth die puluer. Item nim leinen tuch, wie das sie, bosse ader guth. das pren in ein topff zcw puluer, vnd nim swein dreck vnnd essel dreck, des thu gleich vil tzw szamen, vnd bren das auch tzw puluer in einem topff. vnd stos alle drei stücke klein, vnnd misch glich vill tzwssamen. doch ap ein teil mehr werden, das schadt an dem nicht. mit dem vorstelt man das bluedt (S. 34). Er bemerkt dazu: do habe ich auch manchen mith geholffen, ee das ich das wasser lernth machenn.*)

Nach meinem Erachten genügte dieses Beispiel, um die Bekanntschaft Pfol=
speundts mit dem Albrantschen Roßarzneibuch zu beweisen, wie es um die Mitte des
15. Jahrhunderts in Preußen anzutreffen war. Die Brücke wird durch die wohl in
Preußen durchgeführte und belegte Anwendung des alten Pferdemittels auf Menschen
geschlagen. Doch auch literarische, nicht allein inhaltliche Beeinflussung Pfolspeundts
ist greifbar. In welcher Albranthandschrift immer man die Behandlung der Augen=
krankheit nachliest, begegnet man dem Passus, der hier nach der Fassung des Johannes
Posenanie zitiert sei: nym dy musselyn, dy by dem wasser legyn, und mache dy
glunde of kolen unde czuch denne dy ynner huyt unde dy owzser huwyt abe. Das
wurde von Heinrich von Pfolspeundt so übernommen: Muscheln die bei dem wasser
ligen wasch die wol rein, vnnd zceuge in die hawth oben vnnd innen abe (Ein
puluer das auch derret S. 39). Als eine weitere Entlehnung erweist sich die Angabe
vnnd rieb die wol hynein in einer werm ader in der sonnen (Eine gutte salbe vor
den bössen grindt S. 130). In den Handschriften des Roßarzneibuches steht stereotyp
bei dem Mittel gegen die Räude die Wendung unde smer daz phert in eynir werme
adir sunnen (Posenanie Nr. 45); in dem Anderen Preußischen Text heißt es so:
und smere das pfert in der sonne adder in eyner warmen stobe (Nr. 28). Auch für
diesen Fall wird Anwendung des ursprünglichen Pferdemittels auf Menschen schon
innerhalb der Albrantüberlieferung belegt. Gleichfalls in dem Anderen Preußischen
Text steht ein zweites Heilmittel, das sowohl für Rosse als auch für das grindige
Haupt von Menschen angewendet werden soll (Nr. 19).

3. Die tschechischen Zeugen.[1]

Die starke Durchsetzung des deutschen Ostens mit dem Roßarzneibuch Meister
Albrants wurde auch den slawischen Bewohnern zum Heil. Unter den zahlreichen
Gaben, welche die Deutschen aus allen Zweigen des menschlichen Schaffens den
Slawen zubrachten, stehen die des praktischen Fortschritts an einer vorderen Stelle.
Zu jenen, die bisher noch nicht in das Bewußtsein der Nachfahren gerückt wurden,
gehört die Pferdeheilkunde. Die folgenden Ausführungen wollen dies tun. Dabei
wird nicht gestrebt, die philologischen Einzelprobleme des tschechischen Roßarznei=
buches zu behandeln; es kommt hier darauf an, die kulturgeschichtlich bedeutsamen
Tatsachen herauszustellen.

Die erste und wichtigste Feststellung ist, daß die Sudetenslawen das erste Roß=
arzneibuch aus dem deutschen Kulturkreis empfingen. Die Gegenüberstellung der
Texte vermittelt eine genauere Vorstellung davon, wie dies geschah. Ferner ist zu
entscheiden, ob die Tschechen in aufgeschlossenem Kulturwillen das fortschrittliche
Wissen und Können selber in ihre Heimat holten oder es sich durch die nach Osten
kommenden Siedler bringen und vor Augen führen ließen. Sodann ist Auskunft
darüber zu geben, ob sie das Werk nach einmaliger Übernahme ihrerseits verbreiteten
oder ob die Übergabe mehrmals und an verschiedenen Stellen erfolgen mußte, ehe

---
*) Die Anwendung des Satteldruckmittels auch auf Menschen bezeugt später noch der The=
sauriolus usw. Oder Schatzkästlein usw. von Martino Schmucken, Lipsensi, der Artzney Licen=
tiato (Nürnberg 1649). Da wird Ein gewisses Magico secretum, ein gedrucktes Pferd, das man
sonst schneiden müste, zu heilen durch folgende Bemerkung auch für Menschen empfohlen:
Wirst du dieses Kraut (Flöhkraut, Persicaria) bey Menschen in alten Schäden, in gleichen auch
in Podagraischen schmertzen, also zu appliciren wissen, wirstu fürwar nicht ein geringes
Secretum haben, selbige zu heylen (S. 18). Ein Exemplar dieses Druckes im Besitz des Herrn
Ing. A. Gangl in Reichenberg.

[1] Über Übersetzungen ins Slowakische, Litauische, Magyarische, Kroatische, Slowenische
bin ich nicht unterrichtet.

das Roßarzneibuch bei ihnen wirklicher Besitz wurde. An der Geschichte des tschechischen Roßarzneibuches ist auch zu erkennen, daß der deutsche Einfluß auf die tschechische Pferdeheilkunde niemals aufhörte und bis in die Gegenwart wirksam ist. Von den elf mir bekannt gewordenen tschechischen Albranthandschriften sind die drei ältesten die Fassungen der Bände IV H 28, I H 29 und I F 10 des National= museums in Prag, die den Angaben des Kataloges von Bartoš zufolge aus dem 15. Jahrhundert stammen. Die älteste ist die Handschrift IV H 28, die im Jahre 1444 geschrieben wurde. Sie bietet den Kernbestand nahezu vollständig und einige Zusätze. Aus der zweiten Hälfte des 15. Jahrhunderts stammt der Codex I H 29, der einen stark gekürzten Text enthält. Die Handschrift I F 10 scheint am Ende des 15. Jahr= hunderts geschrieben worden zu sein. Sie gibt die meisten Stücke des Kernbestandes wieder und ist durch zahlreiche Zusätze angeschwellt. Es ist geradezu sicher, daß die im Cod. IV H 28 enthaltene Fassung nicht die Urschrift der ersten tschechischen Über= setzung ist, sondern daß die Übernahme des Roßarzneibuches schon früher erfolgte, wahrscheinlich zur Zeit Karls IV. Das macht die obenangeführte Geleitangabe in der Handschrift IV H 28 annehmbar, welche durch die Einsiedelner Handschrift bestätigt wird. Es erscheint möglich, daß der Text der Handschrift IV H 28 eine Abschrift der ersten tschechischen Übersetzung ist; die anderen Handschriften lassen die Angabe über den Prager Meister Sstepan vermissen. So möge uns dieser Text, dem wir uns zuerst zuwenden, die erste tschechische Handschrift des Roßarzneibuches vertreten.

Die Überschrift stimmt am besten mit Siegmund von Königgrätz überein:

IV H 28, Bl. 319ʳ.	Siegm.
Konie hogiti.	Von den rossen ertzney.
Kto chce konske lekarstwie vmieti, ten čti tyto kniezky. a ty gest slozyl Albrecht, Cesařow Bedřichow kowarz, vrozenim z Napulie usw.	Der da wil haben ross erczney, der lezz ditz puech. daz hat gemacht maister Albrant, chayser Fridreichs smitt und marstaller von Napolis usw.

Daß Siegmunds Reinschrift selbst nicht die Vorlage war, zeigt nicht allein der Name des Verfassers, der in IV H 28 und in allen späteren tschechischen Handschriften Albrecht lautet; in den einzelnen Rezepten finden sich zahlreiche Abweichungen, so daß angenommen werden muß, daß eine nicht erhaltene Handschrift des 14. Jahr= hunderts dem ersten Übersetzer vorlag. Diese durch den Text IV H 28 vertretene deutsche Fassung teilte mancherlei Besonderheiten mit den schlesischen Texten. Der Rezeptbestand der Handschrift IV H 28 ist aus folgendem Verzeichnis zu ersehen; beigeschrieben werden die am besten entsprechenden deutschen Gegenstücke.

1. KTery[2]) kon ma nemoczvn hlawu od rozličneho vrazu aneb od nemoczy = Siegm. 1 Welichs rozz ain siechs haupp hat, das ym czu stozzen sey oder sűst von gesucht chranchk ist. Der Schluß des Rezeptes stimmt besser zu Schlägl als zu Siegmund:

Siegm. Nr. 1.	IV H 28, Nr. 1, Bl. 319ʳ.	Schlägl Nr. 1.
und tū daz als dichk uncz ym daz aytter aus dem haupp ganczleichen rinnet. das erchenst du, wann ym die naslöcher nymer rinnent: so ist es warden gesunt.	A čyn to často, až gemu hnoy pogde z chřiepi, potom bude zdraw.	und tue das als oft, uncz ym das aytter auz rin: so werd es gesund.

---
[2]) Der Raum für den ersten Buchstaben jedes Rezeptes ist in der Handschrift leer geblieben. Ein Maler sollte wohl rote Buchstaben einzeichnen, was unterblieb. Im folgenden ist der Anfangs= buchstabe stets sinngemäß ergänzt, ohne daß dies durch Kursivsatz kenntlich gemacht wird.

2. Ocy kdyz bolita ktereho konie = Poj. 2 WElch ros boze ougyn hat. Nur bei Posenanie steht dieses Rezept an zweiter Stelle.

3. Mali kon prchnieli = Siegm. 36 Welch rozz räppig ist. Im Tschechischen ist das Aufbinden von Sauerteig weggelassen, das Siegmund und der Preußische Text 16 darbieten. Im übrigen hat der Tscheche genau übersetzt.

4. Ktery kon ma črwy w zaludku nebli w bŕyše = Siegm. 3 Welch rozz die würm hat in dem magen oder in dem pauch.

5. Gsuli kteremu koni krtice mezy kozy a masem = Siegm. 4 Welch rozz den pŭrczel der würm hat tzwischen haut und fleisch. Der Zusatz vom heimlichen Umhängen eines Pferdeknochens ist wie in der Preußischen Kompilation 50 weggelassen.

6. Ale to mas wiedieti ze troge gsu³) krtice = Siegm. 25 Du solt wizzen daz der pŭrzel dreyer lay ist. Der dritte Bürzel, der in der deutschen Überlieferung verlorengegangen ist, fehlt auch hier.

7. Ktery kon zaslepi⁴) sobie = Siegm. 9 Welch rozz ain trit hat. Nach dem eigentlichen Albrantrezept folgt noch: neb wezmi bielne tiesto, smiesyš zbielkem do trzietieho dne. Es ist dies gewiß keine Erfindung des Tschechen, wenngleich dasselbe in unseren deutschen Texten nicht begegnet; vgl. aber Ostmd. 34: nym ehe weyß unde ungeleschten kalgk.

8. Ktery kon nezyty kdezkoli = Siegm. 10 Welch rozz ainen ays hat. Die Übersetzung ist genau, doch wird Salz und Brot neunmal täglich aufgelegt: nawiezyz mu na to dewatkrat dne (Siegm. tzu dem tag tzwir).

9. Ktery kon ma rosedle kopyta = Siegm. 11 Welch rozz ainen gespalten fuezz hat.

10. Ktery kon oddawi sobie patu = Siegm. 12. u. 13.

Bl. 320ᵛ—321ʳ.
Tehdy odegma podkowu, tlaczyz na to kudeli a s bielkem

když tomu kony hnoy pogde,
w ˙czystyz ten hnoy z rany yakoz se noha rozedrzela neb rosedla, nawyezyz pse layno biele.

Welch rozz verpellet wirt, dem sol man das eysen ab den pallen slahen und sol man ym ain werchk mit wazzer alle tag dar yn legen: so wirt es aus swåren.
Wann dem rozz daz aytter auf dem fŭzz aus prist, so sol man es aus cheren sam der fŭzz gespalten sey und sol man dar auff pinden warmen huntz mist.

11. Kteremu koni schne kopyto. Dieses Mittel gehört nicht dem Kernbestand an. Es wird Frühlingshonig, Hirschunschlitt und Ochsenmark als Hufsalbe empfohlen. Die genaue Entsprechung begegnet in unseren Texten nicht, doch ist ein ähnliches Rezept in den südböhmischen Auszügen vorhanden:

Bl. 321ʳ.
Wezmi yary med a geleni loy a z woloweho hnatu mozk, a to spolu wše rozwarz a maž gemu dobrie w teple nedotykage se wlassu.

Südb. Nr. 6.
Das ist ein salbe zu der pferde huff. Nym alts smer eyn virdung, eins stiers unslit einen halben virdung, ein lot wachs, honigs ein halben vierdung, weirochs ein lot, teites eyn halben virdunk, pullisch weis ein halben virdung, bawmols ein lot, specks ein halben virdung, das menge alles zesamm und sewt sie mit einander: so wirt sie gut.

---
³) Hf. si (?). ⁴) Hf. zasplepi.

12. KTeremu by koni otekla noha. Das Mittel gegen geschwollene Beine gehört nicht dem Kernbestand an, wurde aber schon im deutschen Kulturkreis dem Roßarzneibuch einverleibt, etwa München Nr. 36.

13. Ktery kon gest ostaruzny a linati nemoz. Diese eigenartige Vorschrift, einem alten Rosse beim „Hären" nachzuhelfen, die wohl aus dem Trugmittelschatz der Pferdehändler stammt, begegnete mir in deutschen Texten nicht. Sie lautet: Dobrze zatnyz gemu krwawniczy, potom gey tu krwi zamas a necht 3 tydny. a takt bude lynati. (Bl. 321ʳ)

14. Chcesli koni srst zmieniti. Das Färben des Fells gehört nicht dem Kernbestand an. In der Einsiedelner Handschrift stehen zahlreiche Mittel dafür. Siegmund Nr. 31 beweist, daß solche Dinge auch den Sudetendeutschen bekannt waren.

15. KTery kon ma kurdey = Siegm. 14 Welch rozz daz churfal hat.

16. KTery kon ma zlazy = Siegm. 14 Welch rozz die chelsücht hat. Die Zahl der zu verwendenden Eiklar ist im Tschechischen nicht bestimmt.

17. KTery kon gest woshřiwy = Siegm. 16 Welch rozz rüczig ist. Der Erfolg wird so vorausgesagt: budet nezdraw do toho dne a potom zdraw nebot vmrze w poluleti.

18. KTery kon gest chrastawi = Siegm. 17 Welch rozz rawdig ist. Dem Übersetzer lag augenscheinlich eine Handschrift vor, in der die Stripswurz wie bei Heinrich von Pfolspeundt Ochsenzunge genannt wurde, was genau übersetzt wurde:

Wezmi syru a peregrin a stare sadlo, k tomu wolowy yazyk a czlowiecze layno. smies to spolu a warz pak chrasty, setrzy na sluncy (Bl. 321x).

So nim swebel und gruenspat und alcz smer und striphwurczen und menschen harm und misch daz tzu sam und reib und salb die rawden da mit an der sunnen oder in ainer haizzen stubenn.

19. KTery kon ma sadmy na chřbetie = Siegm. 19 Welch rozz ain tzeprochen ruchk hat. Der Tscheche empfiehlt wie Siegmund von Königgrätz Schuhsohlen (podeswy), Schweinsknochen (a k tomu swini kost) und Hechtkiefer (a ssčyti čelest).

20. KTeremu koni zyla pod břichem otieka = Siegm. 20 Welch rozz pawch streng ist.

21. KTeremu se koni pokazy zraky = Siegm. 22 Wann man dem rozz die dillen aus wirfft. Wie bei Besprechung der Krankheiten des Kernbestandes begründet wurde, bezieht sich das deutsche Rezept auf das Sohlenauswerfen. Die Bezeichnung dillen (München tullen) war dem Übersetzer unverständlich und somit auch der Zweck des ganzen Rezeptes. Er bezieht es irrtümlich auf eine Augenkrankheit. Sonst folgt er genau Siegmund:

Wezmi strzedu od twrdeho chleba a k tomu soli tolikez, a nawiez gemu přes nocz. a druhy den wezmi peregrin a hlinu nezzenu, nawieziz gemu na oko a nechay do třetieho dne (Bl. 322ʳ).

So nim ains herten prötz die prösm und gemischt mit salcz gleich, und pind es dar auff uber nacht. und des andern tags wirff dar auff grünspat und truchken laym, nicht verprunnen, und pint daz dar auf uber nacht. und tů daz drey tag.

Vergleiche auch das Rezept Nr. 34 der Handschrift IV H 28!

22. KTery kon ma zagem = Siegm. 24 Welch rozz vernagelt ist.

23. KTery by kon byl zastřelen a ssypa dobyti nemohl = Siegm. 23 Welch rozz geschozzen ist, daz man den pfeyl nicht gewinnen mag. Auch in diesem Rezept begegnet ein grobes Mißverständnis. Die deutschen Handschriften lassen einen Krebs auf den Einschuß drücken, damit der Pfeil über Nacht herausgezogen werde. Der

Tschechе übersetzte: Wezmi rtutu (Quecksilber!), ztluczyz mu na ranu, wytahnet przes nocz syp. Es scheint, daß die Vorlage crebs bot, was zu cweks verlesen und als cweksilber gedeutet worden sein mag. Der Fehler wird in der Folgezeit in einem Überlieferungsstrang weitergeschleppt.

24. KTery kon wodu zadrzy anebo w niem stawi = Siegm. 26 Welch rozz daz verstell hat oder daz twanchk. Abermals ein Übersetzungsfehler, der das Mittel gegen ein anderes Übel anwenden läßt. Daz getwanc meint die Stuhlverstopfung und nicht die Harnverhaltung, als die es der Tscheche auffaßt (wodu in der Überschrift und a tak bude sczaty am Schluß des Rezeptes!). Die schon früh in der sudetendeutschen Überlieferung anzutreffende Besonderheit, daß Speck in den Leib zu stoßen ist (Südb., Siegm., Mü.), muß auch in der Vorlage des Übersetzers gestanden haben, der Fett (kus sadla) anwendet.

IV H 28, Bl. 322ʳ—322ᵛ.
Tehda wezmi atrament, ztluczyz gey na prach, k tomu prziczyn kus sadla a wstrcz gemu wrzyt: a tak bude sczati. Siegm. Nr. 26.

So nim attrament und stozz daz tzu puluer. und nim dann ainen spechk und sneid den alz ainen vinger oder grosser und stozz daz in den leib: so wirt es vertig.

25. Ktery kon ma spaty = Siegm. 27 Welch rozz spetig ist. Die Vorlage muß statt oder außer dem Eigenschaftswort spetig das Hauptwort spat dargeboten haben, wie es z. B. bei Posenanie der Fall ist, wo es heißt Contra spat. Wahrscheinlich stand in der Quelle Welichs ros den spat hat — denn das tschechische spaty ist das deutsche Hauptwort spat mit tschechischer Mehrzahlendung.

26. KTery kon ma muchy = Siegm. 28 Welch rozz die mauchken hat. muchy ist aus dem Deutschen entlehnt.

27. KTery kon ma proboy z nohy = Mü. 28 Welich roß dy floßgalln hat. Vergleiche die Besprechung der Krankheit oben!

28. KTery kon ma dychawiczy = Siegm. 33 Welch rozz herczslächtig ist. Während Siegmund und der Text der Breslauer Augustiner den Einguß neunmal und München achtmal vornehmen lassen, verspricht der Tscheche Heilung nach dreimaligem Einguß (po trzy dni bude zdraw). Es liegt also eine Handschrift zugrunde, welche Posenanie ähnlich war, bei dem die Heilung gleichfalls schon nach drei Tagen erwartet wird (dry wende, obar den dritten tag).

29. KTery kon se ochwati. Das Mittel gehört nicht dem Kernbestand an, wurde aber schon im deutschen Kulturkreis dem Roßarzneibuch Meister Albrants einverleibt. Der Anfang des tschechischen Rezeptes entspricht genau Pos. 53:

KTery kon se ochwati, seyma vzdu s nieho, prowleczyz skrze layno czlowiecze horke a wzdiey vzdu gemu na hlawu zase a zadies gemu chřiepie az bude prskati ....

Welch ros sich worwangen habe. Nym daz gebis unde zcuch is durch eynen warmyn lutis mist und lege is dem pherde in den munt, unde worstoph ym dy nazelocher alzo lange, bis is begynne dresyn.

Das Mittel war noch im 18. Jahrhundert lebendig. Im „Klugen Landmann" hilft es Wider die Wasser Reh: ... Nimm des Rosses Gebis oder Mundstück und ziehs durch Menschen = Koth, zäune es auf und halt ihm die Nasen = Löcher zu, daß es trieffe, dann schlage ihm die vier Adern und reite fort (S. 144).*) Dieser späte Druck gibt mit seinem Hinweis auf vierfachen Aderlaß die Beruhigung, daß die weiteren Angaben der tschechischen Handschrift gleichfalls aus dem Deutschen stammen,

---

*) Das Mittel, mit Ausnahme des Aderlasses, wurde bei kranken Kühen noch von meinem Großvater Anton Eis (in Kolleschowitz, Bezirk Podersam, Sudetengau) angewendet.

obgleich sie bei Posenanie fehlen. In der Handschrift IV H 28 steht, an das oben neben Posenanie gesetzte Stück anschließend, die Anordnung, das Pferd an den vier Füßen zur Ader zu lassen: a tiem se zhogi. paklito nepomoz, ale pust gemu krew ze wssie nohy usw.

30. KTery kon ma lokty. Dieses einfache Mittel (tomu trzy lesku suchu. a czyn to czasto. tiem mu pomozeš a bude zdraw) ist mir sonst nirgends begegnet.

31. KTery kon ma otekle hrdlo = Pos. 4 VElch ros eynen geswollen hals hat unde nicht geslyndyn mag. Es werden „zwei oder drei" rohe Eier verordnet: wezmi dwie nebo trzy wayce syrowe = nym czwey eygir adir dry roe. Mißverständlich das Folgende: a smies ge s ocztem a vczyn prach z toho tak mnoho yako palecz, pak powrha kon usw., wogegen die Quelle das Daumenmaß für den einzuführenden Stab verwendete: unde mische die mit salcze unde mit essege, unde nym denne eynen stekken eynis dumyn dicke ... unde wirf denne daz ros nedyr usw. (so Posenanie und inhaltlich übereinstimmend die anderen deutschen Texte). Der Fehler des ersten Übersetzers wird in den folgenden Jahrhunderten weitergeschleppt.

32. KTery kon sčawku ma = Siegm. 34 Welich rozz die haren wind hat. Das Mittel wurde wörtlich übersetzt, doch folgt der Zusatz vczynie skrze bielu ruchu.

33. KTeremu koni gsu rupy. In dieser Fassung ist das Mittel in den älteren deutschen Handschriften nicht zu belegen, doch gehören die volksmedizinischen Spulwürmermittel Pos. 44 und Mü. 38 in dieselbe Familie.

34. KTeremu koni pokazie se rty. Eine Krankheit der Lippen ist in dem Kernbestand und in den Zusätzen späterer Handschriften nicht zu belegen. Was in IV H 28 unter dieser Überschrift folgt, ist nichts anderes als das unter Nr. 21 irrtümlich gegen kranke Augen angewendete Mittel für das Sohlenauswerfen (vgl. dieses!). An dieser Stelle lautet der Text: wezmi strziedu z twrdeho chleba, k tomu soli tolikez, nawiezez přes nocz. a druhy den wezmi sangrina⁵) totiz galstaynu an hliny nezzene, a vwieziz gemu a nechayz do trzietieho dne.

35. KTery kon ma haghuf = Siegm. 32 Welch rozz hagel hůff ist. Statt in heißes Pech wird das Werg in heißen Honig gedrückt.

36. KTery kon ma přistih na sobie. Das Mittel ist von dem vorigen wenig verschieden. Weizenkleie ist in Essig und Fett zu sieden.

37. KTery kon sobie plecze wyrazy. Sonst nicht belegtes Zusatzmittel.

38. KTery kon ma dychawiczy. Es ist dies ein Zusatzmittel aus der Volksmedizin. Ein lebendiger Aal als Heilmittel gegen die Herzschlächtigkeit ist in den älteren deutschen Handschriften nicht belegt, doch spielen Fische in der deutschen Volksmedizin bei Pferdekrankheiten eine große Rolle, vgl. etwa Ostmd. 18 (Fischeingeweide gegen Eßunlust und Verdauungsträgheit) und 30 (frische Hechtschuppen gegen Rotz).

39. KTery kon ma bielmo na oce = Pos. 48 Welch ros eyn mal hot in den ougen. Mit starken Abweichungen.

40. KTery kon sobie plecze wyrazy. Ein von Nr. 37 verschiedenes Zusatzmittel.

41. KTery kon ma zlazy pryschle. Sonst nicht belegtes Zusatzmittel.

Von diesen 41 Mitteln stammen 30 aus dem Kernbestand von Albrants Roßarzneibuch, 11 Rezepte sind späterer Zuflug, von denen gewiß einige schon der tschechischen Urschrift angehörten. Dem Übersetzer lag jedenfalls ein deutscher Text vor, der Albrants Urschrift merklich ferner stand als die Vorlage Siegmunds von Königgrätz. In der Reihenfolge der Krankheiten ist streckenweise eine bemerkenswerte Übereinstimmung mit Siegmund von Königgrätz festzustellen. Es ist zu beobachten, daß der tschechische Bearbeiter eine genaue Übersetzung anstrebte. Das

---
⁵) sangrina statt spangrina (= spangrüen); sonst heißt in dieser Hs. das Mittel peregrin.

enge Verhältnis der aus dem Kernbestand stammenden tschechischen Rezepte zu den deutschen Fassungen ist für die Beurteilung der zusätzlichen Rezepte zu berücksichtigen. Diese werden nicht von dem tschechischen Bearbeiter selbständig hinzugefügt, sondern ebenso getreu aus der nicht erhaltenen deutschen Vorlage übernommen worden sein. Eine Bestätigung erfährt diese Auffassung dadurch, daß in mehreren Fällen die Vorbilder der Zusatzmittel in deutschen Handschriften tatsächlich nachgewiesen werden konnten (z. B. Nr. 14 und 29). Der Übersetzer war gewiß kein Praktiker, denn sonst hätte er nicht hoffen können, mit dem Mittel gegen Stuhlverstopfung der Harnverhaltung beizukommen (Nr. 24, andere Mißverständnisse Nr. 21, 23, 34). Sowohl für einzelne Krankheiten als auch für manche Heilmittel stehen ihm keine tschechischen Bezeichnungen zu Gebote. Die deutschen Krankheitsnamen mûche, haghuof, spat kehren in den tschechischen Überschriften wieder: Ktery kon ma muchy, Ktery kon ma haghuf, Ktery kon ma spaty. An Bezeichnungen für Heilmittel werden übernommen: Galitzenstein, d. i. Vitriol (a wezmi galstayn Nr. 2, totiz galstaynu Nr. 34), Kaltguß, chaltgozzen, calcus (tehda myg gemu nohy kalkusem Nr. 3), Spangrün (wezmi sangrina, Nr. 34, daneben auch) peregrin, gleichfalls ein Fremdwort). In anderen Fällen liegt vielleicht Neubildung von Worten nach dem deutschen Vorbild vor. Die Pflanze Ochsenzunge erscheint als wolowy yazyk (Nr. 18), die Herzschlächtigkeit, mhd. kychen als dychawicze (Nr. 28, 38), der Bürzel namens wolf heißt wlk (Nr. 6). Dabei bemüht sich der Übersetzer, zu den ihm neuen Wörtern Vorstellungen zu gewinnen. Den Haghuf erläutert er: to gest kdyz se wlasy nad kopite drastie; in Nr. 2 erklärt er den byeli zazwor (weißen Ingwer): to gest hlin, a prodawagyt gy w kramiech. Die Angabe, daß man dieses Mittel in Läden zu kaufen bekomme, zeigt an, daß Ingwer in tschechischen Orten noch wenig bekannt war. Auch darin kann man eine Bestätigung dafür erblicken, daß die Fassung der Handschrift IV H 28 eine Abschrift der ersten tschechischen Übersetzung des deutschen Roßarzneibuches ist.

Die Handschrift I H 29 des Prager Nationalmuseums enthält nur zehn Rezepte, und zwar sind sämtliche solche des Kernbestandes. Es sind dies folgende:

1. KTery kuon oddawi sobie paty. Das Rezept zieht wie Nr. 10 der Handschrift IV H 28 das Verbellen und den Eiterausbruch zusammen, ist aber keine Abschrift aus dieser Handschrift.

2. Roß: Ktery kuon ozhrzywy gest.

3. Räude: Ktery kuon gest chrastawi.

4. Beinwachs: Ktery kuon ma nawne kosti.

5. Satteldruck: Ktery kuon ma sadmiwy chrzbet.

6. Bauchstrenge: Ktery kuon ma zluwu ze gemu zila otieka pod brzychem.

7. Sohlenauswerfen: Kteremu koni raty sie wrhu.

8. Vernageln: Ktery kuon ma zagem.

9. Schuß: Ktery kuon zastrzelen bude a ssipu nebo strzelu z nyeho dobyti nemohu.

10. Dreierlei Bürzel: Wiez to ze ttroge gsu krtice.

Diese Auszüge sind nicht Abschriften aus der Handschrift IV H 28 oder deren Vorlage; sie bezeugen vielmehr eine zweite, von der ersten unabhängige Übersetzung aus dem Deutschen, die gleichfalls vollständig gewesen sein kann, wenngleich die Handschrift I H 29 nur zehn Mittel daraus mitteilt. Daß I H 29 nicht von IV H 28 oder deren Vorlage herleitbar ist, ist schon daraus ersichtlich, daß das Mittel gegen den Beinwachs in der Handschrift IV H 28 gar nicht vorkommt. Es entspricht gut der Fassung Siegmunds von Königgrätz:

Ktery kuon ma nawne kosti, tomu kuozi prozzi na tom miesto, a kdyz sie smrssti, naloz na to krunsspatu. a wczin to po trzy dni, a tot gemu pomuoz.	Welch rozz ain pain wachs hat, dem prenn man die haut auf auf dem painwachs uncz si sich rimpft, und leg darnach auf den prant grünspat. und tů daz drey tag. und dem uber hůff recht also.

Der Zusatz, daß der Überhuf ebenso zu beseitigen sei, fehlt in der tschechischen Übersetzung. Um den Einwand zu entkräften, daß die Vorlage der Handschrift IV H 28 den Beinwachs in der Gestalt der Handschrift I H 29 enthalten haben könnte, auch wenn er in der Handschrift IV H 28 nicht erscheint, sei an zwei Rezepten, die in IV H 28 und in I H 29 stehen, der Nachweis erbracht, daß sie von zwei verschiedenen Vorlagen herstammen. Es seien zur Gegenüberstellung das Sohlenauswerfen und der Pfeilschuß gewählt.

IV H 28, Nr. 21.	I H 29, Nr. 7.
Kteremu se koni pokazi zraky. Wezmi strzedu od twrdeho chleba a k tomu soli tolikez, a nawiez gemu přes nocz. a druhy den wezmi peregrin a hlinu nezzenu, nawieziz gemu na oko a nechay do třetieho dne.	Kteremu koni raty sie wrhu. Wezmi strzyedu twrdeho chleba a soli tolikez, nawieziz konyowi przes nocz. a druheho dne wezma krunsspat a hlinu nezzenu twrdu tolikez, ztluczyz to spolu, nawieziz to koni a nechay do trzetieho dne: a tiem bude zdraw.

Die Unterschiede sind allein schon in der Wortwahl solcher Art, daß es schwer zu glauben wäre, daß I H 29 aus derselben tschechischen Übersetzung wie IV H 28 erflossen sei. Beweisend für eine zweite Quelle scheint der Umstand, daß in IV H 28 das Spangrün als peregrin erscheint, während I H 29 das deutsche grunspat als krunsspat wiedergibt. Aber die Hauptsache ist wohl, daß I H 29 das Hufmittel nicht wie IV H 28 gegen eine Augenkrankheit anwenden läßt. raty gibt allerdings auch nicht ganz genau das Sohlenauswerfen wieder, doch hat es keinesfalls mit den Augen etwas zu schaffen. raty gehört zu rat, das den Spalthuf bezeichnet.

Auch bei dem Mittel gegen den Pfeilschuß sieht man einen zweiten, verständigeren Übersetzer am Werke:

IV H 28, Nr. 23.	I H 29, Nr. 9.
KTery by kon byl zastřelen a ssypa dobyti nemohl. wezmi rtutu, ztluczyz mu na ranu: wytahnet przes nocz syp.	Ktery kuon zastrzelen bude a ssipu nebo strzyely z nyeho dobyti nemohu. wezmi rak, ztluczyz gey s horkym sadlem a nawiez gemu na ranu: a tudyt gemu wytiehne ssip przyes nocz.

I H 29 entspricht textlich der deutschen Urschrift genauer als IV H 28. und stoß den mit haißem smerbe (Mü.) ist in I H 29 durch ztluczyz gey s horkym sadlem wörtlich übernommen, während diese Stelle in IV H 28 ganz fehlt. Daß der zweite tschechische Übersetzer s horkym sadlem sagt, lehrt, daß auch er nicht etwa Siegmunds Reinschrift als Vorlage benützte; denn Siegmund hat aus dem „heißen Schmer" „Hasenschmer" gemacht, was in der ostmd. Handschrift nachwirkt. Hervorhebenswert ist, daß der zweite Übersetzer gegenüber dem ersten, welcher aus dem Krebs Quecksilber gemacht hatte, das Mittel Albrants den Tschechen unverfälscht zuführte — rak heißt Krebs.

Genauer ist in der zweiten Übersetzung auch die am Schlusse des Rezeptes gegen den vernagelten Huf stehende Prägung Albrants reit wo du wilt nachgebildet: es heißt hier ged kam chczess, während der erste Übersetzer a nazagitře mozez geti na niem sagte, also augenscheinlich eine andere deutsche Fassung fortsetzt als I H 29.

Auch diese Auszüge bezeugen, daß den Tschechen vor der Einführung des deutschen Roßarzneibuches das viride hispanum wenig bekannt war. In der Handschrift I H 29 heißt es stets krunsspat. Unnötigerweise übernahm der zweite Übersetzer aus seiner Vorlage auch die Bezeichnung vierdung (wezmiz k tomu wierdunk rtutu Nr. 2); in der ersten Übersetzung kommt dieses Wort nicht vor (A wezmi k tomu bedrnik a rtutu). Der Wolf, Fraß oder Höcker heißt in der zweiten Übersetzung wlk neb lite (Nr. 10, litý = grimmig, wütend).

Die dritte tschechische Handschrift des 15. Jahrhunderts, I F 10, erfordert die Annahme, daß das Roßarzneibuch schon in dieser frühen Zeit ein drittes Mal ins Tschechische übersetzt worden war, denn vieles ist in diesem Text nicht durch die beiden ersten Übersetzungen erklärbar. Schon der Umfang der Handschrift, der größer ist als die beiden ersten Handschriften zusammen genommen, legt diesen Schluß nahe. Auf S. 437 steht ein Mittel gegen Eingeweidewürmer, das an eine jüngere deutsche Abwandlung des Wurmmittels des Kernbestandes anknüpft. Es lautet: Proti rupuom. nayprwe przisahrziege kony, at by se poczal potiti. potom wezmi ssewczowske czierlidlo usw. Das ist bei Pofenanie Nr. 44 vorgebildet: Welch ros dy spulworme bysyn, dem gip swercze czu trincken. Der dem tschechischen Rezept vorangeschickte Satz ist gleichfalls in deutschen Handschriften vorweggenommen. Das Roß wird in der Schlägler Handschrift bei Kehlsucht durch Reiten in Hitze gebracht: und harbt es danach ein weil mit reiten. An einer anderen Stelle kommt die Handschrift I F 10 nochmals auf die Würmer zu sprechen und bildet hier die deutsche Prägung noch genauer nach: A potom zahrzieg kuon gezdu (Ktery kuon ma raupy S. 436). Auch enthält die Handschrift I F 10 einige volksmedizinische Mittel deutscher Herkunft, von denen weiter unten ein Heilsegen mitgeteilt wird.

Übrigens wird man auch bei geringeren Abweichungen bezweifeln, daß I F 10 von den beiden ersten tschechischen Übersetzungen herkommt. Man würdige etwa die Unterschiede gegenüber I H 29 an folgenden Beispielen:

I H 29, Nr. 3.
Ktery kuon gest chrastawy,
wezmi k tomu syrru a krunsspat a stare
sadlo a wolowy yazyk a teleczy mozk.
a smies to spolu, zmaze gey, zetrzyz ty
chrasty na slunczy neb w gistbie: a
budet zdraw.

I F 10, S. 427.
Ktery kuon gest chrastaw,
k tomu wezmi syru a sspangrina a stare
sadlo, k tomu wolowy yazyk a czlo-
wieczie layno. a smiess to spolu a maz
gey zetra ty hrasty na slunczy neb
w gistbie horkey: a tiem bude zdraw.

In I F 10 ist menschlicher Kot an die Stelle des Kalbshirns der Handschrift I H 29 getreten. Das viride hispanum heißt in I F 10 sspangrin (stets), in I H 29 krunsspat oder krumsspat. Selbst scheinbare Kleinigkeiten wie die Weglassung der Beifügung horkey in I H 29 dürften durch verschiedene deutsche Vorlagen bedingt sein; jedenfalls gibt es auch deutsche Handschriften, die lediglich sagen „oder in einer Stube" statt „oder in einer heißen Stube" und bei der allgemeinen Texttreue der Übersetzer verdienen auch solche Beobachtungen vermerkt zu werden.

I H 29, Nr. 1.
Ktery kuon oddawi sobie paty,
tomu musy roztieti paty, odeyma pod-
kowy a na to poloz kudeli s bielkem
a kdyz gemu puogde hnuog z nohy,
wycztie ten hnuog z rany iakz sie
noha rozsedla, nawiez na to teple psye
layno: a tiemt zaczelee we trzech dnech.

I F 10, S. 425/26.
Ktery kuon oddawi sobie patu,
tehdy odeyma podkowu, kladiz na to
kudeli s bielkem. potom kdyz tomu
kony s pogde hnuog z rany yakoz se noha
rozsedla, nawiez na to teple howno
czlowieczni: tiem ta nemocz zcele.

Außer Kürzungen und Wortaustausch hat I F 10 auch den üblichen warmen Hundemist durch menschlichen Kot ersetzt. An anderen Stellen war die Vorlage von I F 10 der deutschen Urschrift näher als die der Handschrift I H 29. Beim Satteldruck heißt es I F 10, S. 427 seyzzi stare podesswy a swini kost a ssticzi czielist (= Siegmund), während I H 29 statt Hechtkiefer als drittes Rehzahn (srni zub) pulverisieren läßt. Bei Behandlung der drei Bürzel läßt I H 29 das Aufstreuen von Spangrün nach dem Brennen der nußähnlichen Beule weg und die Heilung tritt erst nach einer Woche (za tyden) ein, während I F 10 in Übereinstimmung mit der alten Überlieferung Spangrün aufstreuen läßt (yhned przizzi miesto horkym zelezem a naspi toho sspangrinu) und nur drei Tage für die Heilung beansprucht (za trzi dni).

Auch gegenüber IV H 28 sind Abweichungen in I F 10 vorhanden, die zur Annahme einer dritten Übersetzung zwingen. Als Beispiele seien ein Mittel gegen die Bauchstrenge und eines gegen den Wolf genannten Bürzel zwischen Knie und Huf mit den Entsprechungen in IV H 28 verglichen.

IV H 28, Nr. 6.
Ale to maš wiedieti ze troge su krtice. Prwnie su od kolena do kopyta, a tiem diegi wlk. a to poznaš tak, ze na tom miestie srst se zdrasti a take toho miesta se kon dotknuti neda. to takto musyš zapuditi: wezmi dwa kozlowa rzemeny, swiezyš gemu nohy swrchu y dole. pak odpudiz krew a yhned se srazy krew yako orzech. a yhned profes to miesto horkym zelezem a napusti na to peregrina azot wiezyš tu ranu za try dni: tiem take vlecyš nawny kost.

I F 10, S. 431.
Ktery kuon ma krtice mezy kolenem a mezy kopytem, k tomu wezmi suchu lesku, napaliz z nie olege a mocz ženske a modree sukno nowe omacziege w zensky mocz, trziz azt gemu czista krew puogde. potom wezma ten gisty oleg, omaczege pero w ten oleg, maziz gemu tu ranu. a tak tomu kony pomuosiess. a pokadz su ty krticze, zawiez to miesto kozlowym rzemenem, att dale nepoydu.

Während die Fassung der Handschrift IV H 28 der deutschen Urschrift sehr nahe steht, ist der Text der Handschrift I F 10 kaum noch als Albrantnachkomme zu erkennen. Kämen nicht die Bocksriemen zum Vorschein, könnte man an der Herkunft von Albrant zweifeln, zumal das Rezept aus der Verknüpfung mit dem Zagelbürzel gelöst erscheint. Nicht weniger schlagend ist die Verschiedenheit beim Bugschwinden:

IV H 28, Nr. 20.
KTeremu koni zyla pod břichem otieka, k tomu wezmi semenecz a psy krew, smiesyz a ztlucz spolu, mazyz gey: a budet zdraw.

I F 10, S. 430/31.
Ktery kuon ma zluwy, k tomu wezmi semenecz, zetrzy gey, zat .. z[6]) koni zily pod brzichem, wypustiz tey krwe tak mnoho yakoz by mohl ten semenecz rozpustiti hustie yakozto warmuczy, maziz gemu tiem na tom miestie, kdez su zluwy, a nezawazug niczim, nechaiz tak, samo vsche. a czin to po trzi dny: a budet kuon zdraw.

Es unterliegt also keinem Zweifel, daß die Rezepte der Handschrift I F 10 nicht ohne Annahme einer dritten Übersetzung erklärt werden können. Der Urheber dieser Fassung wirkte jedoch bestimmt nach dem Erscheinen der ersten beiden Übersetzungen, denn es scheint, daß er diese kannte. Seine Arbeit gliedert sich in zwei Teile. Der erste, der von Seite 422 bis Seite 429 reicht, erfloß aus den tschechischen Vorgängern; der zweite, der von Seite 429 bis Seite 438 reicht, besteht fast zur Gänze aus Neuübersetzungen aus dem Deutschen, wobei vorwiegend sehr stark abweichende, meist von

---

[6]) Zwei Buchstaben unleserlich.

der Volksmedizin beeinflußte Mittel ausgewählt wurden. Daß die Rezepte des ersten Teiles Abschriften aus den beiden ersten tschechischen Übersetzungen sind, sei an zwei Beispielen gezeigt; das erste lehrt zugleich, daß nicht die erhaltene Handschrift IV H 28 als Vorlage diente, sondern ein besserer Text.

I F 10, S. 424.
Ktery kuon ma prchniely,
tomu myg nohy kalkusem a moczem,
azt ty chrasty spadagi. potom wezmi
kysele tiesto, nawieziz na to po trzi dny,
az gemu spadagi ty wlasy. wcznii pak
stare sadlo a rtut a syru, smiesyz to
w hromadu, maziz gemu tiem: a tiem
gey zhogiss.

IV H 28, Nr. 3.
Mali kon prchnieli,
tehda myg gemu nohy kalkusem a
moczem, az prawie ty krasty spadnu,
pak wezmi stare sadlo a rtut a syru,
smiesyz to w hromadu, mazyz tiem
často: a bud zdraw.

In IV H 28 sind die Wörter kysele bis pak ausgefallen, die I F 10 bewahrt.

I F 10, S. 428.
Ktery kuon ma zagem,
wezmi dobrzie warzene yahly s horkym
sadlem. potom otegma podkowu, na-
wieziz gemu na nohu przes nocz a nazay-
trzie ged kam chcess.

I H 29, Nr. 8.
Ktery kuon ma zagem,
wezmi yahly dobrze vwarzene s horkym
sadlem, odeyma podkowu, nawieziz gemu
na nohu przes nocz a nazaytrzye ged
kam chsess.

Demgegenüber liest IV H 28 am Schluß a nazagitře mozez geti na niem. So wird man annehmen dürfen, daß der Verfasser der Vorlage von I F 10 seine beiden Vorgänger gekannt habe. Daneben aber bezeugt die dritte Handschrift eine dritte, von den beiden ersten unabhängige Einflußnahme des deutschen Roßarzneibuches. Der dritte Übersetzer gibt Spangrün stets durch spangrin wieder. Neu tauchen hier die deutschen Lehnwörter flastr (Pflaster, rozsedle kopyto S. 425, czierw w chrzbetu S. 434), roupy (Würmer, Ktery kuon ma raupy S. 436, Proti rupuom S. 437), trank (wezmi kralowsky trank S. 437) und der Haghuf als hangulfft (S. 428) auf — dies weitere Sicherungen für die Behauptung einer dritten Schicht deutscher Be= einflussung der tschechischen Pferdeheilkunde noch vor der Zeit des Buchdrucks.

Zeitlich die nächste unter den bislang bekannt gewordenen tschechischen Hand= schriften ist der Codex XVII E 42 der Prager Universitätsbibliothek, der im Jahre 1554 von dem aus Proßnitz stammenden Rektor des ostböhmischen Städtchens Bistrau niedergeschrieben wurde. Die an den Ritter Wenzel Ziehusicky von Nestajow auf Swojanow gerichtete Widmung lautet (Bl. 93ʳ): Tato lekarzstwi sau wypsana vrozenemu a statecznemu rytirzi, panu Waczlawowi Ziehussiczkemu z Nestagowa a na Swoganowie ode mnie Mikolasse, rektora w miesteczku w Bystrem a rodicze Prostiegowskeho. Pan Buh wssemohaucy racž dati, aby byla k prospiechu wssem, kdoz toho potrzebowati budau, a gsau dokonana w strzedu po nediely slowe Misericordia letha panie 1554. Der Wirkungsort des Rektors Nikolaus — w mie= steczku w Bystrem — ist ohne Zweifel Bistrau im östlichsten Teile Böhmens, der südlich von Zwittau nach Mähren hineinragt. Wohl gibt es mehrere Orte Bystrá und Bystrý, aber nur Bistrau ist unter ihnen ein Marktflecken. Swojanow, der Herrschaftssitz des Ritters, dem die Übersetzung gewidmet ist, liegt unweit davon, noch näher der mährischen Grenze. Auf Bl. 1ᵛ schrieb Nikolaus eine zweite Widmung, die an Hartwig Ziehusicky von Nestagow gerichtet ist: Tuto se wypisugi rozliczne nemoczy, wnitrzni y zewnitrzni, czeleho czlowieka, kterak by mohl na wodach, nedostatky pri zdrawi przicziznau poznati, sprawena vrozenemu panu Hertwikowi Ziehussiczkemu z Nestagowa a na Swoganowie, letha panie 1554. Hierauf folgt die tschechische Übersetzung des Ortolfschen Harnbuches. Nach Schallers „Topo=

graphie von Böhmen" XI, S. 165, hielt Hartwig Zalužiczły (so!) von Nestagow das Gut Swoganow noch 1571 samt Riesenburg im Besitze. Das Roßarzneibuch dieser Handschrift ist überschrieben: Poczinagy Likarzstwi końska a zkussena od Mistra Albrechta, Likarzě Czysarze Oldrzicha (!). Diese Fassung beginnt mit dem Rezept gegen kranke Augen: Ktereho konie Oczi bolegy, Wezmi Prach Sskořžipek Ziabich a spal ge na rietezem, aby nezhořzely. potom z nich sundey tu wrchnj sskořzestinu, wezmi pak prostrzidnj sskoržepinu usw. In den Handschriften I F 10 und I H 29 des Prager Nationalmuseums kommt dieses Rezept überhaupt nicht vor. Rein äußerlich läge es nahe, einen Zusammenhang dieses Schönhengster Textes mit der ältesten tschechischen Handschrift zu vermuten, da in diesen gleichfalls zugleich mit dem Roßarzneibuch Albrants auch das Ortolfsche Harnbuch steht. Die textlichen Abweichungen der Handschrift XVII E 42 sind jedoch zu groß, als daß man diese unmittelbar von IV H 28 herleiten könnte. Das zeigt schon der Anfang des neben das eben zitierte Augenmittel zu setzenden Rezeptes der Handschrift IV H 28. Hier heißt es: Oczy kdyz bolita ktereho konie, včyn prach usw. Doch sind in dem Bistrauer Text Fortsetzungen der ersten tschechischen Übersetzungen an manchen Stellen aufgreifbar. Im Roßrezept (Ktery gest kuń ohržiwy Bl. 93ᵛ) liest der Bistrauer Rektor k tomu wierdunk rtutj, wie es in I H 29 zum Unterschiede von IV H 28 steht. Bei der Kehlsucht (Ktery kuń ma hrdlo otcklo Bl. 93ᵛ) liest man wie schon in IV H 28 Vcžin z toho prach yako palecz, powrha kun — während im Deutschen der einzuführende Stab daumenstark sein soll. Das Sohlenauswerfen erscheint Bl. 94ʳ wie in IV H 28 (Nr. 34) und in I F 10 unter der Überschrift Kteremu koni pokazy se rty. Das im Deutschen zuerst bei Posenanie Nr. 53 belegte Volks= mittel gegen das Verfangen, das schon in IV H 28 steht, kehrt in dem Schönhengster Text wieder: Ktery kuń se ochwatj. Wezmi vzdu a prowlecž vdidla skrze horke człowieczj leyno, a dey konj w vsta a zadrž gemu (ergänze nach IV H 28 chrziepie, az bude prskati), potom ged na niem kde chczess, nez chwaty se. Es sind hier absichtlich nur solche Beispiele herausgegriffen, zu denen die Vergleichsstellen in den vorhergehenden Ausführungen dargeboten sind; ihre Anzahl ließe sich leicht vermehren.

Erscheint es mithin sicher, daß der Bistrauer Rektor Nikolaus in seiner Vorlage Nachwirkungen der älteren tschechischen Übersetzungen vorfand, so ist andererseits nicht weniger deutlich zu erkennen, daß ihm oder seinen Quellen auch neues deutsches Gut zufloß,·welches in den vorher besprochenen tschechischen Handschriften noch nicht enthalten ist. Das zaubermedizinische Mittel Weder den buch biß der pferde (Preußischer Text Nr. 26; Nym eyne hoppen rancke und bynt sye dem pferde umbe den leyp) erscheint in tschechischer Übersetzung erstmals in der Bistrauer Handschrift Bl. 100ᵛ: Proti Raupym (!); skusseno. Wezmi chmelowe rywj a opass nim konie, nech ho tak statj w tom. a když vhlydass, zie gest mu lepe, odegmiz to od nieho. Wiederum wäre der Einwand möglich, daß das Mittel schon einer früheren Über= setzung angehört haben könnte, wiewohl es in keiner der drei erhaltenen Handschriften steht. Darum sei noch ein Beispiel angeführt, das diesen Einwand nicht zuläßt. Das Räuberezept der Bistrauer Handschrift unterscheidet sich von den bisherigen Fassungen, von denen I H 29 und I F 10 schon oben nebeneinander gesetzt wurden, ganz hand= greiflich. Man vergleiche es auch noch mit der Handschrift von 1444:

IV H 28, Nr. 18.
Ktery kon gest chrastawi.
Wezmi syru a peregrin a stare sadlo,
k tomu wolowy yazyk a czlowiecze
layno. smies to spolu a warz pak chrasty,
setrzy na sluncy.

Bistrau Bl. 98ᵛ.
Ktery kun gest chrastawy.
Wezmi syru a sspangkrynu, též stare
sadlo a koržen wolowy yazyček a czlo-
wieczj leyno. smies to spolu a pomazug
tim konie na sluncy anebo w teple
Marsstaly. spadnaut o nieho.

Der Text von IV H 28 ist verstümmelt. Am nächsten steht die Bistrauer Fassung der Handschrift I F 10 (hier gleichfalls spangrina, dagegen IV H 28 peregrin und I H 29 krunsspat), aber Ochsenzungen w u r z e l ist in Bistrau besser nachgebildet (koržen) und statt jizba (= Stube) geschieht die Abreibung w teple Marsstaly (!), was gewiß auf eine (neue) deutsche Vorlage weist. Bei Behandlung der Mauke begegnet in der Schönhengster Handschrift auch die Bezeichnung Strup (vgl. Heilmittel des Kernbestandes Nr. 17!), die in den älteren tschechischen Handschriften nicht vorkommt. Dieses ganze Mittel, einer Abschrift des Maukenrezeptes des Kernbestandes nachgestellt, ist ein Neuzuwachs aus dem Deutschen. Es lautet: (Bl. 98ʳ Proti Mucham) Wezmi ode dwauch herynkuw peczenych mleko, aby bylo horke, a zetrage, přžilož na to misto, kdež muchy ma, wytrhage mu na tom mistie srst, a ten strup strhnaucz mu dole, nech ho tak do tržetiho dne statj, a to cžin czasto, pomuzess mu od nich. Auf Bl. 98ᵛ folgt noch ein weiteres Mittel Proti Mucham, und Strupy wird nochmals Bl. 99ʳ und Bl. 103ʳ unten belegt. Die Handschrift XVII E 42 der Prager Universitätsbibliothek ist bisher der östlichste Beleg für das tschechische Roßarzneibuch, das aber wohl auch bei mährischen Tschechen Wirkungen ausübte.

Eine Angabe über den Ort der Niederschrift enthält auch die nächstalte Fassung, die in der Handschrift IV C 11 des Prager Nationalmuseums auf Blatt 107ᵛ bis 114ʳ steht. Sie wurde im Jahre 1633 in Sendražice geschrieben. Es gibt in Böhmen zwei tschechische Dörfer dieses Namens; die deutschen Benennungen derselben weisen einen kleinen Unterschied auf. Nordöstlich von Kolin liegt Sendraschitz und nördlich von Königgrätz Sendratschitz, doch lauten die tschechischen Bezeichnungen für beide Orte Sendražice, so daß nicht zu entscheiden ist, aus welchem Ort der Codex IV C 11 stammt.

Auch diese Fassung bezeugt neuerlichen Einfluß aus dem Deutschen. Unter den bisher behandelten tschechischen Handschriften gibt keine den Einleiteabsatz Siegmunds von Königgrätz so genau wieder wie die Handschrift IV C 11:

Bl. 107ᵛ.

Der da wil haben ross erczney, der lezz ditz puech. daz hat gemacht maister Albrant, chayser Fridreichs smitt und marstaller von Napolis. der hat die chunst all versucht an den erbern rossen, die ym der chayser enpholen het. da von disew chunst gwis und guet ist.

Kdo Chce Koňske Lekařstwj vmieti, ten čzti tyto knihy. ty gest složil Mistr Albrecht, Cysařzuw Bedřichow kowař, vrozenym z Napule, a take toho pokusyl wsseho včenj na mnoho konich, genž gemu byl cysarž poručil. protož to pokusseno gest prawie.

In IV H 28 wurde, wie erwähnt, abweichend von Siegmund, von dem Prager Meister Sštepan berichtet, daß er die Mittel erprobt habe; in I F 10 aber liest man S. 422 lediglich Poczina se lekarzstwij konske prawa a zkussenee mistra Albrechta z Napule, in I H 29 ist gar keine Einleitung vorhanden, und auch die oben angeführte Einleitung der Schönhengster Handschrift genügt nicht zur Erklärung der Verfasserangabe in IV C 11. Aber noch kräftigere Beweise für eine weitere, in den bisherigen Texten noch nicht aufgefangene Entlehnung aus dem Deutschen sind aus dieser Handschrift zu gewinnen. In den bisherigen tschechischen Handschriften sind die vier Rähearten des Kernbestandes ausgelassen; nur für die Wasserrähe lernten wir aus der ältesten Handschrift (Nr. 29) ein nicht aus dem Kernbestand herrührendes volksmedizinisches Rähemittel kennen. In IV C 11 begegnet Blatt 111ᵛ nun erstmals eine Übersetzung des ursprünglichen Rezeptes gegen die Wasserrähe:

Alt. Hs., Nr. 5. Swelch ros wazzer reh ist, dem trieffent dy naselöcher. dem laz man an der hals oder.	Ktery kuň gest wodurany, gemuž z chřzipie kape. Pausstěg z te zily, gessto slowe hrdelna zila. Pro- spěsshno gest.

Das Mittel gegen die Stuhlverstopfung, das der erste Übersetzer mißverständlich gegen die Harnverhaltung anwendet (IV H 28, Nr. 24), bestand im sudetendeutschen Überlieferungsflügel des Roßarzneibuches aus Attrament und Speck. Der erste Übersetzer gab Speck ungenau mit „Fett" (kus sadla) wieder. In der Handschrift IV C 11 begegnet dieses Rezept zweimal. Die erste Fassung setzt die ungenaue Übersetzung fort, die zweite ist genauer dem Deutschen nachgebildet und berechtigt daher zu dem Schluß, daß ein neuerlicher Einfluß eingemündet ist:

IV H 28, Nr. 24. Ktery kon wodu zadrzy anebo w niem stawi. Tehda wezmi atrament, ztluczyz gey na prach, k tomu przyczyn kus sadla a wstrcz gemu wrzyt: a tak bude sczati.	IV C 11, Bl. 109ᵛ. Ktery kuň wodu zadřzj aneb se w něm stawj. Tehdy wezmi atramentu, ztluc geg až bude Prach, k tomu přičiň kus sadla a wstrčiž gemu stred wřzit: ontt bude zdraw.
Siegm., Nr. 26. Welch rozz daz verstell hat oder daz twanchk, so nim attrament und stozz daz tzu puluer. und nim dann ainen spechk und sneid den alz ainen vinger oder grosser und stozz daz in den leib: so wirt es vertig.	IV C 11, Bl. 111ʳ. Ktery kuň nemuž chysskati. Wezmi kus slanin yako palec, natřj prachu z atramentu a wstrčjž gemu slaniny wzadek: a budett zdraw.

In der deutschen Überlieferung ist eine der drei Bürzelarten verloren gegangen und dementsprechend haben die älteren tschechischen Bearbeitungen gleichfalls nur zwei Bürzel, die sie — wie die deutschen Vorbilder — unter einer Überschrift darbieten, welche drei Bürzel verheißt. Jüngeres Besserungsbestreben führte in der deutschen Überlieferung dazu, die Überschrift nicht Lügen zu strafen und wirklich drei Fälle zu nennen. Dabei wird der sonst selbständig stehende Bürzel zwischen Haut und Fleisch als zweiter zwischen die beiden erhaltenen Bürzel eingereiht, so daß der Zagelbürzel als dritter erscheint. In der Sendražicer Handschrift findet sich im Tschechischen erstmals eine Nachahmung eines dreigliedrigen Bürzelrezeptes, und zwar ist wie in der Preußischen Kompilation der Bürzel zwischen Haut und Fleisch an zweiter Stelle eingeschoben. Bl. 108ᵛ hatte der Schreiber ein zweigliedriges, aber drei Bürzel ankündigendes Rezept gebracht: Kdo chce rozumětj rozumieg a wěz, že troge gsau krtice. Negprwe gsau od kolena až do kopyta, těm řikagj wlk aneb lotr vrknute neb vražene usw. Bl. 111ᵛ folgt diese Krankheitsart nochmals — aus anderer Quelle — und, wie der Schreiber meint, meisterlicher: Tuto wypisuge giny wyklad o trogich krticich, genž napřzed take psano stogj, ale tuto tress- niegssy y mistrniegssy. Es ist hier also ohne jeden Zweifel eine zweite Vorlage ausgewertet worden, und zwar eine solche, die aus einer deutschen Handschrift erfloß, die den Verlust in der Art wettgemacht hatte, wie es in der Preußischen Kompilation geschieht. Es braucht wohl nicht betont zu werden, daß nicht die vorliegende Wiener Handschrift die unmittelbare Vorlage zur Quelle des Sendražicer Schreibers war, noch daß diese auf irgendwelchen Pfaden von Preußen her beeinflußt gewesen zu sein braucht. Es ist vielmehr mit einer von den Sudetendeutschen nach Preußen mitgeteilten Fassung zu rechnen, die in der Heimat auch von einem tschechischen Pferdearzt ausgeschöpft wurde. Die folgende Gegenüberstellung des zweiten Sendražicer Bürzelrezeptes mit dem der Preußischen Kompilation soll also als ein weiterer Beleg für die neuerliche tschechische Entlehnung aus dem sudetendeutschen Kulturkreis dienen.

Preuß. Komp., Nr. 26.
Nu saltu wissen, der pyrczel ist dreyerley. Der erste hebet sich an den beynen czwusschen dem horne und dem huffe. der heyßet der hencker. den saltu also erkennen: an der stat, do her sein legir hot, do wirt eyne bule zo gros als eyne nos. den saltu also vortreyben: nym czwene buckene rymen und bynt is veste boben und nedene unnd sneyt uff die bewle. zo wirfft das blut czuhant yn us von dem beyne. so nym ein ysen und burne is und wirff doruff sponsgrun: so stirbet der worm.

DEr ander pyrczel hebit sich czwusschen hut und ffleisch. der heyßet der vros. den saltu also vortriben: nym eyn ros beyn und burne das czu puluer und doczu thu sponsgrün und burne die hutt eyn wenig do der worm leyt, und wirff ym das puluer doryn: so stirbet der worm.

DEr dritte pirczel hebit sich an dem schose. der heist der wolff. den erkenne man dobey, wen sich das pfert reybet an die wende und sich krawet an die schoße. so greyff du den worm als eyne mus. so nym und uffene ym die stadt mit eyme schermesser und stos sponsgrun und gestosen glas doryn: so stirbet der worm. (Die Vorlage muß Siegmund näher gewesen sein als dieser Text, da Siegmund auch an dieser Stelle die tschechische Fassung besser erklärt.)

Sendražice, Bl. 111^v—112^r.
To gsau krtice. Prwe od kolena do kopyta. těm dějg wlk nebo lite nebo wražené. potom maß poznatj že na tom mistě se wlasy zdrastj yako ořech. a na tom mistě se kuň wždy dotyka. těm takto pomužes: wezmi dwa kozlowe řemeny, a tak dale, yakož naprzed stogj, toliko toto přičjň. přeřež to misto horkym zelezem, a nasyp na to spangema, a zamaz tu ranu za tři dnj. a tim take vlečiss nawni kost. (Für den letzten Satz vgl. Siegm.: also machtu auch puezzen daz painwachs.)

Druha krtice gsau mezy kužj a mezy massem. k těm wezmi koňskau kost a sezha včiň z kosti prach, spangryna přičiň k tomu, pročež kožj na tom mistě, kdež sau krtice, nasyp toho prachu anebo wezma bodlak, gessto yako trnec na suchotinach roste, a wezma ten kořen, zřež dobře a deg koňowj s owsem gystj: a tak budess(!) zdraw.

Tržetj krtice gsau ty se počinagj na ocase, a ty muž poznati tak, že se ten kuň rad česse na ocase. kdež to misto womakass, nalezness bolest yako wořech. pročež gemu kužj spangněma, a wohole gemu wlasy, wezmi syry z starym sadlem a spangněmi a semeno blýnowé, polož a přiwaž na ránu. pakli zmesskass wrozeti w sskodu tu, tehdy vmořiss gi ta mista. a wezmi koňskau kost a včiň prach spangnemi a s syrau, a to polož na to misto. pakli to nespomuž, ale wezmi polegowau wodu tak mnoho yako by mohl raucho omočiti, a ten prach, geßto dřiw gmenowal, oblilu rauchu okolo koně: za tegden ten čzerw vmořiss tim.

Bedürfte es noch weiterer Beweise, daß die späte Handschrift aus Sendražice eine neuerliche Übersetzung nach deutschen Quellen bezeugt, so könnten noch mehr Rezepte zu beweiskräftigen Gegenüberstellungen herausgehoben werden. Es sei hier jedoch nur mehr darauf hingewiesen, daß die Überschrift Wann dem rozz daz aytter auf dem fuzz aus prist in der Sendražicer Handschrift zum ersten Mal genau nachgeformt wird: Ktery kuň ma nemoc takowau, že mu se hnug wyrazy nad kopytem

(Bl. 111ᵛ). Bei der Trägheit wird wann man es verchauffen wil getreulich nach=
gebildet als když geg chce prodatj (Bl. 111ʳ) und als neue Lehnwörter aus dem
Deutschen sind Pfund, Pinte und Seidel eingeflossen als ffunt (Bl. 109ᵛ), pul pinty
(110ʳ), zegdlik (111ᵛ). zitwar wird zu Cycwar verlesen (107ᵛ), viride hispanum
heißt Krunsspat aber auch Spangegmi u. ä. (111ʳ).

Streckenweise aber schrieb der Sendražicer Pferdearzt oder seine Quelle schon
bestehende tschechische Übersetzungen aus. Beim Pfeilschuß verwendet er wie der
erste Übersetzer statt des Krebses Quecksilber: Wezmi rtutu, ztlucyž starym sadlem usw.
(Bl. 109ᵛ). Bei „geschwollenem Halse" soll nach Albrant der in den Rachen ein=
zuführende Stab alz grozz alz ain dawm sein (Siegm. Nr. 2). In der tschechischen
Handschrift I F 10 soll man hingegen von der aus Eiern und Essig hergestellten
Substanz „soviel wie einen Daumen" nehmen, und dem folgt der Sendražicer Text:

I F 10, S. 423.
Ktery kuon ma otekle hrdlo, zie proto
giesti nemuoz, k tomu wezmi dwie neb
trzi waicze syrowa, smiesyz ge s ocztem
a vczin z toho prach, spale tak mnoho
yakoz palecz . . .

Sendražice, Bl. 107ᵛ.
Ktery kuň ma otekle hrdlo, že proto
nemocen gest, wezmi dwě nebo tři wegce
syrowa, smisseg ge s woctem a vějn z
toho prachu tak mnoho yako palecz . . .
(so zweimal).

Solche Stellen lassen zugleich erkennen, daß im Tschechischen noch in dieser Zeit
die Verbreitung des Roßarzneibuches handschriftlich betrieben wurde. Daß daneben
auch Drucke einwirkten, ist möglich. Der erste Druck des Roßarzneibuches von Albrant
trägt den Titel: Ein güt erczney büchlin / der roß Auch wie man ein / yeglich pferde
erkennen soll (Augsburg, Anton Sorg, um 1485). Nach der Verfasserangabe beginnt
der Text Bl. 2ʳ: Die zaichen güter pferd. Am ersten soll ein roß haben kurcze
spitzige oren usw. Während in den frühen deutschen Handschriften über die Kenn=
zeichen guter Rosse nichts zu lesen ist, hat die Sendražicer Handschrift auf Blatt 110ᵛ
einen Abschnitt Kterak mass dobre kone znati, der auffallenderweise überschrieben
ist: Znamenj Podle Mistrowskeho naučenj. Daß der Schreiber gerade hier einen
Hinweis auf eine Autorität anbringt, könnte darauf hindeuten, daß er oder seine
Vorlage das „meisterliche" D r u c k w e r k vor sich gehabt. Wie schon erwähnt, werden
die Eigenschaften guter Rosse auch bei Laurenzius Rusius behandelt, und die deutschen
Inkunabeln scheinen von daher beeinflußt zu sein. Es sei auch vermerkt, daß auch
Rusios Marstallerei selbst in Böhmen bekannt war. Die Inkunabel Incipit liber
Marescalciae compositus a Laurentio dicto Rusio familiari Reuerendi patris domini
Neapoleonis sancti Adriani dyaconi Cardinalis Epistola siue prohemium (o. O.
u. o. J.) ist in einem Stück in der Prager Universitätsbibliothek vorhanden (Sign.
XLIV G 22). Auf dem Titelblatt steht von einer Hand des 17. Jahrhunderts: Col-
legij Societatis Jesv Crūlouie Catalogo inscriptus. Man darf also annehmen, daß
zur Zeit der Herstellung der Sendražicer Handschrift Rusios Marstallerei in Böhmen
zugänglich war — und das Stück der Krumauer Jesuiten braucht nicht das einzige
in Böhmen gewesen zu sein.

Die Betrachtung der ältesten tschechischen Handschriften hat ergeben, daß die
Sudetendeutschen an verschiedenen Stellen und zu verschiedenen Zeiten Albrants
Roßarzneibuch und die von Deutschen daran vorgenommene Weiterarbeit den
Tschechen zugute kommen ließen. Im deutschen Kulturkreis hört die handschriftliche
Weitergabe des Werkes mit dem Einsetzen des Buchdruckes allmählich auf. Aus dem
17. Jahrhundert wurde nur eine eine Handschrift 11.149 der Wiener National=
bibliothek, aus dem 18. nur die Groß=Schützener Sammlung bekannt. Die Büchereien
der Schlösser und Klöster füllten sich mit den gedruckten Werken neuerer Verfasser,

die dann mitunter handschriftlich weiterverbreitet wurden — dies ein Zeichen für das Zurücktreten Albrants im deutschen Kulturkreis, wie denn auch der Verfasser des Groß-Schützener Roßarzneibuches seinen Namen nicht mehr kennt. An Albrants Stelle treten Geßner, Fugger, Ruini, Solleysel, Seuter, Sebiz, „Der Kluge Landmann", Winter u. a. Jüngst tauchte bei dem Prager Antiquar Zink eine Abschrift des Véritable maréschal von Solleysel auf, die nach dem Druck der deutschen Übersetzung Der Warhafftig Vollkommene Stall-Meister, Genff, Gedruckt bey Joh. Herm. wiederhold 1677 genommen wurde. Auf dem säuberlich nachgezeichneten Titelblatt und an mehreren leeren Stellen trug sich mehrmals ein ehemaliger Besitzer ein: Anton Dörfl aus Nebužel Nr. 58. Nebuschell liegt unweit von Melnik.

Im tschechischen Kulturkreis hingegen bleibt Albrants Werk im 17. und 18., ja noch im 19. Jahrhundert das Brevier der Hufschmiede, selbst in Städten. In den Handschriften dieser Zeit fließt weiterhin ständig deutsches Wissen ein, kaum mehr aus Handschriften als vielmehr aus neueren Druckerzeugnissen und der Umgangssprache. Der ständige deutsche Einfluß sei noch in Kürze durch Anführung von neuen Lehnwörtern in jungen tschechischen Handschriften erhärtet. In der Handschrift III G 6 des Prager Nationalmuseums, die vielleicht aus dem Jahre 1660 stammt, heißt es in einem Rezept gegen das Verfangen (Naučeny jak mas hogiti konie na wochwatu Bl. 4ʳ): A wlige na to dobreho czierweneho wina P i n t u nebo M a s (eine Pinte oder ein Maß). In der 1694 angefertigten Handschrift II G 16 des Nationalmuseums ist bei der Verfasserangabe auf dem Vorsatzblatt Albrecht der S s t o l m i s t r Kaiser Friedrichs (Lekařstwie końska gistie odokonale skussena od Czysařze ffridricha(!) geho w tom vmienj wznesseneho kowarze a Sstolmistra sepsana), an anderer Stelle begegnet das in deutschen Drucken hundertfach zu belegende Gliedwasser als K l y d w a s s e r: Bl. 52ᵛ Pro Klydwasser k temuz. Wezmi krumsspatu(!) a witrolymu(!), Stlucz na Prach a Zasypey do te rany: nepugde mu Klydwasser. In dieser Handschrift begegnen auch Übertragungen deutscher Heilsegen. Sie könnte in oder in der Nähe von Prag entstanden sein, denn ein auf Blatt 104ʳ stehendes Rezept hat der Verfasser od Pana Heyttmana Hradu Prazskeho erhalten. In der 1766 hergestellten Handschrift des Horazdowitzer Bürgers Matthäus Herites (Nationalmuseum II H 8) wird ein R e n d l i k (Kochtiegel) verwendet: posmaz toho spolu na Rendliku, und in der Handschrift V E 10 des Nationalmuseums aus der Wende des 18. zum 19. Jahrhundert bereitet man das Augenpulver aus Zazwor, Galgan (Galgant, Rhizoma Galangæ) a Aksstein (= Galitzenstein) (Bl. 5ʳ); auf Blatt 126ʳᵛ dieser Handschrift stehen Extra Probirowane Lekařstwy, Blatt 127ʳ—131ʳ werden Mundstuky konium Regtharskym welmi Potřebni behandelt; Blatt 6ʳ liest man w hutech kde sklenicze dielagi, niemeczky se gmenuge spisglasz, Bl. 38ʳ wpust mu do te rany Ssadtwaßeru, Bl. 39ʳ Pakli chczess misto krumspatu naliti tam ssadwaszru, umořzit mu geg brzo usw. Auch hier begegnet das Hohlmaß zegdlik (Bl. 26ʳᵛ), das flastr (Bl. 50ʳ), der trank (a wimeg mu ta mista trankem Bl. 41ᵛ) usw. In meiner Handschrift 33, die noch am Ende des 19. Jahrhunderts in Gebrauch war, liest man Blatt 57ʳ Wezmi pul wirtele geczmene, Bl. 58ᵛ Deg mu Mulsstub (viermal, „Mühlstaub"), Bl. 59ᵛ apulsky Trachenblut (Drachenblut, Harz der Früchte des Calamus draco) u. a. m., auch kalkus und flastr (Bl. 66ʳ), sspangrem und krumsspat (Bl. 56ʳ).

Diese Handschriften, welche die Schrift Albrants mit ungezählten Zutaten auf ein Vielfaches des ursprünglichen Umfanges anschwellen und fast unkenntlich machen, sind sprechende Zeugen dafür, daß die erste deutsche wissenschaftliche Roßheilkunde bei den Tschechen zu einem Hausmittelbuch des Volkes geworden ist. Das Werk ist aus den Gelehrtenstuben an die Schmiedeessen gewandert. Die Verbreitung erstreckt sich über alle Striche Böhmens. Es ist zu erwarten, daß noch weitere Stücke aus dem

Besitze von Schmiedefamilien auftauchen werden. Gewiß begnügten sich diese späten Schreiber auch vielfach mit einer Vorlage. Ein Beispiel dafür ist die Handschrift V G 62 des Nationalmuseums, die eine 1755 hergestellte Abschrift einer vom 13. September 1660 datierten Vorlage ist. Das Titelblatt ist, die Vorlage nachahmend, so beschrieben:

> Lekarzstwi Konska gista a do
> konala Skusena Potom Take sepsana
> od Mistra Albrechta sstolmistra
> Kowarze a Konirze Czysaře
> Fridricha
> Letha Panie 1660: dne
> 13. Mesyčze Septembris.

Am Schluß, Blatt 46, nennt sich der Abschreiber: Tato Knisska gest Přepsana ode me (jo!) Antonina Haklla Městana Kral. Noweho Mesta Praskeho leta 1757. Seine Vorlage könnte die Handschrift III G 6 des Nationalmuseums gewesen sein, in der jedoch nun der Anfang fehlt, der die Datierung aufgewiesen haben müßte.

Einen Beleg dafür, daß das Werk in Innerböhmen fast bis in die Gegenwart praktische Verwendung fand, stellt die Handschrift 33 meiner Sammlung vor. Der aus vier, vielleicht nicht von Anfang an zusammengehörigen Teilen bestehende Band ist eine um 1800 hergestellte Abschrift eines um das Jahr 1600 entstandenen Werkes, das der Schreiber auch äußerlich (rote Überschriften u. ä.) nachzuahmen suchte. Unter den Pferdeheilmitteln, dem ersten Teil, befindet sich auf Blatt 65ʳ ein Zaubermittel gegen Würmer, das der Verfasser od Pana Petra z wrzesowyczy na Plosskowyczych*) (bei Leitmeritz) Leta 1599 erhalten hat. Der vierte Teil, ein Pelzbuch, weist in die gleiche Zeit. Josst z Rozumberka, der sich als Verfasser desselben am Schlusse der kulturgeschichtlich noch auszuschöpfenden Vorrede nennt, hat diesen Teil dem Oberhaupte des Hauses Rosenberg gewidmet: Wysoce Vrozenemu Pánu, Pánu Petrowi Wokowi z Rožumberka, a na Českem Krumlovè, Sprawci a Wladaři domu Rožumberskeho, Pánu mè laskavè přizniwemu Geho milosti (in roter Schrift Bl. 133)ʳ. Da Peter Wok, der letzte, 1611 gestorbene Rosenberger, hier noch Herr von Krumau genannt wird und diese Herrschaft von ihm 1601 verkauft wurde, muß die Entstehung des Pelzbuches zwischen 1599 und 1601 angesetzt werden. Der zweite Teil, ein Heilmittelbuch für menschliche Krankheiten, kann nicht vor 1609 geschrieben worden sein; es heißt Bl. 97ʳ: Uczinilo ya to korženj 1609 Roku. Der dritte Teil, Heilmittel für Schafe und Rinder, enthält keine datierende Angabe. Wie das Roßarzneibuch weist auch das Gesundheitsregiment auf Entstehung im Sudetengau; Ploschkowitz und Kostenblatt werden erwähnt: Bl. 88ᵛ od Panj Johanky žandaczky z wrzesowycz od Panj Sestry, Bl. 91ʳ Rezeptz od Stary Panj Czukrowy z Kostomlat. Daneben kommen auch Budweis und Saaz vor: Pan daniel z Českych Budègowycz Bl. 115ʳ, Od doktora žateczkyho P. Jana Menczelyna. Noch weitere der Gewährsleute tragen deutsche Namen: od Jachyma Knjžete z anhaltu Bl. 82ʳ, Pana Frydrycha Pulhofra Bl. 82ᵛ, od Pana Bernarda Hochnczaura (!) Bl. 82ᵛ, od Pana Sstefana Sstemberka Bl. 92ᵛ, od P. Matyasse Sstampacha z Kornhauzu. Das allem Anschein nach nur mehr in der mir vorliegenden Abschrift erhaltene Sammelwerk hat also Anregungen aus verschiedenen Teilen der Sudetenländer verarbeitet. Die vorliegende Handschrift ist auf Papier geschrieben, das ein Wasserzeichen einer deutschen Papiermühle in Westböhmen

---

*) Über ihn siehe Fr. Bernau, Beste Ploschkowitz 1437—1663, Mitteilungen d. nordböhm. Exkursions-Klubs 1889 (12. Bd.), S. 320.

aufweist (STOCKAU)*) und befand sich zuletzt im Besitz einer tschechischen Familie in Sikořice bei Bürglitz nahe Beraun. Das sagt eine auf Blatt 133ᵛ am unteren Rande von schreibungewohnter Hand hingekritzelte Eintragung, wonach ein Großvater das Buch seinem verwaisten Enkel im Jahre 1890 schenkte: Na wěžnou pamět' swemu wnuku Karlu Feitkowi po mem sinu Antoninowi Leta Panně 1890 na Sikorizi u Kriwoklatu —, geschrieben (wie übrigens der ganze Band) in deutscher Kurrentschrift. Vorher war der Band einmal in deutschen Händen; auf dem leeren Blatt 48 schrieb in mangelhafter Rechtschreibung ein einfacher Mann vier Posten „Schuld Betrag" in deutscher Sprache ein (zusammen 420 Gulden österreichischer Währung). — Übrigens finden sich auch in den Handschriften II G 16 und II H 8 des Prager Nationalmuseums deutsche Eintragungen von verschiedenen späteren Händen, welche die ständige Nähe und Anteilnahme der Sudetendeutschen an dem Werk bezeugen, das ihre Altvordern den Tschechen neben anderen Gaben selbst zugebracht hatten.

III. Das Roßarzneibuch und die Volksmedizin.

In der Zeit vor dem ersten deutschen Roßarzneibuch ermangelten die Deutschen der wissenschaftlichen Pferdeheilkunde nicht zur Gänze. Die Schriften der Antike waren an den Kultursammelstellen zur Hand. Das Christentum hatte schon im ersten Jahrtausend allerhand fremdes Gut auch auf diesem Gebiete ins Land gebracht, wovon auch mancherlei Anregung in die Volksheilkunde einging. Diese aber war es, die in unvergleichlich größerem Maße als die Anweisungen der Pergamente der Klosterbüchereien Geltung hatte. Der Pferdebesitzer oder Pferdeknecht behandelte, besprach und heilte das leidende Tier weiterhin mit diesem alten Erbgute. Das Roßarzneibuch Albrants teilte anfangs gewiß die vorwiegend literarische Rolle, mit der sich die griechischen und lateinischen Pferdebücher in Deutschland vielfach begnügten. Die wissenschaftliche und die volkstümliche Heilkunde dürften ohne von einander viel Kenntnis zu nehmen, nebeneinander bestanden haben wie in den Altländern so erst recht auch im deutschen Osten, wohin die Pflüger des Kolonisationszeitalters gewiß die altvertraute Volksmedizin, aber kaum kostspielige Handschriften mitführten. Herrscher, Gelehrte und Geistliche werden die Verbreiter des Werkes Albrants, das größere Aussicht, wirklicher Besitz des Volkes zu werden, hatte als die lateinischen Schriften. Es finden sich Anhaltspunkte dafür, daß schon früh das Gefühl dafür vorhanden war, daß ein Segen gegenüber dem handwerklichen Können eines Schmiedes nur ein Notbehelf ist. In der Handschrift XVI F 3 der Prager Universitätsbibliothek ist einem Segen für den Fall Ob eyn roß eyn eyssen verlyes folgende Bemerkung vorangeschickt: Ob aynner eyn eyssen verleust so er reyd vnd nit pald eyn smyd hat, so sprich: „lieber herr sand Cristoff, pehuet mir den hueff" usw. (Bl. 98ᵛ). Und der Spruch hilft nur dem, der daran glaubt; der Schreiber fügt hinzu: vnd etlich sprechen von sandt Steffan eß sey ayn heylung, vnd yder hab den gewalt von got, wer der an gelaubt.

Die sachlichen Mißverständnisse in den frühen Handschriften des Roßarzneibuches lehren, daß dieses anfänglich von Schreibstube zu Schreibstube, aber kaum von Schmiedeesse zu Schmiedeesse wanderte. Die Schreiber waren wohl vorwiegend Geistliche. Dies ist für die Handschriften der Breslauer Augustiner und der Schlägler

---

*) Es gibt in Westböhmen (Sudetengau) zwei Orte dieses Namens. Hier handelt es sich um Stockau (Pivonka) bei Ronsberg, wo für 1794 eine Papiermühle bezeugt ist (Kurzverfaßte Beschreibung des Klattauer Kreises, sammt beygefügter Land-Karte, Prag, in der Elsenwangerschen Handlung, 1794, Kapitel Vom Manufakturwesen S. 54). Das Gut Stockau gehörte einst dem Kloster der unbeschuhten Augustiner, nach dessen Aufhebung durch Josef II. es vom Böhmischen Religions- und Pensionsfonde verwaltet wurde.

Prämonstratenser mit Wahrscheinlichkeit anzunehmen und der Prager Magister Siegmund von Königgrätz war Probst. Aber schon im 14. Jahrhundert wurden die Verfahren Albrants auch von Schmieden geübt. Posenanie sagt gelegentlich am Schlusse eines Albrantverfahrens: sam dy smede tun (Nr. 2). Die Empfehlung durch Karl IV. mag dem Werk den Eingang in die Praxis geebnet haben. Die Medizin des Volkes ist dadurch um 36 Verfahren bereichert worden, wenngleich sich nicht alle Mittel durchsetzen konnten. Es gibt keine Handschrift, die alle 36 Rezepte enthält. Statt der weggelassenen werden andere Mittel eingereiht. Es entspinnt sich ein Kampf zwischen den alten und den neuen Methoden. Der Text Siegmunds von Königgrätz zeigt nur spärlichen Zuflug aus dem Volksmittelschatze, in der wenig jüngeren Schlägler Handschrift ist der Zuwachs stärker und in der etwa gleichzeitig hergestellten Einsiedelner Handschrift sind die Albrantmittel gegenüber dem volksmedizinischen Gut in der Minderzahl. Leser und Benützer des Albrantschen Roßarzneibuches wurden neben den Stallmeistern und Bereitern auch die Roßtäuscher, Juden, Adeligen usw. — jene selben Stände, welche auch die Träger der Volksmedizin waren und die ihre alten Heilverfahren zwar gern bereichern, aber darum nicht zugleich auch preisgeben mochten, zumal Albrant für gewisse einträgliche Kniffe keinen Ersatz bot. Der Besitz einer Albranthandschrift empfahl sich, und leere Blätter und Ränder verlockten, auch „eigene" Mittel für den Sohn oder Nachbar darauf niederzuschreiben. Zusätze auf den Blatträndern begegnen allenthalben auch schon in der Frühzeit, etwa in der Debrecener oder dem ostmitteldeutschen Handschrift; geschlossene Nachträge in größerer Zahl folgen dem Schlägler Albranttext, zuerst solche von derselben Hand, darauf noch weitere von einem jüngeren Schreiber. Zuweilen wurden Zusatzmittel auch zwischen Albrantrezepte eingeschoben.[1]

Diese Ergänzungen sind ihrem Charakter nach recht bunt. Es finden sich Erfahrungsmittel, die von denen des Kernbestandes nicht wesensverschieden sind. Das Werk Albrants enthält selbst eine Reihe von Mitteln, die aus derselben antiken Überlieferung stammen, aus der schon früher Einsickerungen in die deutsche Volksmedizin gemündet waren, so daß man manches altvertraute Mittel in das Roßarzneibuch einschieben konnte, ohne dabei eine artliche Verfälschung desselben zu empfinden oder zu verschulden. Beim Pfeilschuß verschrieb Albrant Krebse, und die Volksmedizin kannte ihrerseits die Anwendung von Krebsen in bezug auf das Pferd. Sie bediente sich des Schaums von gesottenen Krebsen zum Weißfärben schwarzer Flecken des Fells (Siegmund Nr. 29). Schon in der ältesten erhaltenen Handschrift wird neben den Mitteln Albrants gegen die Eingeweidewürmer auch der volksmedizinische Einguß von Wein und Sachheil vermerkt, das die gesamte spätere Überlieferung weiterträgt. Albrant selbst bestätigt die Nützlichkeit des Weines, indem er ihn gegen die Herzschlächtigkeit verschreibt. Albrant empfiehlt — wohl kaum ohne Anlehnung an die Volksheilkunde — pulverisierte Pferdeknochen gegen den Wurm zwischen Haut und Fleisch und den Zagelbürzel; gleichfalls schon die ältesten Schreiber fügen daneben das alte Zaubermittel, dem kranken Tier ein Roßbein heimlich um den Hals (unter die Mähne) zu hängen. Und ist einmal ein Mittel für das Färben des Fells in dem Buche zu finden, so zieht es bald die zahlreichen ähnlichen Roßtäuschermittel nach sich, und neben dem heimlichen Wurmbannmittel erscheinen alsbald auch gesprochene Segen.

Die zusätzlichen Volksmittel lassen sich nach ihrem Zweck in zwei Gruppen einteilen. Die eine Gruppe umfaßt Mittel, deren Hauptzweck die Heilung der erkrankten Tiere ist, also magische Heilhandlungen, Weisungen, die auf Zeit- und Begleit-

---

[1] In meiner Hs. 36 finden sich öfter wachsartige Tropfen und Spuren anderer Heilmittel, woraus zu sehen ist, daß das Buch aufgeschlagen vor dem Schmied lag, der nach den darin enthaltenen Vorschriften kurierte. Der Besitzer hat darin auch Taufen seiner Kinder, den Tod seiner Gattin und anderes darin vermerkt.

umstände Gewicht legen, Heilsegen usw. Die Mittel dieser Gruppe sind Zeugnisse menschlicher Hilfsbereitschaft, mitunter spricht wahre Seelengüte aus ihnen. Im preußischen Text Nr. 20 wird diesem edlen Mitgefühl mit der leidenden Kreatur deutlich Ausdruck verliehen. Bei der langwierigen und schmerzhaften Behandlung des Blasenwurms wird von dem Arzt Geduld und ausdrücklich auch Güte gefordert: halt is wol . . . du salt nicht abe lossen adder vorczweyffelen . . . so saltu dem pferde guttlichen thun und seynes wol warten. Die andere Gruppe umfaßt Mittel, die dem menschlichen Eigennutz dienen; sie enthält Anweisungen, Mängel der Pferde zu verdecken, gestohlene Tiere zu „verkleiden", daß sie der Eigentümer nicht wiedererkenne, daneben auch Praktiken, die verblüffen oder dem Reiter in ungewöhnlichen Lagen und in Gefahr Rettung bringen sollen. Sie dienen nicht zum Besten der Pferde, im Gegenteil werden diese zuweilen auch gequält oder geschädigt. Man kann diese unfrommen Stücke „Roßtäuscherkniffe und Schelmenzauber" überschreiben. Den Kern derselben bilden die Machenschaften der Roßtäuscher, die den Käufer betrügen oder — wie es in der Zunftsprache heißt — beheften wollen.[2])

Auch Albrant selbst hielt den Wurm oder Bürzel für einen Krankheitsdämonen, wie aus Wendungen wie so stirbet der wurm hervorgeht. In den Volksmitteln gegen den Wurm wird diese Vorstellung noch deutlicher zum Ausdruck gebracht. Posenanie verspricht (Nr. 43), daß man nach dreimaligem Besprechen beim Aufschneiden der Stirne des Pferdes den Wurm daselbst finden werde: daz tu dry tage nach enandir unde snyt dem pherde worne dy stirne uf: zo vindis tu den worm tot. Auch tragen die verschiedenen Gattungen des Bürzels mitunter Eigennamen. Andere übernatürliche Krankheitsursachen wie Strafe Gottes oder der Mensch (im pädagogischen Aberglauben), kommen in den mit Albrant vereinigten Volksmitteln in der frühesten Zeit nicht vor. In den hier beigegebenen Texten werden nur vereinzelt Krankheitsursachen genannt und es sind dies dann natürliche wie etwa Das kumet von bosem blute (Preuß. Komp. Nr. 30 VElch pfert starblynt ist), Das kummet von dem gehyrne (ebda. Nr. 32 VElch pfert wirwelsuchtig ist, Dummkoller). Der Mondkoller, bei dem man den Mond für die Krankheit verantwortlich macht, begegnete mir erstmals in der Handschrift 36 des Sudetendeutschen Archives (Ende des 17. Jahrhunderts) und in Verbindung mit Albrant überhaupt nicht. Das Verhexen kommt im 15. Jahrhundert in der Einsiedelner Handschrift vor und später auch in der Groß=Schützener Handschrift (Ein guß wann ein Roß verschrieren oder sonsten Kranckh ist, Nr. 39). Ob das Beräuchern eines kranken Pferdes, das in den älteren Texten begegnet, den Zweck hat, eine Hexe, welche die Krankheit verursacht hat, zum Herbeikommen zu zwingen, ist zweifelhaft. Das Beräuchern spielt auch bei Rusius eine Rolle, der von der Annahme übernatürlicher Krankheitsursachen ziemlich frei ist. Auch die zahlreichen magischen Vorbeugungsmittel, die man aus vorwiegend jüngeren Quellen kennen lernte (s. darüber Jungbauer, Deutsche Volksmedizin S. 201 ff.), sind bis zum Reformationszeitalter augenscheinlich nicht mit Albrant zusammengebracht worden. Das Schwergewicht der Schrift verbleibt auf dem Heilen eingetretener und erkannter Krankheiten. Die Mittel sind recht mannigfaltig. Mitunter muß man die Heilhandlung heimlich tun (Älteste Handschrift Nr. 4) oder sie stillschweigend verrichten (der sal stille sweygende uff drey reyne drey kleyne steyne legen, Preuß. Text Nr. 28) oder bestimmte Zeiten abwarten und etwa der Sonne entgegen gehen (zo wure is keyn der sunnen an eyme dunrstage vru e dy sunne ufge, Pos. Nr. 43). Als Heilmittel dienen Pflanzen, Fette, Öle, Harze, Honig, Harn, Wasser, Milch, verbrannte Tiere, Asche von Holz, Eingeweide, Fische, tierische

---

[2]) Grimm kennt „beheften" nur in der Bedeutung von figere, retinere, Götze verzeichnet es gar nicht. Der „Kluge Landmann" (II, S. 90) belegt es als einen Fachausdruck der Roßtäuscher: Dann bey ihnen heist mans nicht Betriegen, sondern der Kunst-Terminus heist Behefften.

und menschliche Exkremente, Glasscherben usw. Die Bereitung erfolgt in einem neuen Hafen, die Häufigkeit der Heilhandlung wird genau vorgeschrieben, die benötigten Zeiträume sind oft so lang, daß sich inzwischen die Krankheit von selbst erledigen kann. Das Tier wird niedergelegt, geschlagen, berührt, mit Ruten gestrichen, mit dem Heilmittel umbunden oder umwunden, bekommt einen Zettel angehängt, ins Ohr gesteckt, am Zaumzeug befestigt, mit dem Futter zu fressen, unter die Hufe gelegt. Man flüstert ihm den Segen ins Ohr oder drückt ihm ein Kreuz in die Schnittwunde, wäscht, schmiert, tränkt es, läßt es zur Ader usw. Die Krankheit vergeht, es wird dem Tier besser, der Erreger ist tot, wird in die Erde oder in das Moos gebannt. Pferde, die nicht harnen können, werden zu gesunden Pferden geführt (lateinisch in der Practica equorum der Berliner Handschrift und bei Siegmund Bl. 110ᵛ). Totengebein, vor allem von Gerichteten, hat besondere Wirkung.

Bemerkenswert ist die große Zahl der Heilsegen, die seit dem 14. Jahrhundert in Albranthandschriften auftauchen.

1. Die mit dem Roßarzneibuch vereinigten Heilsegen.

Vor allem setzt man dem Wurm mit Segen zu. Die Kernformel des in Albranthandschriften häufigsten Wurmsegens lautet:

(Wiltu den wurm seyn sprechyn, so sprich:)
Der wůrme woryn dry, dy sente Job bissyn.
der eyne was wẏs, der ander swarcz, der dritte rot.
herre sente Job, lege der wůrme tot!

So lautet sie Aug. 21, wo darauf noch diese Zauberworte folgen: + obtrayson + magula + Job connubia malagula + zarabuntis + in nomine patris + et filij + et spiritus sancti + amen. Dieselbe Kernformel kehrt Preuß. Komp. 27 wieder, nur soll in der dritten Zeile nicht Job der Würmer Tod verleihen, sondern der Tod des Peinigers wird dem Job mitgeteilt: sünte Job, der worm der ist tot. Zur Heilung ist hier aber außer dem Spruch noch Weiteres erforderlich: und kere das pfert czu dreymolen umbe noch der sonne und kny neder ken die sonne und sprich iij pater noster und drey aue Maria, den heiligen fumffwunden czu loube und czu ere, und nym das pfert bey dem rechten ore und rune ym doryn: „der worm der ist tot, der worm der ist tot, der worm der ist tot." Die Zauberworte sind sodann uff ein bley zu schreiben, das dem mit dem Kreuz bezeichneten Pferde um die Stirne zu binden ist. Sie lauten hier: + connubia + Job + albana + trayson + connubia + Job + zaribantur + amen.³) Etwas abweichend ist dieser Segen auch Pos. 43 belegt, wo die Handlung an einem Donnerstage früh geschehen muß und der Besprecher mit dem rechten Fuß dem Pferde auf den rechten Fuß tritt. Der Wurm wird sodann tot aus der Stirn des Pferdes geschnitten: Welch ros hot den pirczil, zo wure is keyn der sunnen eyme dunrstage vru e dy sunne ufge unde trit im mit dyme rechtyn wuze uf synen rechtin wus unde blaz ym in syn rechtis ore unde sprich:

spiritus sanctus! pirczil, du sist adir bist tot.
dir gebot Job: pirczil, du bist tot!

daz tu dry tage nach enandir unde snyt dem pherde dy stirne uf: zo vindis tu den worm tot. Der Schluß kehrt ähnlich Preuß. Komp. 71 wieder, doch ist dort von der Besprechung nicht viel übrig geblieben.

---

³) In der Erfurter Inkunabel von 1500 steht Bl. 3ᵛ: So ein ros dy würm peyssen. Item schreib dyse wort an ein zettelein also: Jobt reison conobia Zarabantis. Und mach sy in wachs das sy nit schaden nemen vnd henck es dem ros an den hals. Es hilfft.

Eine andere Gruppe bietet den Spruch mit epischer Einleitung. Die kürzeste Fassung stellt Preuß. Komp. 28 vor:

DEr heilige herre sinte Job lag in dem myste.
do froßen in die worme. do ryff her czu dem heiligen Criste:
„lieber herre Jhesu Crist, das beyssen die worme.
also sie synt weys, swarcz und rot:
lieber herre Jhesu Crist, die worme die seint tot!"

Eine längere Fassung bietet Preuß. Komp. 67, wo am Schlusse auch drei der Zauberworte angehängt sind: WEr busset dem pferde, der spreche deße worth:

der gutte here sinte Job der lag uff dem myste
und bat den heiligen Crist:
„mych essin die worme."
do sprach der heilige Crist,
der aller werlde eyn herre ist:
„ich beswere dich, worm gute,
bey Cristus blute,
du seist weis, swarcz adir rot:
e morgen tag komme das du seist tot!„

ich beswere dich, worm, bey dem blute, das unser herre Jhesus Christus an dem creucze swiczste, das du des pferdes blut nymmer entbeist. jostroysen canobio corobanti.

Als Weiterbildungen sind die folgenden beiden Schlägler Wurmsegen aufzufassen, in welchen der epische Vordersatz fehlt, wogegen der eigentliche Segensspruch wortreicher geworden ist. Gewiß fand dabei kein neuer schöpferischer Vorgang statt; der „Mann, der den Tod an dem Kreuz nahm" könnte aus einem Longinussegen stammen und „Christ ward geboren", in dem von einer zweiten Hand unter die Zusatzstücke der Handschrift eingereihten Segen, ist wohl ebenfalls eine Entlehnung. Die „fünf Wunden", derer auch im Nachsatz gedacht wird, begegneten schon Preuß. Komp. 27.

Schlägl Nr. 4.

Fur die selbigen wurm sprich den segen drey stund dem ros in das tenk ar und streich es die weil mit rechter encher hant an dem pauch:

„in nomine patris et filii et spiritus sancti. amen.
hert es, wurm, in dem pain,
was daz heyligen ewangeli main.
ez seit weis oder rat,
das es all in dem ros ligt tat.
das enpewt ew der man,
der den tat an dem chrewcz nam.
des enpewt ew die weich fraw sand Marey. amen."

Diese Fassung ist eng verwandt mit dem aus der Hf. 25 des südböhmischen Klosters Hohenfurth von Ammann ZfdA. XXXV mitgeteilten Pferdesegen (1419 niedergeschrieben):

Wurm im flaisch und in pain
wye es das heylig ewangeli main
Cher dich vmb vnd lig tod
Als dir got selbes pot

---
⁴) Wiederabgedruckt von R. Froehner, Veterinärhist. Mitt. I, 7/8.

durch der vil heyligen manen drey
dy lye got selber frey
in dem namen gottes vatts vnd sun des heiligen geist Amen.⁴)

Schlägl Bl. 151ᵛ—152ʳ.

Wildu dy jnwendigen wurm vertreiben, so sprich dy ward dreistunt dem ros in das recht or, und cher es dreystunt vmb wider die sun:

Christ ward geparen,
Christ ward verlaren,
Christ ward gepunden,
Christ ward wider sunden.
des helf vns Maria, gotes mueter,
vnd die heiligen funf wunten.
dy wurm sein weis, swarcz oder rat,
dy ligen al von den heyligen warten tat.
des helf mir der vater vnd der sun vnd der heylig geist!
sprich vnserem heren v pater noster vnd den heyligen v wunten v aue Maria.

Das Zaubermittel wurde auch von den Tschechen übernommen. In meiner Hcndschrit 33 sind gegen Würmer, die das Pferd auffressen (Proti Raupum když koně žerau Bl 63ᵛ) die Worte + Mago + Mago + Ganto + Zst + Job auf einen Zettel zu schreiben (Napyss na Czeduly takto), der dem Pferde links eine Stunde lang angehängt wird (Tu czeduly na lewau stranu datj, a z Popruhem zapitj, aby nespadla, a hodinu koně tak nechatj statj) Das Mittel stellt gewiß ein Überbleibsel des deutschen Segens vor, wie die Verwandtschaft der Zauberworte verrät. Die Herkunft der tschechischen Fassung aus dem deutschen Kulturkreis ist vor allem aber darum nicht zu bezweifeln, weil der Aufzeichner das Mittel (nach Aussage des Eigennamens) von einem Deutschen empfing; er vermerkt bei dem Mittel: to od Pana Jana Frydricha Lygenharta. Daß der böhmische Adel um 1600 ein Bewahrer solcher Art Heilzauber war, bezeugt noch ein zweites Mittel in derselben Handschrift, das der Verfasser von Peter von Wrzesowitz auf Ploschkowitz erhielt (Bl 65ʳ Když koně žerau z Rukau na obě dwě strany koně s ploskau dlanj pratj, přestawa). Es ist ein Zauberwort, das nach dem Verschwindschema in eine (symbolische?) Spitze auslaufend auf einen Zettel zu schreiben ist:

+ Sabgnaculaus +
+ Sabgnaculau +
+ Sabgnacula +

usw., bis nur noch + S + übrigbleibt.

Das ist gegen Würmer erprobt: Toto na Czedulku napsany konj pod Popruch strczeny, aby se zahržesla, spomaha protj Raupum. Prubatum. Ähnlich läßt die Einsiedelner Handschrift auf drei Zettel ein Zauberwort (angariare) schreiben und das kranke Pferd jeden Tag einen Zettel fressen: so sterbent die wurm. So werden auch tschechische Aufzeichnungen Zeugen für die sudetendeutsche Volksmedizin. Im Falle des Dreifarbensegens und seiner Nachfolge bedürfte man jedoch dieses Zeugnisses gar nicht, um den in den sudetendeutschen Albranthandschriften zufällig nicht erhaltenen Wurmsegen auch für den sudetendeutschen Volksteil in Anspruch nehmen zu dürfen, denn er lebt daselbst noch gegenwärtig in der Volksmedizin. Aus der Mieser Gegend wurde eine Fassung von J. Hanika mitgeteilt, in der Gott und Petrus drei Würmer herausackern, einen weißen, einen schwarzen, einen roten (Sudetendeutsche Ztschr. für Volkskunde I, S. 34). In einer südböhmischen Fassung ackern Jesus und Petrus 77 Würmer aus der Erde, der erste ist grün, der zweite blau, der

7 E i s, Meister Albrants Roßarzneibuch im deutschen Osten.

dritte rot (ebda I, S. 117). In Frauental bei Prachatitz ackert der Herrgott einen weißen, einen braunen und einen roten Wurm mit einem goldenen Pflug heraus (Fr. Meisinger ebenda I, S. 159); in Westböhmen ist es manchmal auch lediglich ein Bauer, der die Würmer herausackert, und ihre Farbe ist schwarz, grün und weiß. Hier gilt der Segen gegen das Würmerbeißen beim Rindvieh (W. Stiasny, ebda VII, S. 119). Diese zahlreichen Belege genügten zu der Aussage, daß der Dreiwürmersegen seit alters wenigstens in West- und Südböhmen bekannt war.[5]) Da wir uns berechtigt glauben, die Fassungen Posenanies und der Breslauer Augustiner aus sudetendeutschen Vorlagen herzuleiten, darf man wohl annehmen, daß der Segen, der dadurch schon in der ersten Hälfte des 14. Jahrhunderts indirekt in Böhmen bezeugt ist, als Erbgut mit den deutschen Ostfahrern aus den Altländern in die Sudetenländer gelangte.

Neben den bisher herausgehobenen Wurmsegen gibt es auch Fassungen, die in die Gruppe „der ungerechte Mann" gehören. In der Einsiedelner Handschrift wird Bl. 55ᵛ der Wurm so beschworen: Item aliter. sprich: Ich beschwer dich, wurm, dir sig als vnmer dis fleisch und dis gebein als vnmer der man got ist, der daz höpt am sunnentag uff wirfft. amen. an gotz namen amen. sprich iij pater noster vnd aue Maria. In den Schlägler Anhängen steht ein ähnlicher Wurmsegen, in welchem sechs „ausbeißenden" Würmern ihr Zerstörungswerk so zuwider gemacht werden soll, wie Jesu ein Richter ist, der wider besseres Wissen urteilt (Bl. 150ʳ): Ffur den auspeissenden wuerm. ich pewt euch, wurm all sex, jn nomine patris et fili et spiritui sancti, das ouch alls wider sey das fleisch und das pain czu peissen als vnß herren der man ist, der ein vrtail geit vnd selber wol ein pesrew wais.

Ebenso wurden in das Roßarzneibuch Albrants auch auf andere Krankheiten bezogene Segen eingeschaltet, so dieser gegen die Haarkluft (Schlägl Bl. 152ʳ): Wildu dy harkluft vertreiben, so spurcz nider auf die erd vnd greif mit dem rechten daumpen dar ein vnd mach e i n kreucz auf dy harkluft vnd sprich:

> ste, kluft, vnd ge nit mer,
> durich des heyligen Christes er!
> des helf mir der man,
> der den tat an dem heyligen kreucz nam!

sprich den heyligen v wunten v pater noster vnd v aue Maria.

In einem Segen gegen die Flußgallen erscheint in der Besprechung neben dem „ungerechten Mann" auch die mitschuldige Frau (Schlägl Bl. 150ᵛ—151ʳ): Wildu dy flosgal vertreiben, so nym ein liligen stengel, der plob sey oder weis, vnd zunt in an vnd seng ein kreucz vber dy flosgall vnd sprich dy wort: „als vnmer vnßm heren Jhesum Christ ist des mans weib, der da spricht dominus uobiscum, als vnmer sey dir dy flosgal! des helf mir der vater vnd der sun vnd der heylig geist!".

Auch für die Rähe gab es Segen. Den folgenden nahm Posenanie als Nr. 51 auf: Welches ros ist czu rehe, zo sprich dese wort in dez pherdes ore: Peter sprach czu Job: „rit mit mir czu Rome!" „ich enmak, herre meyster, myn ros ist czu rehe." sprich ym in syn ore dry wort, alz ware daz der heylige geyst mynir vrowen synte Marien sun ist. in nomine patris et filii et spiritus sancti. amen. Mit einer ähnlichen Bekräftigung der Wahrheit will eine gereimte Besprechung das Verfangen des Pferdes beheben (Preuß. Komp. Nr. 31):

---

[5]) Weitere Fassungen aus verschiedenen Gegenden bei R. Froehner, Veterinärhist. Mitt. I, 7/8.

Diss pfert hot sich vorfangen.
unser lieber herre Jhesus Christus wart an ein crewcze gehangen.
also werlich werde diss pfert gesunt,
also unser lieber herre Jhesus Christus von dem tode irstundt.

Häufiger sind Blutstillungssegen in Albrants Werk eingeführt worden. Der folgende aus der Groß-Schützener Sammlung (S. 52) ist gewiß schon längere Zeit mit der Albrantüberlieferung vereinigt gewesen, denn ein Gegenstück begegnet auch in der 1694 geschriebenen tschechischen Handschrift II G 16 des Nationalmuseums in Prag (Bl. 18ʳ—18ᵛ):*)

Ein Seegen vor das Bluet verstellen.	A by mohl koni krew stawitj, rzikeg tato slowa po tržikrate:
Christus ist gebohren zu Bethahemb,	Narodil se Krystus Pan w Betlemie,
Christus ist gedaufft in Jordann,	pokrztien w Gordanie,
Christus ist gemardet wordten zu Jerualeimb.	vkřižowan w Geruzalemie, prawdat gest, tak taky N:
Du Blueth ich gebeüth dir, du solst still stehen!	Krwj, w prawdie stug a wicze netečz!
in Namen gottes Vatters, Sohn, vndt heyl. geist Amen. Bett 5 Vatter Vnßer. 5 Aue Maria. 1 Creto (!).	N: Stug, krwj gako stal Yordan, když gest křtil pana Krista swaty Jan. a to we gmeno otcze y syna y ducha swateho. toho mi dopomaheg buh otecz, buh syn, buh duch swaty na wieky poziehnany. amen.

Auch dem Longinussegen begegnet man in der Albrantüberlieferung. Die Fassung der Preußischen Kompilation Nr. 33 wird zur Blutstillung gesprochen:

Longinus der man der stach unsern lieben hern durch sein fleisch und
durch seyn blut.
synt wart der man gut. amen.
stant, blut, stille,
durch des heiligen creuces wille
und durch der heyligen fumff wunden!
vorstant an deßen stunden
und blutte nicht mehe!
in dem namen des vaters und des sones und des heiligen geistes. amen. das geschee!

In den Schlägler Anhängen begegnet eine andere Fassung, in besonderer Anwendung gegen den blutigen Tritt des Pferdes (Bl. 151ᵛ): Wildu den trit versprechen, so sprich also:

Longinus, der vnsern heren durich sein rechte seiten stach,
er enwest nit was er an ym rach.
dar aus ran wasser vnd plued,
das was sus vnd guet.

Dwe dy dawmen krewczling vber ein ander vnd legs vber den drit vnd nen das ras pey seiner farib vnd sprich: „das sey dir fur den trit guet. jn dem nam des vatter vnd des sun vnd des heyligen geist. amen."

Zu den Longinussegen zu rechnen ist wohl auch folgende Fassung der Einsiedelner Handschrift (Bl. 47ᵛ), in welcher der Name des Soldaten nicht genannt wird, der

---

*) In anderer Gestalt begegnet der tschechische Segen auch in meiner Hf. 33, Bl. 88ʳ, wo er für die Zeit um 1600 zeugt: Komu Krew teče z Nosu. Takto rzyctj: Počzal se Pan Krystus w Nazaretu, Narodil se w Betlemě, a vmřzel w Geruzalemě, gestly to prawda, stug, krew, we gmeno Otcze, y Syna, y ducha Swateho Amen.

die Lanze zur Lebensprobe in den Leib des Gekreuzigten stieß. Auch dieser Spruch gilt dem Tritt, aber auch dem Vernageln des Pferdes und Fußverletzungen des Menschen: Disser nach geschribner segen jst zů lutte vnd zů vihe gůt. Item wenn sich ein roß tritt oder wirt vernegelt, so sprich dissen segen dri stund vnd sprich:

    ich beschwer dich, wund vnd geswer,
    vnd by dissem haligen sper,
    daz got durch fursitten wůt,
    es waz halig wasser vnd blůt.

jn dem namen gottes des haligen gaistes. vnd zů jetwederm mǎl ǒch sprechen iij pater noster vnd iij aue Maria.

 Eine Anknüpfung an die Legende weist auch der folgende Schmiedespruch auf, der einem Roß, das beim Beschlagen nicht stille stehen will, in das Ohr geraunt wird (Groß-Schützen S. 52 Wann Ein Roß nit Still Stehn will. Seegen):

    Stehe still, Roß, alß der Judt,
    da vnser Herr Sprach:
    „Stehe still Biß an den Jüngsten Tag!"

Sag ihms in daz Rechte ohr, mach mit dem rechten daumb ein Creitz. 3. mahl.

 In der Einsiedelner Handschrift sind Anreden bei der gleichen Gelegenheit zu finden. Für daz Prennen dem Mentschen oder pferdten (Groß-Schützen S. 53) ist ein Bannspruch, für den ich sonst in der Albrantüberlieferung kein Gegenstück fand. Er lautet: Alß vnßer Lieber Herr vnser Erdtreich vmbgieng, daz er seyne Liebe Sprichlein vnter ihme Ließ, daz Meine Sprichlein von mir Rhein weich Vndt der wehe Tag von meinem: N: Thain schleich vndt schleich in ein wiltes Moßß, daz weeder Vich noch Leüth daryber gehen mögen. des helff vns gott der Vatter, Sohn vnd heyl: geist, Bewahre vnß die heyl. dreyfaldigkeith Amen. 5 Vatter vnßer 5 Aue Maria 2 glauben. NB. Erstlich Trith das pferdt 3 mahl auff den hueff vndt sprich: das helff vnß gott der Vatter vndt heyl. geist. Amen. So wie hier die Krankheit in das wilde Moos verbannt wird, so vertreibt der Reiter die Krankheit seines Rosses im Preußischen Text Nr. 28 in die Erde. In dieser langwierigen Anweisung zur Rettung des mordschlächtigen Pferdes kommen folgende vier Zurufe vor, die auf ein hohes Alter des Mittels deuten:

    der mortslag der slug, der heilige Crist der hup ....
    uff, ros, und ruse dich, der heilige Crist! ....
    in dem namen des vater und des sones und des heiligen geistes! ....
    alle dein ungemach vare in die erde! ....

 Schließlich seien noch zwei tschechische Pferdesegen herausgehoben, welche in die Verwandtschaft des zweiten Merseburger Zauberspruches gehören. In dem Wurmsegen der Handschrift II G 16, Bl. 41 (Nationalbibliothek Prag), wird der Bürzel beschworen, dem Fell, dem Körper, dem Blut und dem Gebein des Rosses keinen Schaden zu tun, worin ein später Nachhall des althochdeutsch besser vernommenen Segens gerade noch gehört werden kann. In dieser Handschrift aus dem Jahre 1694 heißt es: Y ginacž pro krticze ziehnanj, a to muze vcžinitj každey den kromie w nediely y patku. Zaklynam was dnes, krticze, w pondiely, aby ste neskodily tomuto konj janowu srsti, plawemu tielu geho, ani krwi geho, kostem, yakož gsau zide nemohly panu bohu vsskoditj: toho mi dopomaheg buch otecz y wssycknj swatj. Dieser Segen ist, wie das Roßarzneibuch II G 16 zur Gänze, ohne Zweifel deutscher Herkunft. Er gehört mit seiner Beschwörung, daß der Wurm dem Tiere nicht schaden möge, in die Familie jener oben angeführten Fassungen, die dem Bürzel Widerwillen gegen das Fleisch des Rosses anzaubern wollen.

Deutlicher ist die Verwandtschaft in einem Segen der Handschrift I F 10, S. 434/35 (Nationalmuseum Prag), aus dem Ende des 15. Jahrhunderts, welcher Waytka (= Verrenkung) überschrieben ist. Der heilige Petrus reitet auf seinem Grauschimmel und begegnet der Mutter Gottes, die ihn frägt, warum sein Reittier hinke. „Es hat die Verrenkung im Fuß oder in der Schulter." Sie empfiehlt, den Schimmel zu heilen, und darauf kommt die Segensformel: Bein zu Bein, Glied zu Glied, Fleisch zu Fleisch, Ader zu Ader, Haut zu Haut. Und das im Namen Gottes usw. „Verrenkung . . . entweiche mit der heutigen Sonne hinter den Berg! Amen." Der tschechische Text lautet: Swaty Petr gel na swem plesniwem kony. potkala gey mila matka bozy, an kulha. „Swaty Petrzie, czo gest kony twemu plesniwemu, zie kulha?" „Mila Marie, matko bože, waytku ma w noze aneb w pleczy." „Swaty Petrzie, legug mu, at nekulha, nevnucuj, lekug mu!" kost k kosti, aud k audu, masso k massu, zila k zile, kuozie k kuzii. a to we gmenie boha ziehnam waitku wen y we gmenie syna y ducha swateho y wsseho gednoho hospodina, wystup wen z dnessnim slunczem za horu! amen.

Dieser Segen ist ein Abkömmling jener Gruppe, die im zweiten Merseburger Zauberspruch ihren ältesten deutschen Vertreter hat, dessen heidnische Einkleidung im Hinblick auf das Trierer und andere spätere Gegenstücke als Vertretung einer christlichen Fassung zu betrachten sein mag. Während man im Nordischen, Finnischen, Russischen usw. dem Trierer Zauberspruch ähnelnde Fassungen in größerer Zahl kennt, ist die hier beigebrachte tschechische Nachahmung bisher unbekannt gewesen. Einen anderen tschechischen Nachhall des Segens verzeichnen Hovorka-Kronfeld (Vergleichende Volksmedizin II, S. 406, s. auch Handwörterbuch des deutschen Aberglaubens VIII, Sp. 1618), doch stehen dort die Beschwörungsworte ohne epischen Eingang. Daß der hier beigebrachte tschechische Segen etwa aus dem Lateinischen stamme, ist unwahrscheinlich im Hinblick auf die Tatsache, daß die ganze Umgebung, in der er begegnet, deutscher Herkunft ist. Während im Merseburger Zauberspruch nur Gebein, Blut und Glied genannt werden, erscheinen in der tschechischen Fassung zusätzlich noch Fleisch und Haut und Ader statt Blut. Zu dieser Gestalt leitet ein deutscher Segen hinüber, den man aus einer Aufzeichnung aus 16. Jahrhunderts kennt, worin es heißt: Bein zu bein, blut zu blut, ader zu ader, fleisch zu fleisch (Handw. d. Abergl. VIII, Sp. 1615). Es ist auch darauf hinzuweisen, daß in der Gegend von Themenau im heutigen Südmähren (vor 1918 zu Niederösterreich gehörig) am Ende des vorigen Jahrhunderts aus der Volksmedizin ein Pferdesegen gegen Beinbruch mitgeteilt wurde, der deutlich an den Merseburger Pferdesegen erinnert. Er ist in Jungbauers Deutscher Volksmedizin S. 110 nach der Zeitschrift für österreichische Volkskunde III (1897), S. 214, angeführt. So ist es durchaus einleuchtend, daß die tschechische Fassung der Handschrift I F 10 die Übersetzung einer deutschen Fassung ist, daß der Spruch vor der Übernahme ins Tschechische bei den Sudetendeutschen lebendig war.[6])

2. Roßtäuschertrug und Schelmenzauber.

Der Wert des Pferdes für den Menschen war vor Einführung von Eisenbahn und Kraftwagen ein weit größerer als heute. Das Verhältnis des Menschen zu ihm war enger. Sein Besitz war für mehr Stände notwendig als gegenwärtig. Der Pferdehandel war daher ein häufiger Erwerbszweig, Pferdetausch eine Beschäftigung auch der Adeligen, Pferde dienten als Geschenk und Spieleinsatz. Über

---

[6]) Das Schrifttum über den Merseburger Pferdesegen und seine Nachfolge ist in Braunes „Althochdeutschem Lesebuch" und im Handwörterbuch des deutschen Aberglaubens zusammengestellt. Vgl. auch O. Raschke, Zur Geschichte der Besprechung von Tierkrankheiten. Veterinärhistorische Mitteilungen Bd. II (1922), S. 17—19.

700 Pferde gingen durch die Hände des Grafen Kaunitz auf Neuschloß. Über ihre Lebensschicksale geben die von dem Besitzer eigenhändig geführten Eintragungen des „Beschellbuchs" im Sudetendeutschen Archiv Auskunft. Zuweilen verkaufte er Pferde lediglich aus Laune; so hat er einen Hengst Anno 1687 den 7 Augusti verhandelt, auß keiner andern vrsach, alß daß er kein Rapp war. Meist aber schlug er Pferde los, die krank waren oder krank zu werden drohten: auß vrsach weilen sie hat dempfig zu werden angefangen (S. 41), eine Rohfalbete stutten ... den Leipper Juden Sabel, weilen si auß nachleßig vndt leichtvertigkeit deß Knechts Christoph Rößel ein Still Collerer worden (S. 46), Eine schwartz braune stutten ... den Teplitzer verhandelt, vndt ihm darauf zugeben 75 fl. ist schön gewest, aber schwach, vndt schon 2 mahl raach (S. 9), weilen sie ein krippenbeißerin geweßen (S. 9), weilen sie in feldt gedruckt war, vndt der sattl alzeit si aufgewetzt (S. 28), weilen si an beiden hintern fißen di schal bekommen hatt (S. 30) usw. Es ist klar, daß oft das Streben dahin ging, durch Verschweigen von Krankheiten oder Verdecken von Mängeln einen besseren Preis zu erzielen. Der Käufer tat gut, sich mit den Künsten der Roßtäuscher vertraut zu machen, um nicht betrogen zu werden. Im „Klugen Landmann" werden die Kniffe der Leute, die Pferde vortheilig und gar zu eigenützig verkauffen wollen auf sieben Seiten zusammengestellt (II, S. 89—95) und auch der Marstaller Augusts des Starken (Sudetendeutsches Archiv, Hs. 39) lehrt im 24. Kapitel „was man bey dem Pferde-Einkaufe zu beobachten habe, das man nicht betrogen werde. In diesen späten Lehrgängen der Trugabwehr steckt einiges altes Gut.[1]) Da jene Kreise, in deren Händen sich Albrants Roßarzneibuch befand, auch im Pferdehandel bewandert waren, ist es ganz natürlich, daß auch in die Albrantüberlieferung auf Täuschung abzielende Verfahren und Kniffe eingeführt wurden, und zwar schon lange vor den gedruckten Warnungs- und Aufklärungsschriften.[2])

Die Herkunft mancher Mittel aus dem Kreise der Schelmenzunft wird zuweilen deutlich erkennbar dadurch, daß die unehrliche Absicht unumwunden zugegeben wird. Dem trägen Roß wird Wein eingeflößt wann man es verchauffen wil (Siegm. 27, Preuß. Komp. 85). Im Schlägler Anhang steht Bl. 150ᵛ ein Mittel Das ein ros nider veld als es tat sey, das du es chauffen *(macht)* nach der hawt(!). Man gießt dem Pferde Bilsensamen in die Ohren; das bewirkt, daß es einen ganzen Tag oder länger wie tot auf dem Boden liegt. Ein ähnliches Mittel von anderer Hand folgt Bl. 151ʳ: Wildu ein ros trunken machen, das es leit pis an den tritten dag, so nym paras korner vnd pilssen samen. das schut dem pferd auf das fueter: ligt es sam es tat sey. ym gewirt aber von dem tat nicht, so mocht einer wol kauffen. Die Schweizer Roßaventüre kennt auch Mittel, wie man das derart behandelte Pferd schon nach einer Stunde wieder auf die Beine bringt. Durch Einträufelung von Bilsensamen in geringerer Menge erreicht man, daß das Pferd den Kopf hängt und elend aussieht; zugleich trifft man auch in diesem Fall Vorsorge, daß das Pferd nicht ernsten Schaden nehme. So lehrt die Einsiedelner Roßaventüre Bl. 65ʳ—65ᵛ: Daz ein roß oder ein ander tier daz höpt henk und trurig sigg. Item leg ein roß oder

---

[1]) Eine Anspielung auf die Habsucht der Roßtäuscher enthält schon der „Renner" des Hugo von Trimberg:
        künde ein rostûschaere
        sînin ros verwandeln schiere,
        ir gülte einz mêre, dan sust viere.
Nach Grimms Wb. galten die Roßtäuscher schlechtweg als Betrüger und erscheinen regelmäßig in schlechter Gesellschaft. Die Bezeichnung Roßmange und wohl auch Roßtäuscher bedeute mango, deceptor.

[2]) Die schon früher angeführte Stelle aus Seifried Helbling könnte vermuten machen, daß das Roßarzneibuch schon am Ende des 13. Jahrhunderts den Pferdehändlern bekannt war.

vaß vich bilsen samen jn ein or: es henket daz höpt uff die selben sitten vnd ze verköffen. Jst es gemäl unasichtig vnd ungetän, du macht jms mit eim tüchlin an eim fedemly jn daz or henken, da mit du es wider heruß ziehen macht. Auf Bl. 151ʳ der Schlägler Handschrift wird ein Mittel geboten, das die Erzielung eines höheren Preises gewährleisten soll: Wil du dast albeg ein ros zwair oder dreyer guldein tewr gibst den ein ander. Es ist ein Zaubermittel: So hais dir an dem sunibent obent verbena graben wo man dy fint. dy hais mit gold vmb reissen und hais nider knien vnd hais dem lieben heren sand Johans v pater noster sprechen. vnd hais dy wurczen graben vnd hald dy wurczen vber iar pey dir. wan du auf dy mister wild reiten, so pint sy dem ros in den schopf, so ist das ros wol gemuet vnd geueld yedem man wol, wer es an siecht. Man könnte dabei an den harmlosen Wunsch eines jungen Kriegers denken, der beim Aufruf zu den Waffen (muster, ital. mostra) auf einem gut aussehenden Roß erscheinen will, und demnach das Mittel für einen stolzen Reiterbrauch halten; die Überschrift zeigt aber, daß es dem gewinnlüsternen Roßkamm dient, der das Pferd vor der Kriegsfahrt den Soldaten vorreitet, um es ihnen teuer zu verkaufen.

Zahlreich sind die Mittel, die dazu dienen, Fellschäden zu beseitigen oder Flecken zu färben. Die Debrecener Handschrift bietet Bl. 134ʳ folgendes Haarwuchsmittel: Item wildw dem Roß har machen, so nym warmen hönig vnd salb das Roß da mit wo es plos sey, vnd prenn ein Igel zu puluer. das stupp dem Roß darjn: so wagst ym das har. Auch darzu ist guet das pockpluet. das streich dem Roß an dy plaß statt ye ofter ye pesser. Neben Siegmunds Mittel für das Weißfärben (Nr. 31) konnte ein ähnliches aus der Einsiedelner Handschrift gesetzt werden, die an derlei Verfahren besonders reich ist. Hier dient der Krebs nicht nur zum Färben eines schwarzen Streifens, man kann sogar das ganze Pferd weiß färben: Wiltu ein roß wiß machen, gar oder ain stuk. Durch das Färben soll augenscheinlich ein gestohlenes Roß unkenntlich gemacht werden. So gibt es auch allerhand Sonder= mittel: Wiltu einen roß wiß fuß machen (Bl. 61ʳ), Item das ein wiß roß schwartz werde³) (Bl. 62ᵛ), Eim roß ein blässen zů machen an der stirnen (Bl. 64ᵛ), Eim wissen roß ein schwartzen fleken zů machen (Bl. 64ᵛ), selbst ein Mittel Item ein pferit, ein hund oder ander ding grün zů verwen (Bl. 66ʳ). Das letzte Mittel soll wohl verhindern, daß das Tier bei der Flucht auf grünem Feld zu leicht gesehen werde. Daß das Roß im Felde nit schreit (wiehert), weiß Graf Kollonitsch dadurch zu verhindern, daß er ihm die Zunge bindet (Groß=Schützen Nr. 139).

Von einem gesunden Roß erwartet man Eßluft. Will der Roßkamm ein Pferd billiger erwerben, so trachtet er, das Tier krank erscheinen zu machen. Im Schlägler Anhang wird zu diesem Zweck empfohlen, dem Roß die Zähne mit Bocksunschlitt zu bestreichen (Das ein ros nicht essen mug: Gestreich an die czend mit puken vnslit, Bl. 150ᵛ). Das Mittel steht auch in der Einsiedelner Handschrift Bl. 60ᵛ, wo dazu bemerkt wird, daß das Pferd nach zwei oder drei Tagen vor Hunger Heu zu fressen beginnt, wodurch das ekelerregende Unschlitt von den Zähnen abgewetzt wird. Doch auch sofort nach abgeschlossenem Kaufe kann das Pferd wieder erlöst werden: wilt aber du, daz es bald essen werd, so werm es essich jn einer pfannen, stoß einen lumppen dar jn (der dann dem Pferd in das Maul zu legen ist): so gat jm daz vnschlit ab. R. Froehner machte in den Veterinärhistorischen Mitteilungen II, S. 14—15 darauf aufmerksam, daß im Dil Vlenspiegel als eine zu Wismar geübte

---

³) Ein solches Mittel bietet auch die Erfurter Inkunabel auf der letzten Seite: Wiltu ein weyß ros schwartz mach̄e, So nym ein Maulweffen vnd seüd in i einē gesaltzen wasser gar wol Und schmir das pferd damit So fallen im dy har auß Und wechst im andere farbe von hare. Darauf folgt Auskunft, wie man den benötigten Maulwurf fängt: Item wy du ein Maulwerf erkrigest. So nym zwiffel od' lauch vn̄ leg es in das höl so kumpt er herauß.

Gesundheitsprobe, das Ziehen des Pferdes am Schweifhaar geübt wurde: steckte das Haar lose, so wurde das Pferd nicht gekauft.*)

Es finden sich auch Anweisungen, wie man ein Roß hinken machen kann, so Schlägl 150ʳ und 151ʳ. Zugleich wird angegeben, wie das Hinken (nach abgeschlossenem Kauf) wieder beseitigt wird. Das Mittel Bl. 151ʳ lautet: Wildu aber ein ros hinkund machen, so nym ein pox horren vnd las das in einem hafen sieden das du in gesneiden macht, vnd nym vnd mach ein hueff nagel dar aus vnd leg in haimlich auf ein alter vnd las ein mes dar auff sprechen. vnd wo du ein hengst sichgst, da der trit ist, da slache in pey der stral hin ein vnd merk die stat gar ewon. als lang der nagel dar inen stekcht, als lang mues es hinken. als pald er wider wird ausgeczogen, hinkt es nimer. Die Einsiedelner Handschrift bietet diesen weitverbreiteten Zauber in einer etwas abweichenden Form: Item wiltu ein roß hinkent machen, so heiß dir einen roß nagel machen an einem sunentag vnd nim den ein ros nagel vnd schlach jn des roß trit, daz du wilt hinkent machen, vnd sprich als. vnd sol der nagel uff den gemachet ist, so muß daz roß hinken, die wil der nagel jn der erde ist (Bl. 54ᵛ). Die Schweizer Roßaventüre, jene große, noch unausgeschöpfte Fundgrube von Schelmenstreichen, kennt neben diesem Zauber noch ein anderes Mittel, ein Roß hinken zu machen. Es ist überschrieben: Das ein roß hinken werde am eim fuß oder an allen, daz es niena mag kumen. Hier handelt es sich also darum, einem Feinde das Erreichen eines Zieles oder die Verfolgung unmöglich zu machen. Der Vorgang ist dieser: Item nim ein stark roß horn oder einen kleinen seitten, doch ein roß har mag man minder berüffen noch binden, daz dem roß vnden am einen fuß jn daz vislach. mach einen knopff an eim ende vnd knupff den daz ander end dar an, also daz es ein zůgender knopff werd, vnd leg jm daz ein fůß wol gezogen vnder daz hår vnd zuch es fast vnd schlach daz trom, vmb den knopff vnd schleiff es jn knupfend wisse durch den griff mit dem vinger uff den knopff vnd zuch jm zů mit dem trom, daz es ze mål stark knupffend sige. den schnid daz trom an dem knopff ab so du aller nachst magst, vnd låß daz also ston (Bl. 62ᵛ—63ʳ). Die Groß-Schützener Handschrift macht das Pferd durch Roßhaar hinken: gehe jn dem Stall, das Niemandt sicht, Reiß ihm ein Harr auß dem schwaiffen, binds dem pferdt fest umb die fessel, an welchen fueß du wilst, so würdts hüncken, und Niemandt kan es leichtlich sehen (Nr. 139). Umgekehrt wird das Hinken zu verbergen gestrebt, wenn man das damit behaftete Pferd verkaufen will. Auch dafür weiß die Roßaventüre Rat: Item wiltu ein roß daz da hinkt, rechtraben als ob es nit hincke: Item an welem fůß ain roß hinket, so bind an den andren fůß dagegen daz roß hår oder daz vislach oder den saitten, als nechst vor geschriben ist. wel daz nit helffen, so bind jms nit zů fast an allen vieren: so tůt jm ein fůß we als der ander, vnd also mag man da mit vnden roßtusch vnd jn kriegen vil beschiß vnd trogen hat triben.**)

Auf Täuschung zielt auch folgendes Mittel der Einsiedelner Handschrift gegen die Fluß- oder Steingallen: Fur die gallen. Item nim ze nacht harn vnd netz ludren dar jnne vnd bind im den die ludren dar uber: so sicht man die gallen mornendes nicht all die wil es nit getrunken hat.

Eine große Anzahl von Mitteln gab es, um ein Roß zu raschem Lauf zu veranlassen. Es ist ausdrücklich bezeugt, daß es Roßtäuscher waren, die sich auch damit befaßten. Daneben aber wird man auch annehmen dürfen, daß sich auch Reiter der

---

*) Das Auszziehen das Schweifhaare als Gesundheitsprobe ist auch Paracelsus bekannt (vgl. A. Reitz, die Welt des Paracelsus, Stuttgart 1937, S. 94).

**) Zwecks Erkennung der Ursache des Hinkens empfiehlt meine Hf. 36 folgende Wasserprobe: Item wan ein Ross hinckht, das man nit wais wouon Eß hinkht, So lass es in dass wasser reiten, das es ober das Ross geht vnd Sieh auf, wo das Ross am Ersten druckhen wiert, da hatt es den schatten. Solliches ist an zweifel wahr.

Zauber bedienten, um sich einen Vorsprung vor Verfolgern zu sichern. Die Roß=
abentüre berichtet, daß rechte Roßtäuscher einer Pfarrköchin ein Messer stahlen, um
dem Pferd einen guten Gang zu sichern: Das ein stettig roß zestund fur sich gang.
Item stil ein pfaffen kellerin, die by jm zehuss sitzet vnd ein rechti pfeffin ist,
ein messer; vnd usser dem messer läß dir machen ij sporen: es gat fur sich. vnd
ist versucht vnd bewert von rechten roßtuschern. Auf Anweisungen wie diese,
mochte leicht ein Schwankdichter seine Fabel aufbauen. Der Schelm, das Pferd,
die Pfaffenkellerin — sie sind die tragenden Elemente der 38. Historie vom Eulen=
spiegel, welcher Hans Sachs am 28. April 1546 ein Meisterlied in der Kelberweis
des Hans Heiden und am 16. Dezember 1553 das Fastnachtspiel Ewlenspigel mit
der pfaffen kellerin vnd dem pfert nachdichtete.[4]) Auch Johannes Pauli trägt den
Schwank unter Nr. 65 in seinem „Schimpf und Ernst" weiter. Unter der Überschrift
Wildu machen das ein ros andern rossen var lauff begegnen auch verschiedene
andere Ratschläge. Im Schlägler Anhang (unter der angeführten Überschrift Bl. 151ʳ)
bekommt das Roß gebähtes Brot, das mit Wein getränkt ist, zu fressen und wird
mit Knoblauch eingerieben: vnd treib es auff dy renstat, so pist du sicher, das dir
chain pferd nicht hin laufft (wegen des Geruches?). In der Roßabentüre Bl. 60ᵛ
wird ein vögelin daz man da heißt ein kunglin zu Pulver gebrannt und daz buluer
macht behalten als lang du wilt, vnd wen du wilt, so bind es eim roß jn den schopff:
so löfft es allen rossen for. Bemerkenswert wegen der darin enthaltenen Vor=
stellungen, die recht alt zu sein scheinen, ist folgendes Mittel der Roßabentüre Bl. 61ᵛ:
Item daz ein pferit bald löff. Item nim eber wurtz vnd tů die dim pferit jn sin
gebys. da von enphahet es krafft vnd von sinem atem verlurt daz ander pferit
sin krafft, vnd wirt jm groß vortail. öch henk man ein pferit etwenn verbenen
daz krut an den zöm, so sol es löffen. nö hätt ein roß die eber wurtz jn dem gebiß,
wa man daz rittet jn einer reiß vnder ander rossen, es gåt alle rossen uß, won eß
zucht jr kraft an sich mit dem åtem vnd nimpt es zů vnd die andren nement ab.
Bl. 64ᵛ wird empfohlen, dem Pferde Zauberworte in das linke Ohr zu raunen
oder ihm einen Roßzahn in den Hals oder Mund zu hängen; das gebe große Kraft.
Bl. 65ᵛ—66ʳ sind dem Pferde Zettel mit Zauberworten beim Beschlagen auf alle
Füße zu legen.

Diese wenigen Belege aus einer Masse noch ungehobenen Stoffes zeigen, daß
das Roßarzneibuch Albrants in die Hände von Leuten gelangt war, denen es nicht
so sehr darauf ankam, einem kranken Tier Hilfe zu bringen, deren Sinnen und Trachten
vielmehr auf eigene Bereicherung oder Rettung und Schädigung anderer gerichtet
war. Dadurch widerfuhr dem Werk eine ungemein große Verbreitung, aber gewiß
auch eine Senkung seines Ansehens. Nach der Einschätzung des Schreibers der Ein=
siedelner Handschrift gehört es mit der Roßabentüre der Roßtäuscher und Schelme
auf eine Stufe. Bei Hans Sachs dienen die Bezeichnungen rosarczt, sewarczt,
Kuearczt als Schimpfwörter für unfähige und geldgierige Ärzte, in Thomas Murners
Narrenbeschwörung findet sich mit der gleichen Bedeutung ein Kälberarzt.[5]) Bezeich=
nungen von Pferdekrankheiten verwendet Hans Sachs auch für ein altes Weib,
das auf dem Weiberroßmarkt verhandelt wird (1, 537ᵃ nach G W):

> der vier roszwandel hat sie drey,
> harschlecht, rützig, rewdig darbey.

---

[4]) Leicht zugänglich bei Edmund Goetze, Elf Fastnachtspiele von Hans Sachs (Neudrucke
deutscher Literaturwerke des XVI. und XVII. Jahrhunderts, Nr. 51 und 52, Halle 1884), S. XI f.
und S. 84 ff.

[5]) „Veterinaria bei Hans Sachs" von R. Froehner in Veterinärhistorische Mitteilungen,
Bd. II (1922), S. 48—49.

Die Tätigkeit der Schmiede, welche in Nürnberg wie anderwärts die Viehdoktoren waren, geißelt Hans Sachs, indem er eine Pferdehaut erzählen läßt:

> Zv zeiten ich auch schadhaft wart,
> daz mich etwan der setel drücket
> streng vnd das kümat mich aufjücket.
> die rewden pracht mir auch gros quel,
> der feiffel, darzu die awg stel.
> da muest ich mich peim schmid oft leiden
> mit etzen, prennen vnd mit schneiden,
> mit deuffels Dreck er auch oft schmirt,
> das lassen mich auch wol vexirt,
> des prems mein maul wir zwicket vorn.
> auch pin ich oft vernagelt worn.

Die hier erwähnten Krankheiten waren sämtlich in dieser Zeit in dem Roßarzneibuch zu finden, das unter Albrants Namen ging.

3. „Hilpersgriffe".

Aus diesen Zusammenhängen heraus kann eine neue Auffassung von Wort und Bedeutung einer ausgestorbenen Bezeichnung für „schlaue, ränkevolle Handlungen" begründet werden, der „Hilpersgriffe". Grimm lehnt die von Lorenz Fries († 1550) hergestellte Beziehung des „Hildebrandsgriffes" zu Papst Gregor VII. (vorher Hildebrand von Cluny, 1020—1085) mit Recht ab und glaubt statt dessen, daß der Ausdruck an den Meister Hildebrand der Heldensage angelehnt sei, da dieser „zufolge eines vielverbreiteten Liedes des 15. Jahrhunderts im Kampfe mit seinem Sohn einen tückischen Griff anwendete". Die Stelle lautet:

> er erwischt in bei der Mitte,
> da er am schwechsten was,
> er schwang in hinderrucke
> wol in das grüne gras.

Auch Götze erklärt den hilpersgriff wie Grimm: „Kampflist, wie sie der alte Hildebrand übt, Kiff, Hinterlist". Die Herleitung der „Hilpersgriffe" von dieser Liedstelle erscheint fraglich. hinderrucke muß hier keinesfalls „tückisch" bedeuten. Der Dichter scheint vielmehr „mit dem Rücken in das grüne Gras" sagen zu wollen, wie das beim Ringkampf üblich ist. An einer anderen Stelle desselben Liedes erscheint das Wort hinderrucke tatsächlich auch in dieser lediglich die Richtung bezeichnenden Bedeutung, eindeutig ohne Beigeschmack einer sittlichen Aburteilung. Bedrängt springt Hildebrand hinderrucke wohl sieben Klafter weit, also keineswegs tückisch, sondern der Richtung nach „hinter seinen (eigenen) Rücken" = „nach rückwärts".

Dieselbe gegen Grimm sprechende Bedeutung hat das Wort in schlagender Eindeutigkeit in einem Spruch bei Eberhard Tappius Lunensis (Germanicorum Adagiorum cum latinis ac graecis collatorum, Centuriae septem. Ex libera Argentina, in aedibus Wendelini Rihelij, Anno 1535, Bl. 59^r):

> Freünd in der not,
> Freünd in dem todt,
> Freünd hinder rucken:
> Das seind drei starcke brucken.

In Christophorus Lehmanns Florilegium Politicum anctum usw. Königsberg 1662 lautet der Schluß dieses Priamels: Freund hinterruck: Das sind drey starke Bruck (nach Uhl, die deutsche Priamel, S. 316 und 409). Im Im 16., 17. und 18. Jahrhundert versteht man unter Hildebrandsgriffen oder Hilpersgriffen ganz eindeutig „schlaue, ränkevolle Handlungen". Da die angeführte Liedstelle der einzige Anhaltspunkt für die in Grimms Wörterbuch gebotene Herleitung ist, wird man diese wohl fallen lassen müssen. Denn abgesehen davon, daß die dort angesetzte Bedeutung von hinderrucke nicht angenommen werden muß, wäre es auch seltsam, daß Hilbebrand der Nachwelt gerade in einer seinem ursprünglichen Charakter widersprechenden zufälligen Beurteilung weiterleben sollte, nachdem er ein Jahrtausend als treuer und untadeliger Waffenmeister des Volksliebings Dietrich von Bern ein ruhmvolles Nachleben genossen. Auch muß eine einzelne Liedstelle als eine allzu schmale Grundlage für eine Redewendung des ganzen deutschen Volkes bezeichnet werden.

Wir sahen einerseits, daß Albrants Roßarzneibuch seine alte Würde einbüßte und allerhand Trug und Listen in sich aufnahm, so daß sein ursprünglicher Charakter verwischt wurde — und andererseits, daß der Name Albrant zu Hilbrant (Schlägl) und Hildebrand (Rom) fortentwickelt wurde. Es ist dabei bezeichnend, daß gerade die Schlägler Handschrift, in der man den Anfang der „Hildebrand"-Überlieferung des Roßarzneibuches erblicken mag, besonders reich an unfrommen Zutaten ist; ob auch die römische Handschrift reich an solchen Bestandteilen ist, steht noch dahin. Es scheint aber durchaus möglich, daß die von der Schlägler Handschrift abstammenden Hildebrandtexte auch deren Anhänge forterbten und vergrößerten. Die Hilpersgriffe oder Hildebrandsgriffe könnten demnach die Mittel des Hildebrand-Albrant meinen, die man wegen der in den Handschriften wuchernden Roßtäuscherkniffe in Bausch und Bogen als Tücke und Ränkespiel abtat. So könnte das in Verruf gekommene Buch, das aus der wissenschaftlichen Welt durch fortschrittliche Heilbücher verdrängt wurde, als das mißachtete Brevier der übelbeleumundeten Zunft der Roßtäuscher und Pferdediebe der Ausgangspunkt für die seit dem 16. Jahrhundert sprichwörtlichen Hiltprantsgriff geworden sein, die bald auch Betrug anderer Art bezeichnen konnten. Übrigens findet man die Hilperts-Griffe als Fachausdruck eigens für die Roßtäuscherkniffe zu Beginn des 18. Jahrhunderts im „Klugen Landmann" belegt. Die Überschrift des die Ränke der Pferdehändler enthüllenden Abschnitts (II, S. 89) lautet: Hilperts-Griffe der Roßkämme oder derer, welche die Pferde vortheilig und gar zu eigennützig verkauffen wollen.

Texte.

Vorbemerkung.

Die hier folgenden, zum erstenmal abgedruckten Texte bieten die ältesten Fassungen des Roßarzneibuches von Meister Albrant. Sie stammen in der Mehrzahl aus dem deutschen Osten und führen zeitlich fast bis an die ersten Drucke der Schrift heran. Es wird davon Abstand genommen, die Bände, denen sie entnommen sind, zu beschreiben, da Beschreibungen nach den Grundsätzen des Handschriftenarchivs der Preußischen Akademie der Wissenschaften in Berlin vorhanden sind oder in Bälde vorhanden sein werden. Auch von den übrigen bisher bekannt gewordenen und in dieser Untersuchung gelegentlich herangezogenen Handschriften liegen Beschreibungen in Berlin. Die Aufnahme sämtlicher tschechischer Bearbeitungen und der Hss. 32, 33, 36 meiner Sammlung habe ich selber für das Handschriftenarchiv durchgeführt. Text 4 (die südböhmischen Auszüge) war von Dolch, der den Band, in dem er steht, beschrieb, nicht als Albranttext erkannt worden. In den Beschreibungen wird stets auch eine Bemerkung über die Mundart geboten. Aus den hier vorgelegten Handschriften wird der Germanist mehr über die Heimat der Schreiber entnehmen können, als eine kurze Angabe beinhalten kann. Von der Sprache der Texte zu handeln, glaube ich mir im Rahmen einer kulturgeographischen Untersuchung versagen zu sollen, doch ist die Textwiedergabe, die nach den Grundlinien für die Herausgabe in den „Deutschen Texten des Mittelalters" erfolgt, geeignet, sprachlichen Studien als Unterlage zu dienen. Rotschreibungen von Überschriften habe ich gewiß nicht stets vermerkt, weil die Photokopien, nach denen die Herausgabe erfolgt, über die Buchstabenfarbe keine verläßliche Auskunft geben. In der Interpunktion, für welche die „Grundlinien" Freiheit der Wahl zulassen, bin ich gelegentlich von der Norm abgewichen, um die Verständlichkeit zu erhöhen. Die Überschriften der Heilvorschriften habe ich in allen Texten gleichmäßig setzen lassen, wiewohl die Handschriften naturgemäß nicht einheitlich sind. Der Abdruck erfolgt buchstabengetreu; Abkürzungen werden aufgelöst; Änderungen werden in Fußnoten vorgeschlagen oder durch Kursivdruck kenntlich gemacht, wobei die Schreibung der Handschrift in der Fußnote angezeigt wird. Bei der Korrektur fand eine nochmalige Kontrollierung der Texte an der Hand der Photokopien statt.

1. Die älteste Handschrift (13.² Jh.)
(Prager National- und Universitätsbibliothek VII E 12. Bl. 7ʳᵛ)

(7ʳᵃ)   Medicinalia equorum.[1])

(7ʳᵇ)   1. Swelich ros ain siechs havpt hab
oder daz gestoret sei oder fast von gesůcht chranc sei, der nem retich, wol gederret, und zitwar geleich, und machez ze puluer und mische daz mit weine und gevz iz dem ross in den hals. und verhab im dy naselœcher, untz iz begin tresen. und tů daz als diche, untz im daz ayter gar aus gerinne. und swenne di naslœcher nimmer rinnent, so ist iz gesunt.

          2. Swelich ros ainen geswollen hals hab
und nicht verslinden mŭge, so nim zway ayer oder drev waichev und misch dy mit salcz oder mit ezzeich. und nim ainen stap in der grozze als ain davm, der vor gespalten sei, und bowint den mit werche. und wirf daz ros nider und stoz im den stab in den hals, untz im dy ayzze zeprechen, und gevz im dy temper*ung*²) in den hals.

      3. So du dy wůrm wellest vertreiben aus dem magen,
so nim ezzeich und ayer schal, wol gestozzen, und rost ab dem eysen und gepranten pheffer, wol gestozzen, und la daz mit einander la werden und gevs iz dem rosse in den hals. oder sneid gachhail chlain und sevd in mit walendem wein und gevz iz dem ros inden hals.

            4. So daz ros den wurm hat
zwischen der haut in dem vleisch, so nim ain ros pain und prin daz ze pulver und nim dar zu grůnspat, und prin dy haut ain wenig do der wurm ist, und se daz pulver dar auf. oder pint im ain rospain unwizzende an den hals: so wirt iz gesunt.³)

             5. Swelch ros wazzer reh ist,
dem trieffent dy naselŏcher. dem laz man an der hals oder.

             6. Swelch ros mavchel reh ist,
daz spreizet sich auf dem pallen. dem lazz man an den paynen.

(7ᵛᵃ)   7. Swelich ros wint reh ist,
als ob iz hertzslechtich sei, dem lazz man zwischen avgen und oren.

            8. Swelich ros fueter reh ist,
daz plet sich und chert all *virew*⁴) von im. dem stoz man saif in den leip: so entlet iz sich.

             9. Swelich ros den trit hab,
dem mach den trit schœn und pint dar avf gepetzt prot mit saltz. so stincht⁵) er nicht. und tů daz alle tage.

            10. Swelich ros ain ays hat,
den durch prinn chreutzling und la swebil dar in mit ainem hayzzen eysen. und pint dar auf gepetzt prot mit salcz ze dem tag zwier: so hailet iz.

---

[1]) zweimal. ²) Hf. temper. ³) darauf noch in en und waagerechter Schnörkel. ⁴) Hf. vnraw. ⁵) Hf. stinch.

11/12. **Swelich ros einn gespalten fuez hat,**
dem prich daz eysen ab und slach den pallen auf und leg im werrich mit wazzer dar in: so swirt iz aus.

13. **Swelich ros daz ayter aus geprosten ist,**
dem cher daz ayter aus als im der fuez gespalten sei, und pint dar auf warmen hundes mist.

14. **Swelich ros daz gurvay hat,**
so seud honich und stoz chnouelauch dar under und nim daz ze sammen und pintz im drauf: so haylet iz in drin tagen.

15. **Swelich ros dy chelsucht hat,**
io nim daz chlar von vierundzwaincig ayern und milbe weirauch dar in und gevz sm daz in den hals. und leg im ain rinch an den hals und aynen an dev brust und ariwait iz: so wirt iz gesunt.

16. **Swelich ros rœtzich ist,**
so well ein halp pfunt pavm œl in einer phann und einen vierdunch chochsilber und laz ez erwallen und geuz ez dem ros in dy naslocher: so ist ez ungesunt acht tage und wirt dar nach gesunt oder ez stirbet.

17. **Swelich ros revdich ist,**
so nim swebel und altz smer und striph vurtzen und menschen har[6]) und reib daz under ein ander und salb (7vb) im dy pain da mit an einer sunn oder in einer stuben.

18. **Swelich ros vernagelt ist,**
so nim hierse wol gestozzen, gesoten mit hayzzem smerb, und prich daz eysen ab und pint imz auf den fuez uber nacht: so macht du iz dez morgens beslahen und reiten wo du wilt.

19. **Swelich ros geschozzen ist,**
und *du*[7]) den pfeil nicht gewinnen macht, so stoz einen chrevzzen mit hasen smaltz und pint imz auf dy wunden: so zeucht iz den pheil uber nacht aus.

20. **Swelich ros hagen ^{h}uof ist,**
so mach ein chalchez von aschen aus magen halm und wasch iz da mit. und smir iz dich mit smerb, gemischet mit sweuil und mit chochsilber, und pint imz dar uber und se grunspat dor in und bestreich iz dann[8]) mit lein œl: so wirt ez gesunt.

21. **Swelich ros spetich ist,**
so umb var dy stat alummentum[9]) mit ainem hayzzen eysen und se dann grůnspat dar in und pint dann hayzzes prot dar auf. und waschez diche mit tan czephen chaltchůzz, gesoten von tanzephen.

22. **Sver daz getwang ^{hat}.**
nim azarum haizzet ain chraut und gib im daz zezzen im prot. ader nim sayf und verwasch dy und gib imz ze trinken: so durich vert ez daz ros und wirt vertich.

23. **Swelich ros dy pain wachs[10]) hat,**
so nim ein gluendes eysen und durch prin[11]) du iz ummentum[9]). und pint daz pain oben und niden vast mit zwain puchein riemen.[12]) und se dann ain chraut spangruen. und tů daz zwen tage und mischez dann mit chalchůzz von tanzephen wazzer: so wiert ez gesunt.

---

[6]) l. harn. [7]) du f. [8]) vor dann wurde mit von mir getilgt. [9]) l. al um und um. [10]) Hs. pain wachst. [11]) Vor durch prin wurde druchin von mir getilgt.

24. Du solt wizzen der wurm haizzet dreyer layge. Der ain heft sich zwischen dem chnie und dem[13]) huf. der hayzzet der wolf oder vras oder der hekker. do der leit, do wirt ein peul als ain nuz und ravchet dy haut und iuchet sich da. dar zů nim ......//

2. Der Text der Breslauer Augustiner (14.² Jh.)

(Breslauer Universitätsbibliothek III F 20, Bl. 122ᵛ — 123ᵛ)

(122ᵛᵇ) Dys ist von ros ercztige.¹)
Wer rossin ercztin welle pflegen, der lese dys bůchelin. dys hot uns gemachit meistir Albrant, keyser Vrederich von Krichin smit.²) der hot dyse kunst allir vorsuchit an den rossin, dy ym der keyser bevolyn hatte, do von dyse kunst genczlich und werlich wor ist.

1. Welch ros hŏupt sich ist,³)
so nym retich unde latich, wol gedorrit, unde czetewar glich, unde stos daz czu puluir unde mische daz puluir mit wẙne, unde gůs ys deme rosse (123ʳᵃ) in den hals unde vorhalt ym dy naselŏchir. so wirt ys gesunt. unde tu daz also: dis ist eyn czeichyn, wenne ym dy naselŏchyr nymme rynnen unde nymme roczegyn, so ist ys gesunt.

2. Welch ros roczig ist unde houpt sich,
so nym boum wolle⁴) unde quecsilbir unde tu ys czu samene unde los ys warm werdyn, unde gůs ys deme rosse in dy naselŏchir: so wirt ys gesunt.

3. Welch ros von dem wassir czu unrechte wirt,
daz sal man irkennyn by trifyndingen naselŏchirn. deme sal man losyn an der hals odir: so wirt ys gesunt.

4. Welch ros von dem winde czu unrechte wirt,
deme los an den ougyn unde an den orin: so wirt ys gesunt.

5. Welch ros von dem futir czu unrechte wirt,
daz bleyt sich unde reckit alle vire von ym. deme stos seyfe in den lẙp: so wirt ys gesunt.

6. Welch ros von mancher leyge czu unrechte wirt,⁵)
daz sperrit sich uf dy beyn. deme los an den beynen: so wirt ys gesunt.

7. Welch ros den tret hot,
deme bint eyn gerŏstys brot myt salcze dor uf. unde tu ys also lange, bis ys geheilit.

8. Welch ros vornaylit ist,
so brich ym daz ẙsen abe unde bint *dor uf*⁶) hyrse mit aldim smere wol gesotyn: so wirt ys gesunt.

9. Welch ros geschossin wirt,
daz man des pfîles nicht gewynnen mak, so nym eynen crebys unde stos den mit hasyn smalcze unde bint ys deme rosse uf den schos⁷). so czůt ys den pfẙle ubir nacht uz.

---
¹²) Riemen aus Bocksleder. ¹³) Hj. der.
¹) am Rande wiederholt. ²) smit von mir ergänzt. ³) Rezeptanfänge stets durch das rote Zeichen ☞ bezeichnet, nicht abgesetzt. ⁴) l. boum ole. ⁵) l. Welch ros mauchelrech wirt. ⁶) dor uf von mir ergänzt. ⁷) nichtdeutlich leserlich, da abgewetzt.

8 Eis, Meister Albrants Roßarzneibuch im deutschen Osten.

10. **Welch ros vorbellyt ist**, deme brich daz ysen abe unde slo den ballyn uf unde lege werc dor yn mit wassir: so swirt ys uz.

(123ʳᵇ) 11. **Welch ros bůch / strenge ist adir vordenit ist**, so nym hanf[8]) unde hundis blut unde salbe ym dy odirn do mitte: so wirt ys gesunt.

12. **Welch ros eynen czubrochyn rŏcke hot**, so bůrne alde solyn czu puluere unde wirf den in den bruch. dor noch salbe ys mit boum oley, bis is geheilit.

13. **Welch ros rendig**[9]) **ist**, so nym smer unde sponsgrůne unde swebil unde salbe dy rendin[10]) do mitte an der sẙten[11]) adir in einer heisin stobin: so wirt ys gesunt.

14. **Welch ros eyn ŏbir beyn hot**, so bůrne der hůt eyn wenync uf dem beyne, bys ys[12]) sich rympyt, unde lege denne uf den brant sponsgrůne. an dem drittyn tage so lege ŏbir den hanf: so wirt ys gesunt.

15. **Welch ros herczletig wirt**, so nym encian unde stos den in wẙne unde gůs ys deme rosse nůn tage in den hals: so wirt ys gesunt.

16. **Welch ros kẙchet**, deme gyp nicht czu essyn wenne růckẙne clẙen: so wirt ys gesunt.

17. **Welch ros nicht gestallyn mak**, so nym lorber unde stos dy in wẙne unde stose ys deme rosse in den hals: so wirt ys gesunt.

18. **Welch ros daz vorstelle hot**, so nym atrament unde stos daz mit bire unde gůs ys deme rosse in den hals: so wirt ys gesunt.

19. **Welch ros eynen gespaldyn fus hot**, den sal man uf spaldyn czwyschyn deme horne unde dem hufe lege eyn tuch von wurmel gewollyn mit deme wẙsyn des eigys[13]): so wirt ys gesunt.

20. **Welch ros dy wůrme bẙsen in dem bůche adir in dem magyn**, nym essik unde eigir schalyn unde hamir slac unde stos ys czu samene unde gůs ys deme rosse in den hals: so sterbyn sy. /

(123ᵛᵃ) 21. **Wiltu den wurm seyn sprechyn, so sprich.**[14]) Der wůrme woryn drẙ, dy sente Job bissyn. der eyne der was wẙs, der andir swarcz, der dritte rot. herre sente Jop, lege der wůrme tot! + obtrayson + magula + Job connubia malagula + zarabuntis + in nomine patris + et filij + et spiritus sancti + amen.

22. **Wiltu den wurm der do heisit der pirczil vortrẙben**, so nym bramwurcz unde sůd dy mit essyge unde gůs ys deme rosse in den hals: so vorgen sy gewislich.

Deo gracias

Laus tibi sit Christe, quoniam liber explicit iste.

---

[8]) l. hanf ol. [9]) l. rudig. [10]) l. rudin. [11]) l. sunnen ft. sẙten. [12]) ys f. [13]) „Erſparung".
[14]) Der Wurmſegen durch Linien abgegrenzt und dadurch als Zufügſel gekennzeichnet.

3. Die Sammlung Johannes Posenanie's (1361—1366).

(Breslauer Universitätsbibliothek III Q 1, Bl. 86ʳ — 88ᵛ)

(86ʳᵇ)   Incipit medicina de equis siue equorum.[1])
VEr dy erczstye won den rossen wyssen welle, der vindit se hy gescrebyn. unde dy kunst hat gemacht meyster Albret, keysyr Frederichis smyt unde marsteller won Napelz. der hat dyse const gar unde gancz worsucht an den yrbaryn rossen, dy ym der keysir bewolen hatte.[1])

1. WElch ros eyn sich houpt hat,
daz ym czu stossen adir czustoret sey adir won gesuchte crank sy, so nym retich, wol gederret, unde czitwar glich unde mische daz mit salcze unde (86ᵛᵃ) mit wyne unde laz daz irwallen unde gus daz dem rosse inden hals unde worhalt im dy naze holer daz is begynne dresyn. unde tu daz zo ofthe bis ym daz eytir uus gerynne: is wert gesunt.

2. WElch ros boze ougyn hat adir wel inden ougen hat,
zo nym dy musselyn, dy by dem wasser legyn, unde mache dy glunde of kolen unde czuch yn denne dy ynner huyt unde dy owzser huwyt abe. daz mittelteyl mache czu puluer, unde vrisser yngeber alzo wil unde galiczen steyn als wyl. unde nym denne dy gemeyn unde mache dy wirstunt glundink uf kolyn, unde als ofte lessche se in wyne, unde mache se czu pulwer unde wig den wirden[2]) pulwer glich unde rit daz pulwer durch eyn tuch unde blazis dem rosse indaz ouge, sam dy smede tun: zo wirt is gesunt.

3. VElch ros den ougstal hat,[3])
dem sal man lassen undir dem nazebant unde bynt in den kopf[4]) nidir: zo blutit is us.

4. VElch ros eynen geswollen hals hat,[5])
unde nicht geslyndyn mag, zo nym czwey eygir adir dry roe unde mische dy mit salcze unde mit essege, unde nym denne eynen stekken, eynis dumyn dicke, unde spalt den worne unde bewynt yn mit werke. unde wirf denne daz ros nedyr unde stos[6]) ym den stecken in den hals, bis ym dy druse czubrechyn, unde gus im dy temperunge denne in den hals: is[7]) wirt gesunt.

5. Welchym rosse du wellis dy worme wortriben uus dem magen,
nym eygirschalen, wol gestossen, unde rockyn deyssym adir flug sintir unde wol gebranten (86ᵛᵇ) pfeffer gestossen unde getempir[8]) daz mit salcz unde mit essege, unde gûs ys[9]) dem rosse als warm inden hals: dy worme sterbyn. odir du bindym in der selbyn not nacht umwissins eyn rosbeyn an den hals. odir du salt snydin gachheyl cleyne und suyt das mit wine unde floze daz dem rosse in den hals: zo sterbyn dy worme.

6. VOr den worm czwissen der huyt, unde der worm[10]) ist dryer leyge unde heysit der pirczil.
Der erste hebit sich[11]) worne an dem rosse. zo borne do selbist dem rosse dy huyt inczwey adir wenink, do der worm leyt. und rip dor inn grunespon unde gepuluert rosbeyn: der worm styrbit.

---
¹) rot. ²) Hs. den dē wir pulw'. ³) darüber rot 3 ougstal. ⁴) Hs. hopf. ⁵) darüber rot ad nioie colli. ⁶) Hs. stof. ⁷) Hs. ist, ⁸) getemppirt Hs. ⁹) ys von mir ergänzt. ¹⁰) Hs. wor.
¹¹) sich von mir ergänzt.

Der andir hebit sic czwissen dem kny unde dem¹²) hof. wo der lyt, do wirt eyne bůle¹³) als eyn nos. dor czu nym czwene bocken¹⁴) rymen unde bint daz beyn undyn unde obyn¹⁵) gar vaste, do der worm leyt, zo wirfit daz blůt den worm won dem beyne czu hant. durch burne dy hůyt cruczewis mit eyme ysin unde rip grunespon dor in unde bint denne dy wunde czu, bis obir dry tage: alzo machtu wortribyn den beyn waysch.¹⁶)

Der drytte hebit sich by dem czagil an an dem gestoze. do wirt ouch eyn bůyl als eyn nos unde rouchit dy huyt do selbist, unde rybit sich daz ros wedir dy wende. czuhant schyr doruffe daz hor abe unde snyd den worm uf mit eyme messir cruyczewys unde rip grunespon dor in unde bint den dor obir sweuil mit smer unde mit pilzenzome gestozen: der worm styrbit. vorzumest du daz abir, zo brychit der worm us¹⁷) obir al. zo burne dy stat, do her¹⁸) (87ʳᵃ) lit¹⁹), unde nym denne gepuluirt rosbeyns unde grunespon unde sweuil unde rip daz dor in. unde hilfit daz nicht schyre, so nym²⁰) wermute saf, alzo wil daz du dor ynne eyn lylachyn geneczyn mogist, unde puluer denne in alle stete, dy du gebrant hast, mit dem genanten puluir, unde bevint daz ros sebyn tage mit dem lilach alle tage eyns: der worm stirbit.

7. WElch ros²¹) wassirrech ist,

dem trifen de nazeholir. dem los dy hals odyr: is²²) wirt gesunt.

8. WElch ros²³) mauchilrech²⁴) ist,

daz sprenczit sich uf dem beyn.²⁵) dem los an dem beyn: is wirt gesunt.

9. WElch ros wintrech²⁶) ist,

daz tut sam is herczslechtich²⁷) sy. dem laz czwyssen den ougen unde den oren:²⁸) is²⁹) wirt gesunt.

10. WElch ros futirrech ist,

daz bleit sich unde streckit alle wyre³⁰) von im.³¹ dem stos seyfe in den hindir: zo wirt geringer unde ouch baz im.

11. WElch ros³²) eyn trit hot,³³)

den saltu machyn reyne unde bint dor uf gebeit brott mit salcze an eyme tage czweyr: zo wirt her nicht unreyn unde wirt daz ros gar schire gesunt.

12. WElch ros dez ayz³⁴) hot,

den durch burne cruczewis mit eym ysin unde la sweuil dor in rynnen: is wirt gesunt.

13. WElchym rosse daz eyter ist us gegangen us dem vosse, alzo daz im der³⁵) huwf sy gespaldyn, zo saltu gar ofte dor obir byndyn warmyn hundis mist: is wirt gesunt.

14. WElch ros wornaylt sy,

dem brich das ysin ab unde tempir denne hirse mit aldym smere gestossyn unde bind is im dor uf. zo machtu is morne lassen beslan unde rithen wo du hyn wilt.

---

¹²) Hſ. d'. ¹³) vorher bole geſtrichen. ¹⁴) Hſ. boczken. ¹⁵) Hſ. obyl mit den Fehler anzeigendem Punkt unter l. ¹⁶) l. beynwachs. ¹⁷) vorangehendes vf durchſtrichen. ¹⁸) do her auf der nächſten Seite wiederholt. ¹⁹) vor lit zwei Buchſtaben ausgekratzt. ²⁰) mỹ mit Punkt unter m. ²¹) Hſ. rof. ²²) Hſ. ist. ²³) Hſ. rof. ²⁴) Hſ. mauchilrecht. ²⁵) vorher de getilgt. ²⁶) Hſ. wintrecht. ²⁷) Hſ. sam is ab ia ha heyczslechtich. ²⁸) Hſ. orem. ²⁹) Hſ. ist mit Punkt unter t. ³⁰) Hſ. wy wyʳᵉ. ³¹) Hſ. vom in. ³²) darüber rot worde trit. ³³) vor ros zwei Buchſtaben getilgt. ³⁴) vor ayz zwei Buchſtaben getilgt. ³⁵ Hſ. dem

15. **WElch ros eynen gespaldyn vos**[36]) hot,
dem tu´tu dy spalde of czwissin dem hůfen unde den vussen unde lege dor in eyn kulchyn[37]) won semil mel unde von eyis wys gewollen: zo wirt is kurczlich[38]) gancz unde gut.

(87ʳᵇ)   16. **WElch ros sich worbellit hat**
dem brich daz ysin ab unde hew[39]) den ballyn of unde lege eyn hanfwerk mit wassir dor in: zo swirt es us unde wirt gesunt.

17. **WElch ros daz cucfay hot,**[40])
zo stof chloflech[41]) unde tempir daz mit aldym smer unde bint im dy temperunge doruf: is heylit in dryn tagen unde virt gesunt.

18. **WElch ros czubrochyn adir geswellt ist under dem satil,**
zo nym hechtis czene adir alde solen unde burne dy czu pulwir, adir rip grunspan unde se daz dor in adir doruf dicke, unde wasche[42]) daz denne mit harne adir calcus. saltu aber schire ryten, zo mache eynen dunnen clyster von semelmel unde von eyis wys unde lege daz doruf: is heylt dor under.

19. **VElch ros den buch getwang hat,**
zo nym zeyffe unde worwassche dy unde guys daz wassir, daz dor won kummit, dem pherde an eyme tage dry stunt in den munt: zo wirt is durch werret unde gesunt.

20. **VElch ros den schren hat,**
dem gip dry tage noch enander nicht andirs czu essin wen rockyn cleyn: is wirt gesunt.

21. **VElch ros wilt fleys hot in der wunden,**
zo sal man nemen grunespat unde dor uf schoten unde sal is denne wasschyn mit wyne, do nessil zome inne gesotyn sy: so wirt is schire heyl.

22. **VElch ros geschossyn ist**[43])
unde du den phil nicht gewynnyn macht, zo stos eynen chrouczzyn mit hasin smalcz unde bind im dy temperunge[44]) dor obir: zo wirstu seen, daz daz geschos obir nacht us wellit.

23. **VElch ros won wasser czu rehe ist,**[45])
daz sal man irkennen by tryfenden ougen adir nazelocheren. dem sal man an der hals oder lassyn.

24. **Welch ros ist won wynde czu rehe**[46])
als is hertzslechtig sy, dem sal man lossen czwissen den ougen unde den oren.

25. **Welch ros won dem futir ist czu rehe,**[47])
daz bleit sich unde kerit alle vire of. dem sal man seyfe in den lip stoßen: zo enbleit[48]) is sich. /

(87ᵛᵃ)   26. **Welch ros eynen trit hat der blutig ist,**[49])
den sal man schone machen unde gebehet brot dor uf byndyn mit salcze: zo neczit her nicht. unde tu daz alle tage czwir.

---

[36]) vos zweimal. [37]) vor kulchỹ zwei Buchstaben getilgt. [38]) vor kurczlich vier Buchstaben getilgt. [39]) vor hew zwei Buchstaben getilgt. [40]) darüber ad cuffay l. gurvey. [41]) l. knobloch. [42]) vorher wach gestrichen. [43]) am Rande rot ad geschossē. [44]) tēperūde. [45]) darüber aᵃ ps d'āqᵘ. [46]) darüber ẓ uentū. [47]) am Rande D' pabulo. [48]) wohl entleit zu lesen. [49]) darüber eỹ trit.

27. **Welch ros eyn eis hat,**[50])
den sal man cruczelinge durch burnen unde swebyl dor in treuffen mit eyme heysin ysin. unde binde dor uf eyn gebehet brot mit salcze czu dem tage czwir, bis daz is geheylit.

28. **Welch ros eynen gespaldyn vues hot,**[51])
dem sal man uf spaldyn czwisschen[52]) dem hare unde czwischen dem horne. unde lege dor uf eyn kuchelyn won tinkil[53]) mele, getempirt unde gewollen mit wyssen eynes eyes: zo wechsit[54]) ym der spat wedir czusamen unde wirt kurtzlich gancz unde gut.

29. **Welch ros worbellit ist,**[55])
dem sal man daz ysyn ab brechen unde sal den ballen uf slan unde sal eyn werk dor uf legen alle tage czwir: zo swyrt is ym us.

30. **Welch ros eytir in dem wuze hat,**[56])
dem sal man kaldis wassir gissen uf den wůs. so daz ysyn wirt abe geslan, an welchir[57]) stat denne daz wassir won enander vlůst, zo suche is. zo du is denne vyndist, zo las is us unde gus unslit dor in unde laz is offin steyn unde slach daz ysin wedir an.

31. **Welchym rosse daz eytir uf den vuz ist us gebrochyn,**[58])
daz sal man reynen unde sal dor uf byndyn warmyn hundis mist.

32. **Welch ros daz corvey hot,**[59])
dem sal man honik sydin unde knobelouch dor undir stoßen unde sal daz dor uf byndyn: zo heylit is wedir in eynir nacht.

33. **Welch ros dy kelsůcht hot,**[60])
zo salt du nemyn daz clar won wyr adir won wunif eyern unde salt wirouch dor undir mischen unde sal ym daz gissen in den munt unde sal ym eynen rink legen an dy brost.

34. **Welch ros ruczik ist,**[61])
zo nym eyn halpfhunt bomoles unde werme daz in eynir phannyn unde (87vb) eynen halben wirdunk quecsilbirs unde laz is irkaldyn eyn teyl unde gus is dem rosse in dy nazelochir: zo ist is ungesunt acht tage. so wirt is gesunt dornoch eyn halp iar adir vorbaz adir stirbit.

35. **Welch ros eyn swolst hot,**[62])
daz sal man cruczewis durch burnen unde sweuil tryfen dor yn mit eyme heysin ysin. unde bint doruf gebeyt brot mit salcze czu dem tage czweyr[63]) bis is geheylt.

36. **Welch ros hertslechtig ist,**[64])
dem sal man eyn glundes ysyn als eyn spynnele czwischen dem arse unde czwischen dem czagele an dy wuste stechyn: zo teylit sich der odym, dy wyle daz loch offen ist. zo wirt ym nicht unde wirt gesunt.

37. **Welch ros sich an strehet,**
zo nym daz gederme us eyme hunde unde slach im daz in den munt: zo vorstet is im czu hant.

---

[50]) darüber ͛eys, am Rande eȳ ēys. [51]) darüber ͛ scissū pedem am Rande gespaldȳ wus. [52]) czwisschem. [53]) vor tinkil ist tintil getilgt. [54]) Hs. weschsit. [55]) darüber worbellit am Rande bellit ist. [56]) darüber ͛ tales ī pede am Rande eytir. [57]) vorher m getilgt. [58]) am Rande daz eytir zur Überschrift: nach won dem von mir dem some hot vf weggelassen. [59]) rot darüber ͛ coruey am Rande]orvey. [60]) am Rande]elsucht. [61]) darüber rot ͛ flecmā eǧrū. [62]) dieses Rezept unter der Kolonne. [63]) czeyr. [64]) darüber rot. ͛ hertslechtig.

38. Welch ros repsich ist,⁶⁵)
zo nym swebil unde machis als eyn mel unde mische dor undir smer undè salcz. daz ryp mit salben unde sal is mit eyme lichte us burnen daz hor unde den grynt, daz is schone werde. unde salt is dor noch salben mit smere an dem andryn tage, bis daz is geheyle.⁶⁶) unde rit is doch wor du wilt.

39. Welch ros halhuwek ist,
dem tu daz selbe.

40. Welch ros czubrochyn ist uf dem růcke,⁶⁷)
so nym eynen nuen topf unde volle den⁶⁸) halp mit esils miste unde daz andir mit eyme omeyssen hůffen unde wirke obir dem top eyn owyn mit leyme unde secze den topf uf den rost, daz is aller czu puluer werde, unde salbe den bruch do mete boymole unde wirf daz puluer dor noch alle tage czwer dor in is⁶⁹) heylt im⁷⁰) tag unde nacht. unde eynis dumen breyt so is geheylit, zo laz is stan wirtzik tage umme unde umme, bis daz dy huyt ¡irstarke,⁷¹) unde rit is denne.

41. Welch ros dy worme bysin⁷²)
unde nedir wellit, so nym gocheyl unde suyt den in wyne unde laz is irkalden unde gis⁷³) is ym in den hals: so sterbyn sy. tempore ỹemale zo nym rindir kot unde essik unde stos is czu samyn, daz is dunne (88ʳᵃ), unde gus is im in den hals. dornoch gip⁷⁴) im salcz.

42. Welch ros den⁷⁵ pirczil hot czwischen huyt unde fleysche,⁷⁶)
zo durch burne dy bule unde gus hirssyn unslit dorin.

43. Welch ros hot den pirczil,
zo wure is keyn der sunnen an eyme dunrstage vru, e dy sunne ufge, unde trit im mit dyme rechtyn wuze uf synen rechtin wus unde blaz ym in syn rechtis ore unde sprich: „Spiritus sanctus, pirczil, du sist adir bist tot. dir gebot Iob: pirczil, du bist tot!" daz tu dry tage nach enandir unde snyt dem pherde worne dy stirne uf: zo vindis tu den worm tot.

44. Welch ros dy spulworme bysyn,⁷⁷)
dem gip swercze czu trinken. ad idem: snit uz eyner wan speychen eyn crucze unde gip dem pherde do won czu trinken.

45. Welch rosden ruden hat,⁷⁸)
zo nim lute⁷⁹) mist gepulwirt unde alt smer unde swewil under enander gemengit,⁸⁰) unde smer daz phert in eynir werme adir sunnen⁸¹). item mit hunyr mist unde mit harne wasche daz phert.

46. Welch ros hot eyne swolst,⁸²)
daz wasche mit seyphyn wassir.

47. Welch ros spetic ist,⁸³)
dem lege eyn nessilworczil czwischen huyt unde fleysch unde rure is mit dem sporne.

---

⁶⁵) darüber rot ℈ reypsich am Rande repsich. ⁶⁶) vor geheyle ist gehe getilgt. ⁶⁷) darüber rot ℈ muche(!). ⁶⁸) dem mit Punkt unter m. ⁶⁹) Hf. ist. ⁷⁰) nach im ein Wort (drei Buchstaben) abgewetzt oder ausgekratzt. ⁷¹) vor irstarke zwei Buchstaben ausgekratzt. ⁷²) darüber rot ℈ v'mes equorum. ⁷³) gis klein über schub. ⁷⁴) bip. ⁷⁵) dem. ⁷⁶) darüber rot ℈ pirczyl. ⁷⁷) darüber rot ℈ spůlwor. ⁷⁸) darüber rot ℈ ruden. ⁷⁹) lutes mit Punkt unter s. ⁸⁰) am Rande noch spōsgne. ⁸¹) sÿne, nach werme ist stuben zu ergänzen. ⁸²) darüber rot ℈ tůorem am Rande swulst. ⁸³) am Rande spetic.

48. **Welch ros eyn wel hot in den ougen,**[84])
zo nym czwelf crebis unde burne dy czu puluir unde blas im daz in dy ougen, bis se ym rot werdyn, unde strich dornoch honik: zo lutirt is sich.

49. **Welch ros hat daz ouginstal,**[85])
dem laz ander odir an den ougen unde bind ym den cophf nedir: zo blutit is yn us.

50. **Welch ros hat eyn beyn wachs,**[86])
der neme wegebreyte unde gocheyl unde neme daz glich unde stos daz gar wol unde wirf daz ros nedir unde beguys is mit caldym wassir, unde dor noch eyn caldis ysin uz acis[87]) unde roufe (88ra) hor us unde burne sy daz[88]) sy walwen unde[89]) bint daz crut dor uf: zo worswyndit is ym in eynir nacht. wer dez nicht habe, der neme encian, zo her allir grunist ist, unde mache dy beynwachs[90]) vrat unde laz is eyn nacht dor uffe legen. dor noch *nym*[91]) eyn plastir won eyme clare. unde tu daz, bis daz is geheyle.

51. **Welch**[92]) **ros ist czu rehe**[93]),
zo[94]) sprich dese wort in dez pherdis ore: Peter[95]) sprach czu Iob[96]): „rit mit mir czu Rome!" „ich enmak, herre meyster, myn ros ist czu rehe." „sprich ym in syn ore dry wort alz ware, daz der heylige geyst mynir vrowen synte Marien sun ist: in nomine patris et filii et spiritus sancti. amen."

52. **Welch ros den caldyn stal hat.**[97])
Nym eyn lot lorber unde eynen bechir wol wynes adir guten biris unde werme daz eyn wenink unde guys dem pherde inden hals. unde wur is uf schof mist, der do warm sy.

53. **Welch**[98] **ros sich worwangen habe.**[99])
Nym daz gebis unde czuch is durch eynen warmyn lutis mist unde lege is dem pherde in den munt, unde worstoph ym dy nazelocher alzo lange, bis is begynne dresyn.

54. **Wor daz obirbeyn**[100])
nym eyn gluende ysin unde burne dy huyt bis daz se sich runczele. obir dry tage lege spongrune dor uf.

55. **Wor daz eyme pherde der rucke serik ist adir czu-brochyn adir**[101]) **gellit.**[102])
Burne eyn ledir czu *puluer*[103]) unde eyn swyns mist puluer ouch unde wirf dem pherde uf den rucke. ad idem: nym hamir slag unde rip den cleyne unde rere uf daz zere.

56. **Wor daz mol inden ougen**[104])
nym ruiz unde katzen mist unde salcz unde menge daz mit czegener milch unde truckene is denne unde rip daz czu puluer unde blos dem pherde in daz ouge.

57. **Contra houbet sich**[105])
nym eynis hundis hyrnschedil unde puluer den unde bloz dem pherde in[106]) dy nazeholer.

---

[84]) darüber rot ⅌ wel, am Rande eȳ wel. [85]) darüber rot ⅌ ougē, am Rande ougē stal. [86]) darüber rot ⅌ beyn wasch, am Rande beȳ wachs. [87]) vielleicht acies. [88]) über sy vor daz steht d hut. [89]) vn̄ zweimal. [90]) beynwasch. [91]) nym von mir ergänzt. [92]) Wech. [93]) darüber Cōt= spat id czu rehe und rot ⅌ spat. [94]) ist vor zo von mir getilgt. [95]) vor Pet' fünf Buchstaben ausgekratzt. [96]) vor iob drei Buchstaben ausgekratzt. [97]) darüber rot ⅌ caldȳ stal, am Rande kaldȳ stal. [98]) Wech. [99]) darüber rot ⅌ wor wangē, am Rande vor wa. [100]) darüber rot ⅌ obirbeyn, am Rande ob' beȳ. [101]) vor ad' ist age getilgt. [102]) darüber rot ⅌ seuk, am Rande serik. [103]) puluer (am Rande) nicht leserlich, im Text steht miste, darunter Punkte. [104]) darüber rot ⅌ tra mol, am Rande wor daz mol. [105]) darüber rot ⅌ hobit sich. [106]) zweimal i.

58. Contra spat[107])

nym eyn messir unde stich eyn crucze an der stat dez spatis unde mache eyn cruce won[108]) seyme unde drucke in daz gesnedene crucze. /

(88va) 59. Corney.[109])

Nym hundis mist. den puluere. dor czu menge spongrune unde rere dem pherde uf daz corvey und bynt dor uff werk also lange[110]), bis daz is heyl werde.

60. Contra muche.

Nym eyn gluende ysyn unde borne dy muche gar abe unde slach wil slege dor in mit eynir vliten. unde lege dor uff salcz unde broth. dor noch rere spongrune druf, bis is geheyle.

61. Contra vlosgalle.

Dy salt du burnen mit eyme heysin ysin, unde dor uf bint warm brot, zo daz phert is allir heysist irlidyn mag, bis an den dritten tag. zo mache eyn salbe von wysem harcze unde von aldym smere unde smer se domete.

62. Contra haylhuuer.

Wor dy haynhuwe breyte werk dicke unde flosse dor in pech unde lege daz heys uf den wůs unde[111]) laz is legen dry tage. dor noch nym clyen unde salcz glich wil unde menge daz mit essege, unde bint ym daz uf den vuys. dor noch smere den wůs steteklichen, bis her werde heyl.

63. Wor hertslechtig.[112])

Nym starken wyn unde encianez[113]) eynin bechyr wol unde eynen leffil wol salczis unde daz menge czu samene unde werme is eyn[114]) wening. daz gůs dem pherde in den hals dry wende. obir den dritten tag eynes, dor noch laz ym dy span odir. dor noch obir wir tage zo laz im denne abir.

Expliciunt remedia equorum.

4. Die südböhmischen Auszüge (14./15. Jh.)

(Prager National- und Universitätsbibliothek XI D 10, Bl. 145r)
(Die eingeklammerten Überschriften nach den übrigen Albranthss. hinzugefügt.)

1. (Welich ros das vorstell hat oder das twangk.)

Wider vorstelle oder twangk der pferd nym speck als gros als ein vinger und bespreng in mit aterminzen, die wol geriben ist, und stos in in des pferdes leib.

2. (Welich ros spetig ist.)

Wider das spat nym ein messer und sneid die hawt auff an der stat, da das spat ist, und mach ein creutz von der wurtz, die da haisset alge ze latein, ze dewtschs seim, das da swimmet auff dem wasser, und legs crewtzweis auff die wunden: so wirt es hail.

3. Wider die aglei

nym hunds mist und spansgrün und stos das und mengs zesamm und spreng sie auff die wunden an dem fues und pint darauff weit als offt, pis es hail wirt.[1])

---

[107]) darüber rot ꝫ spat, am Rande spat. [108]) nach cruce folgt durchstrichen an der stat. [109]) so im Text und darüber. [110]) la vor lange getilgt. [111]) vn̄ zweimal. [112]) darüber rot heitslechtig, am Rande nur]ert]ech]g. [113]) encianaz. [114]) vor eỹ ist czu samene getilgt.

[1]) vgl. die übrigen Hss.: die Rezepte Welch ros ein trit hat, Welch ros einen ays hat, Wann dem ros das ayter auf dem fuez auspricht.

4. (Welich ros die mauchen hat.)

Wider die mauchen nym ein prait eisenn, das da glue, und zeuchs uber die stat der wetagen und prens woll. darnach hack es mit dem flieden darjnn und leg darauff salcz und prot zesamm gemengt, und sprenge alle tage dar auff spangruen: so wirt jm pas.

5. Wider das swill unter den hürnen.²)

Ob man das ab zeucht, so nym hert prot und saltz gleich vil und mengs und pints dar auff. des andern tags sprenge spangruen darauff und dorren pferds mist vermengt pint darauff uber nacht. das tu iij tage.¹)

6. Das ist ein salbe zu der pferde huff.

Nym alts smer eyn virdung, eins stiers unslit ainen halben virdung, ein lot wachs, honigs ein halben vierdung, weirochs ein lot, teites³) eyn halben virdung, pullisch weis ein halben virdung, bawmols ein lot, specks ein halben virdung. das meng alles zesamm und sewt sie mit einander: so wirt⁴) sie gut.⁵)

5. Die Reinschrift Siegmunds von Königgrätz. (1435.)
(Prager National- und Universitätsbibliothek IV E 16, Bl. 110ᵛ — 115ᵛ.)

De infirmitate Equorum.

(110ᵛ) Von den rossen ertzney.¹)

(111ʳ) Der da wil haben roß erczney, der lezz ditz puech. daz hat gemacht maister Albrant, chayser Fridreichs smitt und marstaller von Napolis. der hat die chunst all versůcht an den erbern rossen, die ym der chayser enpholhen het. da von disew chunst gwis und guet ist.

1. Welichs rozz ain siechs haup hat,

das ym czu stozzen sey oder sůst von gesůcht chranchk ist — der nem råtich, woll gedort, und zitwar gleich und stözz das durich einander und misch dann daz puluer mit wein und geuss es dann dem rozz in den hals und verhab ym die naslöcher, uncz es peginne dråsen. und tů daz als dichk, uncz ym das aytter aus dem haupp ganczleichen rinnet. das erchenst du, wann ym die naslöcher nymer rinnent: so ist es warden gesunt.

2. Welichs rozz ain geswollens haupp hat,

also das es nicht geslinden mag, so nim tzway röhe ayer und misch die mit salcz oder ezzich. und mach ain stab, alz grozz alz ain dawm, der vor gespalten sey, und umb wint den mit werch oder mit har. und wirff das rozz nider und stözz ym den stab in den hals, uncz das die ays presten. darnach geus ym die temperung in den hals.

(111ᵛ) 3. Welch rozz die würm hat in dem magen /

oder in dem pauch, so nim esseich und ayer schaln, die woll gestozzen sind, und daz rött von dem eysen und gepranten pfeffer gestozzen, und la das miteinander

---

²) Hſ. hünen. ³) Hſ. Teites. ⁴) Dolch druckt fälſchlich wird. ⁵) Dolch überſchrieb dieſe Auszüge: „Heilmittel für Pferde und Hühner"(!), hiezu augenſcheinlich durch den Schreibfehler in der Überſchrift Nr. 5 verführt. Daß es ſich um Auszüge einer Albranthandſchrift handelt, gewährleiſten die erſten fünf Rezepte. Das ſechſte ſonſt (wenigſtens in den älteren Handſchriften) nicht gleichlautend belegt.

¹) rot.

lŏ werden, so geus es dem roß in den hals. oder nim gacheil und sneid die chlain und seud es ain wall in wein. und wenn es lŏ werd, so geus es dem rozz in den hals.

4. **Welch rozz den pŭrczel der wŭrm hat** tzwischen haut und fleisch, so nim ain rozz pain und prenn daz und stözz es czu puluer und nim dar tzŭ grŭnspåt, und prenn die haut ein wenig, da der wurm ynn ist, und strå daz puluer dar auf. oder nim ain rozz pain und pintt yms an den hals, das es nyemant wizz: so wirt es gesuntd.

5. **Welch rozz tzu råch ist,**[2]) das soll man erchennen pey den trieffunden naslöchern. den sol man lazzen an den hals adern.

6. **Welch rozz mauchelråch ist,** daz språwczt sich auf den pallen. den sol man lazzen auff den pain.

7. **Welch rozz tze wint räch ist worden,** daz sol man erchennen da pey, daz es[3]) ist als es herczslåchtig sey. dem sol man lazzen tzwischen den augen und den ŏrn.

(112ʳ) 8. **Welch rozz von / fŭter tzu råch wirt,** das plåt sich und wirfft alle vierew von ym. dem sol man sayffen in den leib stözzen: so entlåt es sich.

9. **Welch rozz ain trit hat,** den sol man schŏn machen und gepåcz prŏt dar auf pinden mit salcz, so erstinchkt es nicht. und tŭ daz alle tag.

10. **Welch rozz ainen ays hat,** den sol man chrawczling durich prennen und swebel dar yn rennen mit ainem hayssen eysen. und pint dar auf ain gepåtz prŏt mit salcz tzu dem tag tzwir, uncz das es gehaylt.

11. **Welch rozz ainen gespalten fuezz hat,** den sol man spalten[4]) tzwischen den hŏren und den fuezz. und leg dar auf ain chügel von tincheln melwe, pewollen mit dem weizzen dez ays: so wirt die spalt gancz.

12. **Welch rozz verpellet wirt,** dem sol man das eysen ab den pallen auf slahen und sol man ym ain werchk mit wazzer alle tag dar yn legen: so wirt es aus sweren.

13. **Wann dem rozz daz aytter auf dem fŭzz aus prist,** so sol man es aus cheren sam der fŭzz gespalten sey, und sol man dar auff pinden warmen huntz mist.

14. **Welch rozz daz churfal hat,** dem sol man hönig sieden und chnofflach darunder stözzen und sol daz dar auff pinden: so hailt es in drein tagen.

(112ᵛ) 15. **Welch / rozz die chelsücht hat,** so nim daz chlar von xxiiij ayrn und die scheln, und weyråch sol man dar yn mŭln. und geus es ym yn den mund. und leg ym ainen rinchk an den hals und ainen an dy prŭst und arbait es. darnach so prist es von ym.

[2]) erg. von dem wasser. [3]) es f. [4]) splatem.

16. Welch rozz rŭczig ist,
so nim ain halb lb. paw̭m öl und welle daz in ainer pfannen. und nim ainen vi̭rdung cho̭chsilber und la es erchalten und geus es dann dem rozz in die naslöcher: so ist es ungesunt acht tag und wirt darnach gesunt ain halbs iar oder es stirbt.

17. Welch rozz raw̭dig ist,
so nim swebel und grůnspat und alcz smer und stripfwurczen und menschen har. 1 und misch daz tzu sam und reib und salb die raw̭den da mit an der sunnen oder in ainer haizzen stubenn.

18. Welch rozz ain pain wachs hat,
dem prenn man die haut auf auf[5]) dem painwachs, uncz si sich rimphft, und leg darnach auf den prant grůnspat. und tů daz drey tag. und dem uber hŭff recht also.

19. Welch rozz ain tzeprochen ruchk hat,
so nim[6]) verprante alte soln tzu puluer und sweineinew pain und hechten chew, und mache daz tzu puluer und stra̭w yms auf den pruch. můstu aber (113ʳ) reytten, so sneyd daz pflaster aus alz weyt der pruch ist oder ein wenig weyter, und secz perment dar uber und reyt. so haylt es dar under churczleich.

20. Welch rozz pawch streng ist,
so nim hamföl und hundes plůt und salb ym die adern an der prust.

21. Welch rozz den hůfftwang hat,
so nim linsa̭t und altes smer und sneid daz durich einander und pint es dem rozz umb die hůff uber nacht: es wi̭rt frisch.

22. Wann man dem rozz die dillen aus wirfft,
so nim ains herten prötz die prösm und gemischt mit salcz gleich, und pind es dar auff uber nacht. und des andern tags wi̭rff dar auff grůnspat und truchken laym, nicht verprunnen, und pint daz dar auf uber nacht und tů daz drey tag.[7])

23. Welch rozz geschozzen ist,
daz man den pfeyl nicht gewinnen mag, so nym ainen chreuzzen und stözz in mit ha̭sen smer und pint yms auf dy wunden: so tzeucht es ym den pfeyl aus uber nacht.

24. Welch rozz vernagelt ist,
so nim hi̭rzz, woll gesoten. mit haissem smere und prich daz eysen ab und pint yms auf den fuezz uber nacht. so machtu ez mo̭rgens peslachen und reyten wo du wild.

(113ᵛ) 25. Du solt / wizzen daz der purczel dreyer lay ist.
Der erst hebt sich an dem pain tzwischen dem chnie und her auf.[8]) daz haist der wolff oder der hechker oder der frazz. den soltu erchennen also, daz an der stat, da er leit, wi̭rt ein paw̭l recht als ain nůzz, und rimpht sich dy hawt und iuchkt sich daz rozz da selb. den soltu alzo vertreyben: nim tzwen puchken rym und pint daz pain niden und oben, da er leit, gar vast. so prenn in mit ainem glůeunden eysen und reib darin grůnspat und salcz und pind die wund tzů uncz uber drey tag. also machtu auch puezzen daz painwachs.[9])

---

[5]) Hſ. dreimal auf, wovon das mittlere ausgekratzt ist. [6]) I. reyb ſt. nim. [7]) Hſ. drey trc tag.
[8]) I. chnie und dem huf. [9]) Hierauf folgt in der Hſ. das twanchk-Rezept mit geringen Abweichungen von dem Wortlaut, den es bei der Wiederholung hat.

Der ander hebt sich an an dem tzagel tzu dem gestözze. daz erchenstu alzo, daz sich das rozz reybt wider die went und reucht sich an dem gestozze. und greyffest du ym dann den wůrm sam aine nůzz, so tů ym die haut auff mit ainem scharffen messer und reyb ym grůnspat dar in und schir da von daz har und pintt ym dar auff swebel mit smere gestozzen und mit grůnspåt und mit pilsen sam: so stirbt (114ʳ) er tzuhant. ist aber daz, daz du es versawmst, so wirt der wůrm uber all aus prestent und wirt sich merent. den tod also: prenn die stet all, do er leit, und nim gestozzens rozz pain und grůnspåt und så swebel dar inn. und hilfft daz nicht, so nym wermůt safft, alz vil, daz du ain leilachen můgst geneczen, und stuppe dann die stett, die du geprant hast, mit dem stupp, alz ich vor gesprochen hab, und wint das leilach umb daz rozz. und tů daz siben tag: so stirbt der wurm gänczlich.

26. **Welch rozz daz verstell hat oder daz twanchk,**[10]) so nim attrament[11]) und stözz daz tzu puluer. und nim dann[12]) ainen spechk und sneid den alz ainen vinger oder grosser und[13]) stözz daz[14]) in den leib: so wirt es vertig.

27. **Welch rozz spetig ist,** dem tü die hautt auf dem spatt entzway chrawtzling mit ainem mezzer und pintt dar auf seeminczen drey tag.

28. **Welch rozz die mauchken hat.**
Die stat sol man prennen senftichlichen mit ainem haizzen eysen und darnach pöchk si mit einem fliedel und leg dann dar auf salcz und röchken pröt uber tag und uber nacht und tů es dann ab und sprenge grůnspat dar auff: so wirt es schir haylen.

29. **Welch rozz trảg ist,** wann man es verchauffen wil, der[15]) giezz im auf (114ᵛ) ein mazz wein in den hals: so wirt ez snell.

30. **Welch rozz hat vlozz gallen.**
Ist daz si aussertthalben des pains ligent, so durchkligs mit ainem gluenden eysen und leg tzehant dar auf rökken pröt alzo hayzz aus dem öfen, und la daz dar auf ligen drey nacht und drey tag. darnach nym altz smer[16]) und temperir daz, und misch ez czu sam und salb es dichk da mit.

31. **Wildu machen wo ain pfert ain swarczen strich an ym hat**
daz er weys werd, so nim scheren, alz vil du der haben wild, und seud si in einem newen hafen und faym daz smalcz ab, daz von den scheren chumpt, und streych es dem rozz uber dy swercz: so wirt es weys.

32. **Welch rozz hagel hůff ist,** so nym lawter werchk und praitt es, daz es sey czwayer vinger dickch, und stozz es in ain haizzes pech und leg es dem rozz alzo warms auf die fuezz. darnach nym es her ab uber drey tag und nym chleiben und salcz geleich und starchken essach und misch daz tzu sam und reib ym den fuezz dichk da mit.

33. **Welch rozz herczslächtig ist.**
Nym encian ain pecher vol und ain virtal ains pechers mit salcz, und mache daz lö mit wein und geuzz es dem rozz newn tag nach einander (115ʳ) in den hals.

---

[10]) daz verstell fehlt bei dem vorderen, wiederholenden Text. [11]) vorn attriment. [12]) dann fehlt vorn. [13]) oder großer fehlt vorn. [14]) im daz vorn. [15]) f. so. [16]) ergänze und danpleter.

34. **Welch rozz die haren wind hat,**
so nim ain lŏt lŏrber und stözz die und nym ain pecher weins oder pir und tŭ daz puluer dar in and laz es lŏ werden und geus es dem rozz in den halz.

35. **Welch rozz die sczarczen hat,**
dem gib drey tag nicht anders dann rokken chleiben.

36. **Welch rozz räppig ist,**
dem wasch die råppichait mit chaltgozzen und mit harm, uncz dy rawden abvallen. darnach nym sawrn taig und pint ymen darauff drey tag, uncz ym daz har abvalle, und nym dann alcz smer und temperir daz mit chöchsilber und mit swebel und streych daz offt dar an: so wirt ym pazz.

37. **Czu den rozz augen.**
mach daz puluer: nym seemuscheln, die pey dem wazzer ligent, und prenn die auff glueunden choln und tzeuch ym ab die auzzer haut und die ynner und pehalt daz mitter tail, daz ist weys. darnach nym frischen weyzzen ingwer. darnach nym galmei und prenn die auf choln und lesch si dann yn wein. und tŭ daz newnstund. darnach nym galiczenstain und wig die vierew geleich zu sam und stozz si zu puluer. und reib das puluer durich ein weizzes tŭch und bederb es (115ᵛ) zu den augen.

6. Die Münchener Handschrift (1442).
(Cgm. 289, Bl. 131ᵛ — 135ʳ.)

(131ᵛᵃ) **Von den¹) Rossen.**

WEr roß ertzney wöll haben, der lere diß buchen. das macht maister Albrecht, kayßer Fridrichs schmid und marschalck von Nabung. der hat das bůchlein gemacht und hat auch dy künst versucht an den roßen, die im kaißer Fridrich enpfolhen het. dauon die künst gentzlichen und gar gewiß und bewert ist.

1. **Welichs roß ain siechs haubt hat,**
das im zerstoßen sey oder süst von gesucht kranck sey, der neme rettich, wol gedirret, und zittwar gleich und stoß das durch ain ander und misch dann dis mit wein und güße es dem roß in den hals und verhebe im die naßlocher, bis es begynnet träsen. und thue das dick, bis im die unrainigkait und das aytter aus dem haubt gentzlich gerynne. das erkenne da bey, wenn im die naßlöcher nicht mer rynnent, so ist es (131ᵛᵇ) gesunt worden.

2. **Welich roß hat ainen geswollen hals,**
das es nicht slinden mag, so zwir zway aier oder drey roher und mische die mit eßig und mache ainenn stabe als großen als ain dawm, der vornen gespalten sey, und umb winde den mit werck und würffe das roß nyder und stoß im den stabe in den hals, bis die ayß zerbrestend. darnach gewß im dy temperung in den hals.

3. **Welichs roß dy wurm hat im dem magen oder in dem bauch,**
so nym eßich und aier schaln, dy wol gestoßen sein, und rost ab eyßen und geprennten pfeffer gestoßen und laß das mit ein ander lob werden und geuß dem roß das in den hals. oder nym gahail und schneid das clain und sude es wol in ainem wein. und wenn es law werde, so guß es dem roß in den hals.

---
¹) **der.**

(132ʳᵃ)
4. Welich roß den büsel hat zwyschen haut und har und flaisch,
so nym ain roßbain und prenn das und stoß es zu puluer und nym spengron und prenn dy haut ein wenig da der wurm ist, und see das puluer darauff. oder nym ain roßbain und bind²) im es an den hals, das es nyeman wißen³): so wirt es gesunt.

5. Welich roß von waßer rauch wirt,
das sol man erkennen bey trieffenden naßlochern. dem sol man laßen an der adern.⁴)

6. Welich roß matelrat ist,
das braittet sich dann auff dy ballen. dem sol man laßen auf den bain.

7. Welich roß wirt rauch von dem wind,
als sam es herttslechtig sey, dem sol man laßen⁵) zwyschen augen und oren.

8. Welich roß von futer zerauch ist worden,
das blaet sich und keret alle viere von im. (132ʳᵇ) dem⁶) sol man saiffen in den leib stoßen: so entlast es sich.

9. Welichs roß ain dritt hat.
den sol man schon machen und gepetes brott dor auff binden mit saltz, so stincket er nicht. und thu das alle tag.

10. Welich roß ain ayßen hat.
den sol man creutzlichen durch brennen mit einem haißen eysen. und binde dor auff ain gebetes brott mit saltz zwir in dem tag, untz es wol gehaile.

11. Welich roß ain gespalten fuß habe,
den sol man auff spalten zwischen den hören. und lege dann dor auff ain küchlein von kleymel, gewollen mit ainem weyßen ains ayes: so wirt dy spalt gantz aller dings.

12. Welich roß verpellet wirt,
dem sol man dy eysen ab prechen und sol den pallen auff slahen und ain werck mit waßer altag dor an legen: so schwirt es auß.

(132ᵛᵃ)
13. Wenn ainem roß das ayter auff dem fuß aus pristet,
so sol man es aus keren same der fuß gespalten sey, und solt auf gießen warmen hüntz mist.

14. Welich roß das gurpfay habe,
dem sol man hönigk syden und knoblach dar unter stoßen und sol das dorauff binden: es hailt in dreyen tagen.

15. Welich roß dy kellsucht hat,
so nym clar⁷) von vier ayern und mülle wermut dar ein und gewße im es in das maul und lege im ainen ringk an den hals an die brust.⁸)

16. Welich roß rützig ist,
so nym ain halb pfunt pawm ols und welle das in ainer pfannen und nym ainen vierdung queck silbers und la es erkalten und güß es dem röß inne dy naßlöcher: so ist es ungesunt achtag und wirt dar nach ain halbs jar gesunt oder es stirbet

---

²) vor bind ist bis durchstrichen. ³) erg. muge. ⁴) ließ an der hals adern, auch in Schlägl fehlt hals. ⁵) vorher überschüssiges la. ⁶) das. ⁷) vorher ai getilgt. ⁸) I. hals und ainen an die brust.

(132ᵛᵇ) 17. **Welichs roß rewdig ist,**
so nym swefel und spengrön und als schmer und strupwurtz und menschen haren und mische das zesamen und reib und salb die rewden damit an ainer sunnen oder aber in ainer haißen stuben.

18. **Welich roß ain painwachs hat,**
so brenne man die haut auff der bain wachs, bis es sich rimpffe, und lege dornach auff den brand spengron, bis an den dritten tag. und dem uberhuff thu recht dasselb.

19. **Welich roß ain zerbrochen rucken hat.**
So nym verprennt alt solen und brenn dy zu puluer und sweynnen pain und hecht schyppen und mache das ze puluer und sae im das auff den bruch. mußest du aber reyten, so schneyd dy pflaster aus als weyt der bruch ist oder ain wenig weyter und stöß permut dorüber und reytt: so hailet es gar kürtzlich darunter.

(133ʳᵃ) 20. **Welich roß bauch stettig⁹) ist,**
so nym hanfföl und hunts plut und salb im da mit dy adern an der brust.

21. **Wenn man ainem roß dy tullen außwirffet,**
so nym ain hertten protz prosem, gemischet mit saltz gleich, und pinde es dorauff uber naht. und des andern tages wirff dorauff spengron und trucken laym, nit verbrünnen, und binde des auch dor auff. und thu das drey tag und naht.

22. **Welich roß vernagelt ist,**
so nym hirß, wol gesoten mit haißem smaltze, und prich das eysen ab und binde yms auff den fueß: so machtu es des morgens beslahen und reyten, wellent du wilt.

23. **Welich roß geschoßen ist,**
das man des pfeyls nicht gewynnen mage, so nym ain krebsen und stoß den mit haißem smerbe und (133ʳᵇ) binde yms auff dy wünden: so zeucht es im den pfeyl aus über nacht.

24. **Welichs roß faules flaisch gewynnet in den wünden**
oder dem dy wünden stincken, den würff spengron auff das flaisch und wasche im dy wünden mit wein, da neßel same in gesoten sey: so werdent dy wünden frisch und rain.

25. **Welich roß das fürgestelle hat oder aber das zwanck.**
so nym atriment und stoß das zu puluer und nym ainen speck und schneyde das als ain vinger oder großer und stoß im das inne denn leib: so wirt es vertig.

26. **Welich roß spetig ist,**
dem thu auff dem spät zwen schnitt creutzlingen mit ainem meßer und binde dor auff sack myntzen drey tag.

27. **Welich roß dy mauchen hat.**
(133ᵛᵃ) Die statt brenne sennftigclich mit ainem hayßen eyßen und becken mit ainem flyemen und lege dann dar ain saltz. und lege es dann dar ab und sprenge dick spengröne darauff: so wirt es hayl.

28. **Welich roß dy floßgalln hat.**
Ist das sy außerhalbe des baynes lygend, so durch stich sy mit ainem gluenden eysen, und lege darauff vil schier rügken brott also haiße aus dem offen, und laß

---

⁹) ban stettig.

das dor auff lygen drey tag und drey nacht. darnach nym altes schmer und danpleter und mische das ze samen und salb es dar mit: es wirt gesunt.

29. Welich roß gagenhuff ist,
so nym lauters werck und beraitt das, das es zwaier vinger dick sey, und stöß es in ain hayß bech und lege es dem roß also[10]) warmen auff dem fuß. darnach uber (133ᵛᵇ) drey tag, so nym es her wider ab, und nym cley und saltz gleich und mische das mit starckem eßich und reybe im dann dy füsß dick und öffte damit.

30. Welich roß hertslechtig sey,
so nym entzyan ainen becher vollen und ainen viertail ains becher mit saltz und mach das lobe mit wein und gewß es dem roß acht tag inne den hals.

31. Welich roß dy harnwind hat,
so nym ain lot lorbir und stöß dy und nym ain becher weins oder biers und thu das puluer dar ein und laß es lob werden und gewß es dem roß in den hals.[11])

32. Welich roß den krechen hat,
dem gibe drey tag nit anders dann rügken kley: es wirt gesünt on zweyfel.

33. Welich roß rewdig ist, .
so wasche im dy rewden mit kalckoß und mit haren, (134ʳᵃ) bis die rewden abgefallen. dornach so nym sawren tayg und binde im es auff drey tag, untz im das har auß gefalle, und nym dann altes schmer und temperir das mit queck silber und mit swefel und streich es offt darmit: so wirt es sein buß.

34. Welich roß krancke augen hat.
mach ain solichs puluer: nym muscheln, die bey dem waßer ligent, und brenne dy auff gluenden kolen und zuche im dy außern rinden ab und dye innern und behalt das mittel tayl. dar nach nym weyßen frischen ymber und galitzenstain und wyge dy vier gleich zesamen und stoß sy ze puluer und das puluer deucht[12]) durch ein weyß duch und binde es zu den augen, als gut schmid wol künnent.

35. Du solt wißen, das der persel dreyerlay ist.
Der erste hebt sich an dem bain (134ʳᵇ) zwischen dem knye und der hüffe. und das haißet der wolff oder der hacker oder der fröß. den solt*u*[13]) erkennen also, das an der stat, da er ligt, wirt ain pewle recht als ain nüß und reucht sich dy haut und jücket sich das roß daselben. den soltu also vertreyben: nym zwen pücken remen und binde das bain niden und oben gar vaste, da er da ligt. so würffet das plut den würme von dem bain. zehant so brenne in mit ainem gluenden eysen und reybe dor ein spengröne und binde dy wünden zu bis ubernacht. also macht du auch wol pueßen die bainwachße.

Der ander persel[14]) hebt sich an an dem zagel zu dem stoß. den erkenne also das sich das röß da reybet umb dy wennde und rewhet sich an dem stoß. und greiffestu im (134ᵛᵃ) den würm da sam ain nüß, so thu im die haut auff mit ainem scharsach oder meßer und reybe im spengron dar ein und schiere das har dauon und binde im dor auff gestoßen swefel mit schmer und mit spengrön und pilsensamen: so stirbet er zuhant. ist aber das du ditz versawmest, so wirt der würm uber[15]) all außprestent. den tott also: brenn die stet alle, da sy ligent, und nym ain gestößens roßbain und spengrön und sweffel und thu das dar ein. und helffe das nicht, so nym wermut saft, als vil das du ain leylach mügest genetzen, und

---
¹⁰) vor also wurde auff von mir getilgt. ¹¹) halbs. ¹²) f. druck. ¹³) solt erkennen. ¹⁴)vor persel steht pj. ¹⁵) vor vber ist vbel durchstrichen.

9 Eis, Meister Albrants Roßarzneibuch im deutschen Osten.

stipe es als gesprochen ist, und winde das leylach umb das roß. und thu das syben tag all tag: so stirbet der wurm gentzlichen.

36. Welichem roß dy fuße geswollen sint.

Stoß nesseln und mische dy mit scharpffem wein: so vonstert es (134vb) und machet alles gesichte swach und gelyder starck und gesunt. sey aber der fuß geswollen, das er welle außvallen, so nym gaißbonen und brenn dy ze puluer und sewde das puluer mit eßich und temperir es dann mit hönig und mache es zu ainem pflaster und lege es dem roß über die geswulst.

37. Da ein roß dy drüße hat.

Nym ain goltstain der gebrennt ist, und mische den mit öl und werme das in ainer pfannen und lege es in[16]) ain leynen duch und lege es dem röß dar uber.

38. So dem roß dy würme inne dem bauch seyent

und es beyßent in dem bauch, so nym ain puntlein pfersichpletter und drew tail waßer und gaißen milch und sude dy zway untz sy dreystünd eingesydent, und gibe dy ertzney dem roß ze trincken: so sterbent die (135ra) wurme in dem bauch.

39. Welichem roß der hals verswillet,

das es nicht geslinden oder getrincken mag, dem sol man laßen mit ainer flieden unten an der züngen.

40. Da ein roß ain geswülst hat wie dy ist.

Nim waytzen kleyen und hirsen unslit und eßich und mache[17]) das mit ein ander und salbe die geswülst damit.

41. Das ist auch gut zu demselben.

Nym gersten mel und dauben mist und temperir es mit eßich. damit pflaster die geswülst. das ist güt. oder nym wegrich mit saltz. ist auch gut. für die geswülst under den züngen ist wegrich güt gestößner.

42. Da ein roß nicht harnen mage.

Der neme pappellen und knoblach und peterlein würtzen mit wein gesotten und guße es dem roß in den hals. zehant so harnet es.

7. Die Schlägler Fassung (15. Jh.)
(Stiftsbibliothek Schlägl 194, Bl. 147^r—152^r.)

(147^r) Wer[1]) ross erczney lernen will, der les den brieff. den hat gemacht Maister Hilbrant, Cheyser Fridreix Smid und marstaler von Rapels, und hat dise chunst alle versuecht und pebert an[2]) den rossen, deie im der chaiser enphalich, da von disew chunst ganczleich gewis ist.

Von erst von dem siechtum des hauptz.

1. Wann ein ros ein siechs haup hat

von gesucht oder das im von einem stoz czestert sey,[3]) so nym ratich, wol gedert, czitbar geleich und mach das czepuluer und muesch es mit wein und geus es dem ros in den hals, und verhab ym das mawl uncz es werd drassen. und tue das als oft uncz ym das aytter auz rin: so werd es gesund.

---

[16]) vor in ist im von mir getilgt. [17]) l. mische.
[1]) Raum für Initiale W leer geblieben. [2]) Hs. vnd st. an. [3]) nach sey ist ratich durchstrichen.

2. Benn das ros einen geswollen hals hat
und es nicht[4]) slinten[5]) mag, so nym czway[6]) abern air oder drew und misch dew mit salcz oder essach. und nym enen stab in der gros[7]) alz ein dawm, der var gespalten sey, und umb wint den mit einem werich und wirf dan das ros nider und stoz ym den stab in den hals, uncz ym die ays czepresten. so gews ym die temperung in den hals: so wirt es gesunt.

3. Benn du dem ros[8]) die wurm in den magen wild[9]) vertreÿben,
so nym ayrschal wol gestossen und rat ab dem eissen und geprantten wein pfeffer und la das mit ein ander lob werden und geus es dem ros in den hals. und sneyd gochail chlain und sewd in mit wein und geus es (147ᵛ) dem ros in den hals: es wirt gesund.

4. Fur die selbigen wurm sprich den segen
drey ṣṭund dem ros in das tenk ar und streich es die weil mit rechter encher hant an dem pauch: in nomine patris et filii[10]) et spiritus sancti. amen. hert es, wurm, in dem pain, was daz heylige[11]) ewangeli main. ez seit weis oder rat, das es all in dem ros ligt tat. das enpewt ew der man, der den tat an dem chrewcz nam,[12]) des enpewt ew die weich mein fraw sand Marey. amen.

5. Ffur den wurm[13]) cwisen hawt und fleisch.
Nym ein ros pain und prenn es zu puluer und reib es zu gruenspat und pren die haut ein wenig, da der wurm leit, und sa das pulfer dar ein. oder pintt ym den selben slacht ein ros pain unwissen an[14]) den hals.

6. Wenn ein pfard waser rach ist,
so trieffen ym die noslecher. dem las ander hals[15]) ader.

7. Wann es mauchel reich ist,
so sprewczt es sich mit den painen. dem las an den painen.

8. Wenn es wintrach ist,
so tuet es als es sey herczlechtig.[16]) dem las czwisen augen und aren: es wird gesund.

9. Wenn ein ros fueter rach ist,
so plet es sich und rechkt alle vierew von ym. dem schol man stossen saiffen[17]) in den ars: es wird gesund.

10. Wenn das ros den trit hat,
so raynch[18]) den trit und (148ʳ) pint dar auf gepacz prat mit salcz. so stinkcht er nit. und tue das alletag czwir.

11. Welichs ros einen ays hat,
den durich pren chreuczling mit einem haisen eyssen, ren[19]) haysen swebel dar ein und pint gepueczt prat mit salcz altag czwir: es wirt gesunt.

12. Welichs ros ein gespalten fues hat,
dem tue die spalt auff czwisen dem spald und dem[20]) fues und leg dar ein ein chuechel tinkchel mel gewollen mit[21]) einem wein czu eines ayes: so wirt die harchluft gancz.

---
⁴) biß nich] rot. ⁵) vor slinten wurde id von mir getilgt. ⁶) Czwayk. ⁷) Hf. ros. ⁸) ros von mir ergänzt. ⁹) biß wild rot. ¹⁰) fili. ¹¹) Hf. heyligen. ¹²) nan. ¹³) Hf. wurn. ¹⁴) an zweimal. ¹⁵) Raum für hals leer geblieben, hals fehlt auch in Mü. ¹⁶) darauf nochmals sey. ¹⁷) schaiffen. ¹⁸) unleserlich aynch, das Wort wurde zu ändern gesucht. ¹⁹) ren darüber nachgetragen. ²⁰) des. ²¹) vor mit ein e von mir getilgt.

13. Wenn sich ein ros hat verpeld,
dem prich das eyssen ab, dem slach den pallen auf und leg ein werich mit wasser dar in: so swirt es aus und wirt gesunt.

14. Welichem ros das aytter auz prechen ist,
dem cher das ayter aus als der fues gespalten ist, und pint oft dar auf warmen huntz mist: so wirt ym pas.

15. Wenn ain ros das curfair hat,
so stoz chnobleich und seud den mit honig und temperir das mit ein ander und pind ym das uber: so haild es in drein tagen und wird gesund.

16. Wenn ein ros die chelsucht hat,
so nym das weys von xxiiii ayeren und mil weyrach dar in und geus ez dan dem ros in *den* hals[22]). und leg ym an die prust aynen sill und aynen an den hals, und harbt es dar nach ein weil mit reiten: es wirt czuhant gesunt.

17. Wenn ein ros rautig ist,
so nym swebel und altes smer und stripfwurczen und menschen mist und reib das mit einander und salb ym da (148ᵛ) mit die pain an der sun oder in einer haisen stuben: ez wirt gesunt.

18. Und wenn ein ros wirt vernagelt,
so nym hirss wol gesoten myt altem smer und pint ym das an den fues. du sold aber das[23]) eissen ab prechen und beslach ez dan an dem dritten tag oder an dem andern, und reit es dan wo du wild.

19. Wan ein ros agenhueffig ist,
so umb prenn die stat und se grunspat dar ein und wasch ez dann *mit*[24]) alant[25]). wurczen gesoten oder mit eysen chraut waser von eyssen: so haild ez zehant)

20. Weligs ros geschosen wird,
das du den pfeil[26]) nicht gewinnen magst, so stos einen chrewssen mit hawsen smerb und *pint*[27]) das auf die wuntten: das czenest dem pfeil.

21. Ffur das twang
nym saiffen und verwasch die wol und *geus*[28]) ym das in: so durich verd ez das ros und wird czu *hand*[29]) verdig und gesund.

22. Welis ros spetig ist,
so durich pren die stat allenthalben und nym gruenspat und sew die dar ein und wasch es dann mit chalcus: ez wird gesunt.

23. Wan ein ros chrank ist,
so mach puluer von stripf wurczen und von ratich und grunspat se dar auf, und wasch ez dann mit alland wurczen waser: ez haild czu hand.

24. Du schold wissen, das der puerczel (149ʳ) dreyer lay ist.
Ainer hebt sich czwissen dem chnie und der huf. der haist der wolf oder der fras oder der lecher. wo der leit, do wird ein peil *als ein* [30]) nuz *und*[31]) jucket[32]) sich das ros czu. nym czwen pu*c*ken[33]) riem und pint das pain niden und oben vest. so wirfft das pluet den wurm von dem pain ze hand. und durich pren in mit einem

---

[22]) das mawl hals, wobei mawl durchſtrichen. [23]) das darüber nachgetragen. [24]) mit von mir ergänzt. [25]) alat. [26]) peil. [27]) pint von mir ergänzt. [28]) geus von mir ergänzt. [29]) hand von mir erg̈nzt. [30]) u. [31]) als ein und und von mir ergänzt. [32]) julket. [33]) pulken.

eyssen chrewczling und reib dar ein grunspat und pint die wuntten czue, uncz uber drey tag. also ma*chtu*[34]) puessen die pain wasch[35]).

Der ander purczel hebt sich andem czagel czu dem gestosse und reibt sich das ros wider die wand. und grueffest den wurm als ein nuz, so sneide in auf mit einem meßschir das hare nacher und reib dar ein grunspat und pint dar[36]) auf swebel mit alten smer und mit pilsen sam gestossen: so steribt es zehant. versawmest du das, so wirt der wuerm czue presten uber all. so prenn die stat alle, do er leid, und nym den gestoßen ras pain mit swebel und sa dar ein grunspat. helff das nicht, so nym wermuet saft als vil, das du ein leilachen dar in genecze*n*[37]) mugst, und stupe die stat alle, die du geprand hast, mit dem egenanten stup, und umb wind das ros mit dem leylachen: so stirbt der wuerm. und tue das siben tag altag. das ros wird gesund.

(149ᵛ)   25. **F f u r   d i e   p a i n   w a c h s.** /
Prenn die stat mit eynem gluenden eyssen und see grunspat dar in und tue das drey tag. und pint dar auff hays gersten prat und wasch es dann mit chalcus: so haild es zu hand.

26. **W e n n   e *y n*[38])   r o s   z e p r o s t e n   o d e r   c z u   g e s w o l l e n   u n t e r**
                                         d e m   s a t c l,
so puluer hechten chew und verprunnen altsalen dar ein, und wasch es dann mit danczepfen wasser: es wirt gesund. muestu aber reiden tegleich, so mach von semel mel einen dunen zelten und leg den under den satel dar uber, oder du secz ein pergam*en*[39]) dar uber an den satel: so haild es cze hant.

27. **F f u r   d i e   m a u k c h e n.**
Prenn die stat senfftleich mit einem haysen eyssen und pek sey dan mit einem fliem und leg salcz und roken prat dar[40]) uber tag und nacht. dar nach musch al*tes*[41]) smerb mit panpletern[42]) czesame und salb das ros oft da mit: es wird gesund.

28. **W e n n   d a s   r o s   h e r c z l e c h t i g   i s t,**
so nym essach ein pecher vollen, cze viertaill als vill salcz und mach das[43]) lab in wein und gews dem ros in dem hals: es wirt gesunt.

29. **W e n n   d a s**[44]) ** r o s   f l o s   g a l   h a t.**
Ist és awsserhalbs pains, so durich stos sy mit einem eyssen und leg dar auf roken prat, das du haysses auf den (150ʳ) hofen, und la es drey tag dar ob ligen. und die nacht dar nach musch altes smerb mit pewnpletern cze same und salb das ros oft da mit: *es wirt*[45]) gesund.

30. **W e n n   e i n   r o s   r o c z i g   i s t,**
so welle ein halbs pfunt pawm öll mit einem virdung chochsilber und la das erwallen und geus ez dem ros in die naslocher, so ist *es*[46]) ungesunt achtag und wird dar nach gesund ein halbs iar oder mer oder ez stiribt.[47])

---

[34]) also masch masch puessen. [35]) l. pain wachs. [36]) vor dar wurde das von mir getilgt. [37]) geneczt. [38]) er. [39]) pergan me. [40]) das. [41]) alles. [42]) verlesen aus tanpletern, die zu „Baumblättern" gemacht werden; vgl. Nr. 29. [43]) das darüber nachgetragen. [44]) die. [45]) es wirt von mir ergänzt. [46]) es von mir ergänzt. [47]) Hierauf folgen noch von derselben Hand ein Segen Ffur den auspeissenden wurm, ein Mittel, daß ein Pferd hinkund werde, ein Zauber Das ein ros nicht essen mag, ein Kniff Das ein ros nider veld als es tat sey das du es chauffen (mugest) nach der hawt. Sodann sind noch von anderer Hand Kniffe und Zauber bis 152ʳ dazugeschrieben, die gleichfalls nichts mit Albrant zu schaffen haben.

8. Die preußische Kompilation. (15². Jh.)
(Wiener Nationalbibliothek 2977, Bl. 116ʳ—127.ʳ)

VEr pferden welle bussen, der leße diss buchelein. das hat uns gemacht Meister Albrecht, keyser Frederich ein smit und ein marschalk von Constantinopolym von Krychen. der hot deße kunst alle vorsucht an den pferden, die der keyser em bevolen hatte. do von deße kunst gentzlich wor ist.

1. VElch[1]) pfert houbt sich ist, rutzig,

so nym rettich, wol gederret, unnd czitwar gleiche vele und stos puluer mit weyne und geus is dem pferde in den hals und vorhalt ym die nazelocher czu, so wirt is dresin. und thu is alse lange, biss ym die unreynikeit und der eytir us der nazen kumpt. das ist eyn czeichen, wen ym die nazelocher nymme rynnen, das is gesunt ist.

2. VElch pfert houbt sich ist, das is rutzig,

so nym ein pfunt boüm oles und eynen firdung quecksilbers. das thu czusampne und geus is dem pferde in die nazelocher: so wirt is eyn halp jor schone. dornoch stirbet is schyre. sequitur ultra.

(116ᵛ) 3. Velch pfert eynen geswolnen hals hot,

so das ym die druse in dem halse seyn, so mache eynen stab also gros als eyn dume und eyner elen lang. und der stab sal vorne gespaldin sein. so nym und bewynt yn vorne mit wercke und stos ym den stap yn den hals also lange, biss ym die druse brechen. so nym czwey roe eyer und missche die mit essige und geus ys dem pferde yn den hals: so wirt is gesunt.

4. VElch pfert von wassir kranck wirt,

das sal man mercken bey den tryffenden nazelocher*n*[2]). dem sal man an dem halse odir slan: so wirt is gesunt.

5. VElch pfert im enckil czu unrechte wirt,

das sperret sich uff die beyne. dem sal man loßen an dem beyne: so wirt is gesunt.

6. VElch pfert an dem wy*nde*[3]) czu unrechte wirt,

das ist herczlechtig.[4]) dem sal man loßen an den ougen und an oren: zo wirt is gesunt.

7. VElch pfert von dem futter czu un (117ʳ) rechte wirt,

das strecket sich mit allen vyren. dem sal man seyffe in den ars stoßen: so wirt is gesunt.

8. Velche pferde den tritt haben,

den sal man gerostet brot mit salcze dor uff bynden, so *st*üncket[5]) her nicht. so thu is zo lange, biss ys hylfft.

9. Velch pfert das corveyen hot,

dem suet honig und knobelouch und bynt ys ym doruff: so heylit is ym an dreen tagen.

10. VElch pfert vornaylt ist,

suet mit aldem byre smer und brich yn das ysen abe und bynt ym dorumb den fus: zo wirt is gesunt.

---

[1]) Anfangsbuchstaben stets rot. [2]) nazelocher. [3]) wyme. [4]) vgl. I, 7 und die übrigen Texte. [5]) bynden sencket.

11. VElch pfert geschossen wirt,

das man des⁶) pfeyles nicht gewynnen mag, zo nym eynen krebes und stos den mit haßen smalcze und bynt is ym uff den schos: so czuet is ym den pfeil her us.

12. Velch pfert vorstencket ist,

zo nym hanffole und hundes blut und salbe ym die oderen dormete under der brost: zo wirt is gesunth.

(117ᵛ)
13. VElch pfert vorbellet ist,

dem sal man die ysen abebrechen und sal ym den bal uff slan und legen do yn werg mit wasser: so swerit ys ym auß.

14. Velch pfert eynen czubrochenen rücke hath,

so nym alde solen und bürne die czu puluer und wirff is yn den broch. dornoch salbe is so lange mit boum ole, bis⁷) is wirt gesunt.

15. VElch pfert rudig ist.

Nym swebil und sponsgrüne und stos ys czusampne und reyb ym den ruden domete in der sonnen adir in eyner heysen stuben: so wirt is gesunth.

16. Velch pfert eyn obirbeyn hoth,

zo burne die huth eyn wenig uff dem beyne so lange, das sie sich rympet, und lege denne uff den brant sponsgrün. in dem dritten tage lege das selbe abir doruff: so wirt is gesunt.

17. VElche pfert adir ros die wassergallen haben

adir die vlosgallen. is das sie⁸) sein bausen beynis, so bürne (118ʳ) sie mit eyme heysen eysen unnd lege denne doruff eyn warm rocken brot. dornoch so wirff doruff sponsgrüne: so wirt is gesunt.

18. VElch pfert den hufftwang hath,

so nym werck, das czweyer vynger dicke ist, und stos das in speck und lege is dem pferde umb den huff: so wirt is gesunt.

19. VElch pfert herczeslechtig ist,

so nym encian und stos den mit weyne und geus is dem pferde alle tage in den hals: so wirt is gesunt.

20. VElch pfert die muchen hot.

Die stat burne mit eynem heysen eysen und lege doruff ein warm rucken brot. dornoch wirt is gesunt.

21. VElch pfert spetig ist,

dem thu uff den spat crewczwis mit eyme schermessir und lege doryn cleyen und salcz. dornoch wirff doruff sponßgrun: zo wirt is gesunth.

22. VElch pfert nicht stallen mag,

so nym lorbern und wein und geus is dem pferde in den hals: so, wirt is gesunth.

(118ᵛ)
23. VElch pfert das vorstallen hoth,

so nym attramenta und stos die cleyne. do czu nym jung byr und thu is⁹) doryn und geus das dem pferde in den hals: so wirt is gesunt.

---

⁶) das. ⁷) bas. ⁸) sie von mir ergänʒt. ⁹) is von mir ergänʒt; vgl. II, 18.

24. VElch pfert eynen czuspalden fus hoth.

dem¹⁰) sal man uff spalden den fus czwusschen dem horne und dem huffe. dor yn thu ein tuch mit worm mele gewallet mit weisem von eye: so wirt is gesunth.

25. VElch pfert die worme beysen yn¹¹) dem bauche

adir yn dem magen. der neme essig, eyer schalen und hamerslag und stoße das czusampne und loße das warm werden und geus is dem pferde yn den hals: so sterben sie.

26. VElch pfert den pyrczel hoth.

Nu saltu wissen, der pyrczel ist dreyerley:

Der erste hebet sich an den beynen czwusschen dem horne und dem huffe. der heyßet der hencker. den saltu also erkennen: an der stat, doher sein legir hot, do wirt eyne bule zo gros als eyne (119ʳ) nos. den saltu also vortreyben: nym czwene buckene rymen und bynt is veste boben und nedene unnd sneyt uff die bewle. zo wirfft das blut czuhant yn us von dem beyne. so nym *ein ysen*¹²) und burne is und wirff doruff¹³) sponsgrun: so stirbet der worm.

DEr ander pyrczel hebit sich czwusschen hut und ffleisch. der heyßet der vros. den saltu also vortriben: nym eyn ros beyn und burne das czu puluer und doczu thu sponsgrün und burne die hutt eyn wenig do der worm leyt, und wirff ym das puluer doryn: so stirbet der worm.

DEr dritte pirczel hebit sich an dem schose. der heist der wolff. den erkenne man dobey, wen sich das pfert reybet an die wende und sich krawet an die schoße. so greyff *du*¹⁴) den worm als eyne mus¹⁵). so nym und uffene ym die stadt mit eyme schermessir und stos sponsgrun und gestosen glas doryn: so stirbet der worm.

(119ᵛ) 27. VEn du wilt segenen vor den worm, so sprich also:

„Der worme woren drey, die synte Job byssen. der eyne der was swartz, der ander weys, der dritte roth. sünte Job, der worm der ist tot." und kere das pfert czu dreymolen umbe noch der sonne und kny neder ken die sonne und sprich iij pater noster und iij aue Maria, den heiligen fumffwunden czu loube und czu ere. und nym das pfert bey dem rechten ore und rune ym doryn: „der worm der ist tot, der worm der ist tot, der worm der ist tot." und los schreiben uff ein bley + connubia + Job + albana + trayson + connubia + Job + zaribantes + amen. und ein anbegyn und ein ende. und bynt ys ym an die styrne in + dem namen + des vaters + und des sones + und des heiligen geistes. amen.

28. (Eine andere Fassung.)

DEr heilige herre sinte Job lag in dem myste. do froßen in die worme. do ryff her czu dem heiligen Criste: „lieber herre Jhesu Crist, das pfert (120ʳ) beyssen die worme. also sie synt weys, swarcz und rot: lieber herre Jhesu Crist, die worme die seint tot!"

29. VElch pfert krancke ougen hoth,

so *nym*¹⁶) muschalen, die do bey dem wasser legen, und burne die und czu die hutt abe und behalt das mittelteil. das ist weys. und dorczu nym ingeber und galitczyen stein und nym des gleiche vil und stos das czusampne, wen is die gutten smede wol kunnen und wissen.

---

¹⁰) Hf. den. ¹¹) yn über Rasur. ¹²) ein ysen von mir ergänzt. ¹³) vor doruff wurde is von mir getilgt. ¹⁴) do. ¹⁵) Die anderen Hff. bieten „Nuß" ſtatt „Maus". ¹⁶) nym von mir ergänzt.

30. VElch pfert starblynt ist.

Das kumet von bosem blute. dem busse also: mys sechs ffynger von dem ougen gerichte neder und sneit uff die hutt. do vyndestu eyne große odir. die czu us und sneyt sie entczwey und lege an itczlich ende eynen ryng von eyner großen nessil worczel, genetczet myt weysem von dem eye. und thu das pfert do is fynster ist, und los is bluten eyne weyle. dornoch lege ym denne die rynge. dornoch heyle ym das czu. /

(120ᵛ) ### 31. VOr das vorfangen sprich also:

„Diss pfert hot sich vorfangen. unser lieber herre Jhesus Christus wart an ein crewcze gehangen. also werlich werde diss pfert gesunt, also unser lieber herre Jhesus Christus von dem tode irstundt."

32. VElch pfert wirwelsuchtig ist.

Das kummet von dem gehyrne und bussit man ym nicht, so muss is sterben bynnen xiiii tagen. nym saluie und rettich und alant und grossin nessiln somen. das nym gleiche vele und suet das in aldem byre und gyb ym des byres drey tage czu tryncken. so gewynnet ys eyn gut gehyrne und wirt gesunth.

33. Segen.[17])

Longinus, der man, der stach unsern lieben hern durch sein fleisch und durch seyn blut. synt wart der man gut. amen. stant, blut, stille, durch des heiligen creuces wille und durch der heyligen fumff wunden! vorstant an deßen stunden und blutte nicht mehe! in dem namen des vaters und des sones und des heiligen geistes. amen. (3121ʳ) das geschee!

34. Item welch pfert vornaylt ist,

so suet hyrsey mit aldem smere und brich ym das ysen abe und bynt ym das[18]) warm uff den fus obir nacht. des morgens magistu is loßen beslon und reyten, wo du wilt.

35. Item welch pfert die bauchstetonge hot adir is vordenyt,

so nym[19]) hanff ole und hundes blut und salbe ym die odirn vort myttene an der brust: so wirt ym bas.

36. VElch pfert vorbellit wirt,

so brich ym das ysen abe und slach uff den bal und lege werck mit wassere alle tage doryn: so wirt ys gesunth.

37. VElch pfert rotzig ist,

das nyment vortreyben mag, so nym eyn halb pfunt boum ole und welle das in eyner pfannen, und ein firdung qwecksilber, und los das kalt werdin und geus is[20]) dem pferde yn die nazelocher: so wirt is schone und gesunt eyn halb yor.

38. VElch pfert von dem wasser czu unrecht wirt,

das (121ᵛ) sal man erkennen bey tryffenden nazelouchern. den sal man loßen an dem halze adir die houbt odir.

40. VElch pfert von dem rennen czu unrechte wirt,

dem sal man loßen czwusschen den ougen und den oren.

---

[17]) Überſchrift rot. [18]) das von mir ergänzt. [19]) nymff. [20]) is von mir ergänzt.

41. Item *welch pfert*[21]) sich hot vervangit *adir*[22]) von mancherley handen zcu unrechte wirt, das breit[23]) uff die beyne. dem loss an dem beyne.

42. VElch pfert eynen czubrochenen rucke hot, so burne alde solen mit haber czu puluer und streye das uff den broch. dornoch so salbe is mit boumole so lange, biss is heyleth. item anders: nym vorbrante alde solen und mache die czu puluer, und eyn sweynen beyn und hechtes schuppin und kynnebacken des hechtes, und mache die czu puluer unnd streye das uff den broch. saltu abir reyten, so sneit den pulst aws alse weyt als der broch ist, und rur das puluer doruff und thu ein permynt dor obir und reyt: so heylet is.

43. VElch pfert ruck rudecht ist, so (122ʳ) nym sweuil und grünspon unnd alt smer und stos die czwey mittenander, und thu doryn grunen swebil und menschen mist, und stos das als mittenander. und wassche das pfert mit warmer loüge[24]) mit eyme wollen tüche also lange, byss ys begynnet czu bluten. dornoch los das blut trewgen yn der sonnen und smere is mit der selben salbe: so wirt ym bass.

44. VElch pfert das jucken hot.
Die stat burne mit eyme heysen eysen und lege doruff eyn warm rucken brot. dornoch wirff doryn sponsgrun: so wirt is gesunth.

45. VElch pfert spetig ist.
Dem thu uff den spoth crewczewis mit eynem messir und lege doryn cleyen und salcz. doruff wirff sponsgrün: so wirt is gesunth.

46. VElch pfert nicht stallen mag.
So nym lorbern und weyn und *geus*[25]) is dem pferde yn den hals: so wirt is gesunth.

(122ᵛ) 47. VElch pfert das vorstelle hoth. /
So nym attrament und stos die kleyne und nym dorczu jung byr und thu das doryn und geus is dem pferde yn den hals.

48. VElch pfert hot eynen gespalden huff.
Dem sal man uff spalden czwüsschen dem horne und dem huffe. und lege doryn ein tuch, *mit*[26]) worm mel gewollen mit dem weysen des eyes: so wirt ym die gespalde gancz.

49. VElch pfert die worme beysen yn dem bauche adir yn dem magen.
Der neme essig und eyer schalen und hamerslag und stos das czusampne und los das warm werdin und geus ys dem pferde yn den hals: so sterben die worme.

50. Item welch pfert den pyrczel hoth,
so nym und suet bremwurcz mit essige und geus *is*[27]) dem pferde warm yn den hals: so wirt ym bass. ad idem: nym eyn ros beyn und stos das czupuluer und nym dorczu grünspon. und burne eyn[28]) wenig die hawth do der worm ist, und strowe (123ʳ) das puluer doruff.

51. Item welchem pferde das gesuchte yn den fus kümpt, das nymant weys, was ym wirret, dem busse also, besundern an dem fusse, do es an hyncket, und begreyff ebene und mache eyne salbe. nym speck, smer, honig,

---

[21]) welch pfert von mir ergänzt. [22]) adir von mir ergänzt. [23]) verderbt l. spreizt sich [24]) ergänze und reib. [25]) geus von mir ergänzt. [26]) mit von mir ergänzt. [27]) is von mir ergänzt. [28]) vor eyn wurde en von mir getilgt.

bucken unslyt, rynderen marck, boum ole und harcz. das nym als gleich vil gewegin und *mysch*²⁹) das als mittenander. dor us mache eyne gutte salbe. sie ist gut czu allerley wunden, die die pferde an den beynen han.

52. **Item welch pfert den tritt hoth,** so bynt gerost broth mit salcze doruff so lange, bis is heylet.

53. **Item welch pfert wilt fleisch hoth in den wunden,** dem wirff sponsgrün uff das fleisch und wasche ym die wunden mit weyne, do ein wenig nessilsome sey ynne gesoten: so wirt is gesunth.

54. **Item wiltu dem pferde das fel vortreyben yn den ougen,** so nym glase schrüm und reyb das kleyne und (123ᵛ) nym denne eyne fedirkele und blos dem pferde in das ouge: so wirt im bas.

55. **Item welch pfert das korney hoth,** so nym honig und knobelouch und stos is undernander und bynt is doruff: so heylit is in iii tagen.

56. **Item weder ageley.** Puluer hundis mist und den menge mit sponsgrun und stroye ym uff den fus yn die wunden und bynt werg doruff. das thu also lange, biss em bas werde.

57. **Item vor die kalde pisse** nym lorbern eyn loth und eyn bechir weyn adir gut byr und werme is und geus is dem pferde yn den hals: so wirth ym bas.

58. **Item viltu dem pferde bussen, das sich geruret hoth,** nym alt smer, gronspon und hutterouch und bonen crawt und wasser seym und nessil wurcz und stampe³⁰) das czusampne gleich, das is worde eyne salbe, und los denne die hor abe schern von dem kny biss uff den (124ʳ) enckyl und wassche ym denne das beyn schone und smere ys mit der salbe: so wirt es gryndecht. und wen ys em geswirt, das die grynde dorren, so nym alt smer und bern smer und pfunde, und thu is gleyche underenander und smere ym das beyn: so wirt ys gesunth.

59. **Wiltu dem pferde den broch endelichen heylen,** nym rosbeyn und puluer das und pfunge gleich underenander und wassche dem pferde den broch: so wirt is gesunth.

60. **Item welchem pferde der huff abe geet,** der neme claren von eyme eye und buchen asche und menge das czusampne und bynde ys dem pferde uff den huff.

61. **Wedir die schule**³¹) nym ein heis eysen und burne alle die stete und smere ys mit aldem smere also lange, bys ym die hutt abe geet. so stroye doruff sponsgrün al umbe. dornoch nym weys harcz und alt smer und smere ys domete. /

(124ᵛ) 62. **Weder die beyn swolst.** Nym von eyme lyndene holcze die wurczel und sal die in einen oven legen und trewgen sie und sal do hanff czu nemen und hacken und sal das syden mittenander mit wassir und sal dorczu mengen honig seym von jungen benen und sal das warm bynden dem pferde umbe eyn beyn: so wirt ym schire bass.

---

²⁹) mysch von mir ergänzt. ³⁰) vor stampe wurde nessil von mir getilgt. ³¹) l. schale.

63. **Wiltu dem pferde bussen der houbt seuche,**
so nym rettich und attich und derre die czusampne und mache eyn puluer mit czitbar und missche den mit weyne und geus dem pferde in den hals.

64. **Item hot deyn pfert den hagel,**
so nym pech und los das czugeen und geus ys em warm uff den fus und los ys steen drey tage. dornoch nym rockene cleyen und salcz und menge das mit guttem essige. domete smere ym den huff.

65. **Item welch pfert molafftig ist gestalt als der pirczell,**
so nym men (125ʳ) schen mist und swebil und streich ys uff den brüch und los ys drey tage steen.

66. **Wen deyn pfert die harnwynde hoth,**
so nym lorbern eyn loth gewichte und eynen becher weynes adyr guttis byres und mache ys warm und geus ys em in den hals.

67. **WEr busset dem pferde,**
der spreche deße worth: der gutte here sinte Job, der lag uff dem myste und bat den heiligen Crist: mych essin die worme. do sprach der heilige Crist, der aller werlde eyn herre ist: ich beswere dich, worm gute, bey Cristus blute. du seist weis, swarcz adir rot: e morgen tag kome, das du seist tot. ich beswere dich, worm, bey dem blute, das unser herre IHesus Christus an dem creucze swiczste, das du des pferdes blut nymmer entbeist. jostroysen canobio corobanti.

68. **Item eyn ander lere von den wormen.**
Welch pfert die worme beyßen (125ᵛ) an der lebere ader an dem magen ader was ym an dem leybe is, der neme weyn, honig und encian und missche das czusampne und geus ym yn den hals. und deßer dinge sal seyn eyn gut becher vol.

69. **Weder die swolst der pferde uff dem rucke und menschen**
nym menschen hor[32]) und pferdis mist und werme das mittenander und bynt ys doruff: so wirt im bas.

70. **Weder den pyrczel**
nym eynen moltworff und reyn worme und eynes hundes hoppt. das burne czu puluer und menge is czu aldem smere do methe.

71. **Weder den pyrczel.**
Mit dem dawmen mache eyn creucze dem pferde an der styrnen und sprich: „das creucze das gote, das busen desem weysen, adir wie is ist." das thu dreystundt mit dem dawmen und dreystundt mit eyme pfennige. und den pfennig gyb denne durch sinte Steffans ere. so mache eyn creucze von bleye und offene ym die hutt an (126ʳ) der styrne und lege das creucze dor yn: so wirt ys gesunth.

72. **Weder die vlosgalle.**
Nym eyn heys eysen und stos ys in die vlosgalle und lege eyn herte broth doruff do die vlosgalle ist gewest, und bynt ys bis[33]) an den dritten tag. und nym denne weis harcz und alt smer und mache eyne salwe und smere ys domethe.

73. **Weder die oberbeyn.**
Nym eyn heis eysen und burne ym die hutt. noch den dreen tagen so sprenge sponsgrun doruff.

---

[32]) „Harn". [33]) bas. [34]) und von mir ergänzt.

74. **Weder das buchstreben.**
Nym hundis blut und hanff ole und smere is an der brust mit sponsgrun und smere ym domete den rucke: so wirt ym bas.

75. **Wen eyn pfert gryndecht ist.**
Nym alant und alt smer und³⁴) swebil und czustos das und wassche ys mit loüge und mit eyme wullen tuche, biss das blute. so truge is an der sonnen und smere denne is: so vorgeet ys ym.

(126v) 76. **Item wen das pfert nicht stallen mag.**
So nym eyne lues und stos sie dem pferde yn den schafft. und wen sich die lues begynnet czu rüren, so stallit ys.

77. **Item weder das mol der pferde an den ougen.**
Nym das weyse von dem eye und ouch die schalen gepuluert alse mel und muschelen, die do legen an deme wassir, und stos ys czusampne, und das sal sein gleiche vil. und blos ys mit eyme rore yn das ouge: so vorgeet is.

78. **Welch ros sich vorvehet von wassere,**
das sal man mercken bey tryffenden nazelochern. dem sal man loßen die hals odir.

79. **Welch ros muchelrech is,**
das sal man irkennen, ys strubet sich. dem los uff den beynen.

80. **Item welch ros von winden ist czu unrechte,**
ap is herczesleegik sey, dem sal man loßen czwusschen den ougen und den oren.

81. **Item welchem rosse eyter von dem . . . . .³⁵) (127r) some uff deme vuse ist und usgespalden, bynt doruff warmen hundes myst.**

82. **Welch ros das korney hot,**
dem syde man honig und stoße knobelouch dorunder und bynt das doruff: so heylet ys yn eyner nacht.³⁶)

83. **Welch ros die kelesucht hot,**
so nym das weyse von eyern und die schalen von czwenczig eyern. das missche underenander und geus ys ym in den hals.

84. **Welch ros trege ist, wen man ys vorkouffen wil,**
deme geus weyn yn den hals eyne mose.

85. **Welch ros sich reybet.**
so mache swebel also meel und missche das under alt smer.

9. Der andere preußische Text (15². Jh.)]
(Wiener Nationalbibliothek 2977, Bl. 127ʳ — 134ʳ)

Hyrnach volgit eyn ander ercteye czu den rosseren (127r) (127v)
Dis ist eyne gutte ros arcztcye. hye hebit sie sich an.

---
³⁵) Anfang ausgelassen. ³⁶) im Text umgestellt: dorunder so heylet ys yn eyner nacht und bynt das doruff.

1. **Welch ros eyn böße houbt hoth,**
das ym czustoßen ist adir sust vor gesuchte kranck ist, der neme rettich, wol gederret, und czittwar gleich und stoße das durch enander unnd *missche*[1]) denne das puluer mit wermute, und geus *is*[2]) dem rosse in den hals und vorhalt ym die nazelocher also lange, bys is begynnet czu dresen. nu thu das also offte, bes ym unreynes eyters us dem koppe gentzlich rynnet. und wenne ym die nazelocher nymme rynnen, so ist es gesunth.

2. **Welch ros hoth eynen geswolnen hals,**
also das is nicht slingen mag, so nym czwey eyer adir drey also roe und missche die. so nym eynen stap, der vorne gespalden sey, und umbe wynde den mit wercke und wirff das ros neder und stos ym den stap yn den hals, biss das die eisse czubrechen. dornoch geus ym die tempertura[3]) yn den hals.

(128r) 3. **Welch ros die worme in den ougen**[4]) **hot adir yn dem bauche,**
so nym essig und eyer schalen, die wol gestossen sein, und rost abegewetzet und gebroten pfeffir gestossen. so las das mitenander lap werden und geus dem rosse in den hals.

4. **Welch ros den pyrczel hat czwisschen haut und fleisch,**
so nym eyn ros beyn und burne das und stos das czu puluer und thu dorczu sponsgrun und bürne die hauth eyn wenig do du merckest, das is sey. so see das puluer doruff. ader nym eynes rosses beyn und bynt ym an den hals, das is nyemant wisse: so wirt is gesunt.

5. **Welch ros in dem enckil *cranck*[5] ist,**
das sprandig sey uff den ballen, den sal man loßen uff dem beyne.

6. **Welch ros von dem winde czu unrechte is,**
alße ab is herczelechtig sey, dem sal man lossen czwisschen den ougen und den oren.

(128v) 7. **Welch ros von futter czu unrechte ist,**
das bleet sich und keret alle fusse von ym. dem sal man seiffe in den leyp stossen: so entleet is sich.

8. **Welch ros eynen tritt hoth.**
den sal man schone machen und gerost brot doruff bynden mit salcze: so stincket her nicht. und thu das alle tage.

9. **Welch ros eynen gespalden fus hot.**
deme sal man uff spalden czwisschen dem horne und dem fusse unnd lege doruff ein tuchel von melwe, gewollen mit clarinn: also wirt die spalde gancz.

10. **Wen eyme rosse der eyter uff dem fusse auß bricht,**
so sal m n den eyter aws keren sam der fus gespalden sey. dornoch bynde man doruff warmen hundes mist: so wirt is heill.

11. **Welch ros die kelesucht hat.**
nym clarinn van xxiiij eyern und sal weyrouch doryn stoßen gar cleyne und geus *is*[6]) dem rosse yn den munth (129r) und sal ym eynen rynck an den hals legen und an die brust.

---

[1]) missche von mir ergänzt. [2]) is von mir ergänzt. [3]) l. temperunge. [4]) l. in dem magen.
[5]) ranck. [6]) is von mir ergänzt.

12. Welch ros rotzig ist.

Nym eyn halb pfunt boumole und irwelle das yn eyner pfannen und nym einen firdung qwecksilbers und las kalden und geus dem rosse in die nazelocher: so ist is gesunt acht tage unnd wirt dornach eyn halbes jor ouch gesunt adir stirbet.

13. Welch ros rewdig ist.

Nym swebil und sponsgrun und alt smer und strephe wurczen und menschen horn und missche das czusampne und reyb und salbe die rawden an der sonnen adir in einer heyßen stouben.

14. Welch ros vornagelt ist.

Nym hirs wurcz gestoßen mit heysem smere und brich das eysen abe und bynt die salbe uffe den fus: so magestu des morgens beslaen und reyten wo du hyn wilt.

15. Welch ros wilt fleisch gewynneth (129ᵛ) yn wunden,

ader dem die wunden stincken, dem wirff sponsgrün uff das fleisch und wassche ym die wunden mit wynter nessiln somen dorinne sey gesoten⁷): so wirth is reyne unnd frisch.

16. Welch ros rewdig ist,

deme wassche die rawden mit kalkgosse und mit harne also lange, bys ym der rawde abe geit. dornoch nym sawer teyck und bynt yn doruff drey tage, bys ym das hor auß geet. do nym denne alt smer und temperire das mit qwecksilber und mit swebil und bestreich is offte: so wirt ym bas.

17. Welch ros krancke ougen hot.

Mache ein sollich puluer: nym musschelen, die bey dem wasser legen, und burne die uff gluenden kolen und czew yn die außer haut abe und die ynnere. behalt das mittelteil, das ys see fresse. dornoch nym frisschen ingeber weyßen, dornoch nym gali (130ʳ) cien steyn und⁸) burne den uff kolen und lessche yn mit weyne. das thu newn stunt. dornoch nym den galicien steyn und wick die viere gleich czusampne und czustos sye czu puluer und ryt das puluer durch eyn weys tucheleyn und bederb is czu den ougen, also die gutten smede thun.

18. Item welch pfert egilfussig ist.

Der neme kalt gos und wassche is mete. dornoch nym sawerteyg und bynt ym dorumbe und los is czwene tage steen. das czeut ym das wasser her auß. dornach nym copper wasser und weis coppirrouch, allune und sponsgrune gleich vil und sewt das in scharffem essige und wassche das pfert domete den tag czwir also lange, bis is heil wirt. mit dem wasser heilestu das korffey und muche.

19. Item welch mensche eyn gryndecht houbt hot,

der neme und sneyde das⁹) abe mit eyme scherchin und twa (130ᵛ) is denne auß kalt gos. dornach nym denne pfeffir und lorbere gleiche vil und reyp das cleyn, das ys wirt also meel; und thu walroth dorczu, das ys wirt in gleicher wicht. dornoch nym denne coppir wasser und allune gleiche vil und burne das czu puluer in eynem ungenutztem schirbel und reyb das ouch, das is clayn werde also meel. so nym denne das selbige puluer und thu is denne czu den vorgeschrebenen. dornoch nym lorole und thu das dorczu, das is czusampne bleybe. wen du das hast getan, so nym und smere das houbt mit der ercztey und bewynt das houbt denne mit eynem reynen tuche und loße is nicht ab, biss an den dritten tag. so nym ys ap und twach

---

⁷) verberbt; lieſ mit wasser dorinne wynter nessiln somen sey gesoten. ⁸) vor und in der Handſchrift durchſtrichen vnd wick die viere gleich czu sampne. ⁹) ergänze har.

das houbt also vor. und das thu allewege umbe den dritten tag also lange, biss is heyl wirt und gesunth.

Item mit der selbigen salbe magestu heylen ein pfert, das do gryndecht ist umbe die fuße ader under der knyekele.[10]

(131ʳ) 20. **Item welch pfert den pyrczel hath**, der neme eyne wurcz die do heyset bertram, und sneyde dem pferde die hawt uff vorne an der styrne yn dem wyrbel, und thu der wurcz doreyn eynes halben finger lang neder wercz. so nym denne ter galle und menge sie dicke mit salcze und losse das sydendig heys werdin. und mache eynen qwast in eynen stock und tüncke doryn und smere das pfert do methe umbe den vierden tag ader umbe den fümfften, so lange, biss is heyl werde.

21. **Item welch pfert den bloße worm hoth**, der neme glas und stoße is, das is cleyn werde also meel. so nym denne eyn sebeleyn und ryth ys dodurch und halt is wol. dor noch nym coppirwasser und reyp das gar wol, das is ouch cleyn werde also meel. dornoch nym weyßen meel und salcz und honig und welle das czusampne als mittenander, das is herte werde, sunder glas und meel (131ᵛ) und salcz sal seyn gleiche vil, adir das coppirwasser sal seyn das weynigeste, sunder des honiges *nym*[11]) so vil, das *her*[12]) die vorgeschrebene czu hoffe helt, das is hert werde. so du das host getan, so nym und sneit dem pferde auß und rewme das du magest komen czu dem rechten loche, das do geet czwusschen die beyde schuldern. so du das host getan, so nym des puluers und stoppe durchlichen vol und bynde is czu und los es besteen, biss an den dritten tag. so bynde is uff und los is geen acht tage. und syestu denne, das is nach seyet, so saltu mercken die weyle, das is seyet: so ist der worm nicht thot. sunder du salt abir nemen und stoppen die locher vol mit dem puluer und lossen geen bis an den dritten tag gebunden mit eyme tuche, und sal denne abir uff bynden und lossen geen acht tage. das thu also lange, biss das du syest besserung und das is hilfft. ouch merck, wer (132ʳ) is sache, das das louch czu heilete und weder uff blize, also das do wurde eyne bewle adir eine swulst: so saltu weder uff sneyden von newes und rewmen das und den quot außnemen und stoppen das louch mit dem puluer also vorgeschrebin ist. und das ist gewisselich vorsucht, und du salt nicht abelossen adder vorczweyffelen an deßer ercztey. und so du das ercztyest, so saltu dem pferde guttlichen thun und seynes wol warten.

22. **Welch pfert die flusgalle hot.**
Nym eyn gluende eysen und stich sie uff und nym eyn warm brot auß dem offen und bynt is uff die flusgalle, biss an den dritten tag. dornoch nym weys harcz und alt smer czusampne und mache eyne salbe und smere is domethe.

23. **Weder die agelen** ....
.... puluer[13]) und menge den mit sponsgrün und stroye ym uff den fus in die wunden und bynt werg doruff. das thu also lange, bys das (132ᵛ) ym bas wirt.

24. **Wo das pfert nicht hor hat.**
Der neme reyn worme und sewet die in eynem newen toppe und los das kalt werden und bestreich das pfert domete wo is blass ist. item nym reygen worme und borne sye in eyme toppe. das puluer menge mit honige und smere die stadt domete. das thu yn dem bade und wassche is ye vor mit reynem wassir.

---

[10]) knyekele zweimal, das erste durchstrichen. [11]) nym und. [12]) her von mir ergänzt. [13]) Flüchtigkeitsauslassung.

25. Item welch pfert eyn czuswollen knye hoth. Das stich mit eyme heyßen eyßen sebin stunth bey das kny. ob nym salcz und ole und warm wasser und menge das czusampne und suet is in eyme vasse und bynt is dem pferde doruff.

26. Weder den buch biss der pferde. Nym eyne hoppen rancke und bynt sye dem pferde umbe den leyp.

27. Wiltu machen eyne salbe, die do zer heilet, was du methe bestreichest, so nym lynden holcz, das do yn dem[14]) roche gelegen hoth, und sneyt das czu cleynen stucken und thu das in (133ʳ) eynen newen top und setze eynen anderen top yn die erde und setze denne den anderen top mit dem holcze uff den anderen top und mache den top woll mit leyme, das kein brodem nicht dor auß geet, und mache eyn fewer dorumbe. und wenn das holcz vorbrant ist, so nym den top abe unnd was du vindes*t*[15]) in dem anderen toppe, das ist gutte salbe.

28. Item welch pfert rewdig ist.[16]) Nym swebil und sponsgrün und coppirwassir und ochsenczunge und treüge die in eyme offen und czustos die cleyne also meel und rcyb is durch eyn sib und menge das durchenander. sünder des[17]) swebils sal meist sein. und nym alt burgil smer und loss *is*[18]) czugeen in eyme kessil und geus das in eynen top und los das so lange steen, b*is*[19]) das du kanst den finger dorynne leyden. so nym yo czu dem pferde eynen leffil vol puluer und smere das pfert in der sonne adder in eyner warmen stobe mit dem selbigen puluer. (133ᵛ) Also heilestu ouch eyn speckhalsig pfert.

29. Item welch pfert mortslechtig ist, der sal stille sweygende uff drey reyne drey kleyne steyne *legen*[20]) also gros als die erbis adder ein wenig grosser, und sal alle binden in ein klein tucheleyn und sal geen stille sweygende czu dem mortslechtigen pferde, und sal is sloen mit den steynen uff beyde lenden und ouch uff den rucke knochen, und sal sprechen: „der mortslag der slug, der heilige Crist der hup", und nemen seyne lenden czwisschen beyde hende und sal die steyne behalden in der hant und sal sprechen: „uff, ros, und ruse dich, der heilige Crist!" und streich denne das mortslechtige pfert busen beyde lenden mit den selbigen steynen drey crewczwis und spreche denne czu drey molen: „in dem namen des vaters und des sones und des heiligen geistes!" und sal denne nemen die selbigen steyne und streichen den rucke entlang den czayl neder, und (134ʳ) stossen an die erde mit den steynen und sal sprechin: „alle dein ungemach vare in die erde!" und die buse sal man dem pferde thun czu drey molen drey tage, ye den tag czu drey molen. das erste mol des obendes. so saltu nemen die steyne und bewaren sie wedir stille sweygende, b*is*[21]) das du sie aber bedarfst. also dicke also du die steyne nymmest, so saltu is stille sweygende thun und brenge das pfert do du alleyne bist."[22])

---

[14]) dez. [15]) vindestu. [16]) darüber rot rawden. [17]) das. [18]) is von mir ergänzt. [19]) bas. [20]) nemen von mir ergänzt. [21]) bas. [22]) darauf: Das ist die weysse salbe, do von man ploster macht unnd attractatum (rote Überschrift).

Wörterbuch.

(Auf einige anderswo noch nicht belegte deutsche und tschechische Ausdrücke gedenke ich in Aufsätzen näher einzugehen.)

a) Zu den deutschen Fassungen.

(Die Wörter stehen in der Schreibung ihres Vorkommens. Es werden nicht alle Belegstellen verzeichnet. Arabische Ziffern, welche allein stehen, bezeichnen die Seite des Vorkommens; römische Ziffern bezeichnen die Texte I—IX, die auf sie folgenden arabischen Ziffern die Zahl des Rezeptes innerhalb des betreffenden Textes. c siehe k und q, cz siehe z, p siehe auch b, d siehe auch t. GW bedeutet Grimms Wörterbuch.)

abern air VII, 2 bedeutet „rohe Eier", allenfalls „weiche Eier"; vgl. die Parallelstellen I, 2 zway ayer oder drev waichev, III, 4 czwey eygir adir dry roe
adermennig 37, Obermennig, Steinwurz, Eisenkraut
agenhuof, agenhueffig VII, 19 f. hagenhuof
aglei IV, 3 ageley, die agelen 32 f., Pferdekrankheit, Eiterausbruch
alant wurcze VII, 19, Alantwurzel
alga f. seim
allune IX, 18, Alaun
altsalen 59, alt solen, alte Ledersohlen
ariwaiten I, 15, zur Anstrengung treiben, in Hitze bringen
aterminzen IV, 1, f. atrament
atrament, attrament, attriment, aterminzen, azarum haizzet ain chraut, Schusterschwärze, atramentum sutorium, Dinten-Zeug 37, V 26 u. ö.
attich 71, Attich, ebulum Garcke, VIII, 63
außvallen VI, 36, verrenken
awg stel 106, Augstall, vgl. ougstal
ayzze I, 2, 10, f. eiz
azarum f. atrament

bauchstetunge VIII, 35, Bauchbläsigkeit
bausen VIII, 17, außerhalb
pavm œl I, 16, Baumöl, Olivenöl, vgl. boum oley
becken VI, 27, beck in, peck sey VII, 27, pochen, schlagen; f. pöchken
bederben V, 37, IX, 17, verwenden, in dieser Bedeutung im Passional belegt (Grimm nach Köpke)
Begreich f. wegbreyte
behefften 94, betrügen
beinwahs, painwachs 38, geschwülstiger Auswuchs an den Beinen der Pferde
persel VI, 35, Bürzel, vgl. bürzel
bertram IX, 20, Berchtram, anthemis pyrethrum
bewern 23, 54, als wahr, richtig bezeugen, prüfen, wahr machen
pilzenzome III, 6, Bilsensamen
pirczil f. bürzel
plet I, 8, zu blæjen, blähen, aufblähen

blizen IX, 21, „blitzen", wie ein wüten in im ist, gleich als ein ungezemtes pfert, das da blitzt hinden und fornen (Kaisersberg), nit blitz hinden und fornen, wie ein bös pferd thût (ebda, nach GW), „exsilire gaudio, exsultare, zumal von Pferden und Eseln, die, weil ihnen zu wohl ist, mit den Füßen ausschlagen" (GW). In unserem Text wird das Wort, wie auch in den beigebrachten Stellen bei Kaisersberg, ohne den Beigeschmack des fröhlichen Übermutes gebraucht. Übersetze: „daß das Loch zuheilt und wieder aufspringt"
boben VIII, 26, oben
pöchken, bochen, pucken 55, pochen, schlagen, hacken V, 28
bosse 73, bœse, böse, gering, wertlos
boum oley 66, Baumöl, Olivenöl
pox horren 140, Horn eines Bockes
bramwurz II, 22, bremwurcz VIII, 50, Braunwurz, Waldmeister (?)
presten 63, brechen, bersten, reißen, geprosten I, 13
prösm 77, V, 22, brosme, Brosamen
buch biß 29, „Bauchbiß", Schmerzen infolge von Eingeweidewürmern
buchstreben, buchstreunge 42, Bugschwinden, Schulterlähme
buchstrenge V, 25, pawch streng, buchstrebig, vordenit, vorstencket, bauchbläsig, an der Bauchstrenge leidend, büch strenge adir vordenit II, 11
puchken rym V, 25, bocksledener Riemen
pullisch weis 76, IV, 6 — wohl sonst nirgends belegt — bezeichnet nach meiner Ansicht das Bülharz (terebinthus), das Grimm als „Harz in kleinen Pillen" deutet; es könnte auch mit „apulisch" zusammengebracht werden; pullisch weis ist dem von Grimm angezogenen Beleg nimb honig, wachs, bulharz bei Corner 406 an die Seite zu stellen; eine Vergewisserung dieser Deutung folgt aus III, 61: eyn salbe von wysem harcze
pulst VIII, 42, l. bolster, Polster
burgil smer IX, 28, Schweinefett
burnen, bornen III, 27, III, 6, brennen

bürzel, pirczil, pŭrczel der wŭrm, pyrczel, büsel, Bürzel, Name für den „Wurm", Pseudorotz, Druse der Subkutis; Seuter: morbus farciminosus elephantialis büsel f. bürzel
busen IX, 29, außen
pyrczel f. bürzel

deuchen VI, 34, diuhen, drücken
deyssym 29, deisme, Sauerteig, Hefe
dillen, tullen 26, 42, „Dillen", weiche Fleisch= sohle des Pferdefußes
Dinten-Zeug f. atrament
tresen, dræsen 50, I, 1, schnauben, ausschnauben
druse II, 4, druos, drüese, Drüse, Beule
dry wende 78, dreimal
duchkligen 64, durchkligs V, 30 (VII, 29: so durich stos sy), zu klicken, knicken, knacken, öffnen: vgl. nüsz aufklicken

eber wurtz 105, eine Distelblume, Carlina acaulis
ehe weyß 76, Eiklar
eißenkrauth 37, Eisenkraut, Obermennig, Stein= wurz
eiz, ays 32, Geschwür, Eiterbeule
encher VII, 4, possess. euer (dual.)
enckil 31, Fußknöchel
entlasten VI, 8, entlasten, erleichtern
entlåt V, 8, zu entleden, entladen; oder ent= ledigen oder entleiden, von Schmerz be= freien
entsolen 26, „entsohlen", den Hornschuh ent= fernen
entzyan VI, 30, Enzian
erstinken V, 5, stinkend werden, vereitern
essen 54, f. eizen

faym V, 31, imp. von veimen, abschäumen
feiffel 106, Feibel, Feisel, auch Nisel, Entzün= dung der Ohrendrüsen oder der Mandeln
firdung f. vierdunc
fliete 55, fliedel, vliedel, vliedeme, vlieme (von lat. phlebotamum), Fliete, Laßeisen
flug sintir 29, flucz sinter, rost ab dem eyson, Hammerschlag
fras 39, Name eines Bürzels
fueter reh 31, von der Futterrähe besallen
fürgestelle f. getwang

gachheil 29, Gachheil, gachhail I, 3
gagenhuff VI, 29, haghufig; f. hagen huof
gaißbonen VI, 36, Ziegendreck
galiczen steyn III, 2, Galitzenstein, Vitriol; galiczyen stein VIII, 29
galmei 44, V, 37, Galmei (frz. calamine), Kieselzinkspat
gebis 72, III, 53, „Gebiß", Mundstück, Zaum
gerichte VIII, 30, gerabeaus
gestallen 43, harnen
gestoze III, 6, gestözze V, 25, das Stoßen, Zusammenstoßen, das Aneinandergrenzende; tzu dem gestözze könnte demnach die Spalte zwischen den Oberschenkeln bedeuten

gesücht I, 1, Krankheit
getempiren III, 5, im gehörigen Verhältnis mischen
getwang, twanchk, zwanck, verstell, fürge= stelle, vorstelle, Afterzwang, Obstipatio, Tenesmus
gewollen II, 19, III, 15, bewollen zu bewellen, rings umgeben, besudeln; hier: anfeuchten, tränken
gip 41, Asthma (?); vgl. kichen
glase schrüm VIII, 54, Glasscherben
goltstain VI, 37, Topas, Probierstein
grunspan 51 u. ö., Grünspan, Spangrün, viride hispanum
grünspat I, 4, 20, 21 dasselbe
gürfey f. curvei
gurvay f. curvei

hacker VI, 35, Name eines Bürzels, f. hecker
hagel 36, Haghuf
hagel hůff V, 32, Haghuf
hagen huof 36, halhuwek, hagel hůff, agen= hueffig, hagel hoüich, haghufig, bei P. Uffenbach: Hanhüfig oder Strupfhårig; in den Wörterbüchern unbelegt; nach Ried handelt es sich um die Hufknorpelfistel.
harbt VII, 16, imp. zu arebeiten, f. ariwaiten
hamir slac 29, II, 20, III, 55, Hammerschlag, Rost
hanffole VIII, 12, Hanföl
har, harm, haren, harn, Harn
haren wind 43, Harnwinde, Kreuzrähe, lum= bago
harte sletigk f. herczslächtig
hawsen smerb VII, 20, V, 23 håsen smer, Hausenschmer; aber an paralleler Stelle I, 19 hasen smaltz, Hasenschmalz, VI, 23 mit haißem smerbe, mit heißem Schmer
haylhuuer 36, haghusiges Pferd
haynhuwe III, 62, Haghufe(r)
hecker I, 24, Name eines Bürzels
hencker 39, Name eines Bürzels
herczslächtig 41, hertzslechtich I, 7, herz= schlächtig
hilpersgriff 106, Trug, List; neue Deutung S. 106
hinderrucke 106, hinter den (dem) Rücken, örtlich, ohne Beigeschmack des Hinterhältigen
hirs wurcz 36, Hirschwurz oder Hirschwurzel
hoppen 85, Hopfen
houbet siech 51, 52, houpt sich II, 2, am Haupte siech
hüfftwang 42, Hufzwang, Zwanghuf
hutterrouch VIII, 58, Arsenik

ingeber VIII, 29, Ingwer, ymber VI, 34
jucken 50, I, 24, jucken, reiben

chalchez 37, I, 20, Kaltguß; f. calcus und kalt gos
calcus 40, III, 18, chalcus 38, kalkgoss IX, 16, dieser Schreibung nach „Kaltwasser aus der Kalkgrube" (Schmutzer), doch ist die Grund= bedeutung „Kaltguß"; vgl. kalt gos

kalt gos IX, 18, 19, chaltgozzen V, 36, chaltgüzz gesoten von tan zephen I, 21, letzteres Kaltguß als erkalteter Absud von Tannenzapfen; vgl. unde beguys is mit caldym wassir 38; als „Kaltguß" auch von Seuter aufgefaßt: wol gesotten und ein kaltgusz oder laug darausz gemacht (GW)

kelsuht I, 15, chelsucht, Halskrankheit, Druse

chew 40, V, 19, kiuwe, kiwe, kewe, kouwe (Kauwerkzeug), Kiefer, auch Rachen

kychen II, 16, 41, (mhd. kichen), „Keuchen", schren, sczarczen, schraytzen, gip, krechen, stetigk, husten, Ausdrücke für das Pferdeasthma

chleiben V, 32, klie, Kleie

clyster III, 18, klister, Kleister

communicieren 62, mitteilen

coppirrouch (weis) IX, 18, „ein grünlicher Ruß, der aus dem schmelzenden Schwarzkupfer aufsteigt, und woraus Vitriol gesotten wurde" (GW); ins Schedische entlehnt als kopparrök, altschwed. koparröker

copper wasser IX, 18, Kupfervitriol, Spangrün, Galitzenstein; ins Polnische entlehnt als koperwas

corney f. curvei

corvey f. curvei

krouwen 88, kratzen, jucken

krechen VI, 32, „rauhe Töne ausstoßen"; f. kychen

kreigk 73, Krieg

kretze 26, Krätze, Räude

chrevzz I, 19, kriuz, Krebs

chrouczzyn III, 22, acc. Krebs; die Beibehaltung von ch statt k in diesem Text weist auf unverstandene Übernahme aus einer oberdeutschen Vorlage, vgl. chloflech III, 17 und S. 52

cucfay f. curvei

chugel (Kugel), kuchelyn III, 28, kulchyn, Kügelein, Pille

kuearczt 105, Kuharzt (verächtlich)

kulchyn III, 15, Kügelein, Pille

kümat 106, Kummet

kunglin 105, Zaunkönig

churfal f. curvei

kurse f. curvei

curvei 33, gurvay, churfal, corvey, gurpfay, cucfay, corney, curfair, korney, gürfey, kurse, zurfa, gutfeür (it. corva, lat. curba, frz. courbe), eine Hufkrankheit, Strahlfäule (?)

la I, 3, lap IX, 3, lô V, 3, lob, law VI, 3, lau

latich II, 1, Lattich

lazzen I, 5, 6, 7, zur Ader lassen

lb., l. libra, Pfund

lecker f. hecker

lecher f. hecker

legir 88, Lager

legen 95, lêhenen, als Lehn geben, hier: verleihen

lilach III, 6, Leilach, Bettuch

linsadt 61, linsât V, 21, Leinsamen

louge 69, Lauge

luder 104, Lappen, Fetzen

lues VIII, 76, Laus

lutern 27, läutern, hell werden

magen halm 31, I, 20, Mohnhalm

matelrat 31, statt mauchelreh, von der Mauchelrähe befallen

mauchke 40, Mauke

mavchel reh I, 6, mauchelräch

milben I, 15, müllen, zerstoßen, zermalmen

mol, mal 52, Mal in den Augen

molafftig VIII, 65, Eigenschaftswort zu Maulaffe, nicht bei Grimm, wo Maulaffe seit dem 15. Jh. belegt

moltwerff 68, Maulwurf

mortslechtig IX, 29, bei Grimm nicht belegtes Adj. zu „Mordschlag", „mordender Schlag" oder „Hinfallen auf den Boden, das tötlich verletzt".

mûche 31, Mauke

mûln V, 15, zerstoßen, zermalmen

Muncifaya 34, Pferdename; Munzifay, d. i. Mons fagi, Name eines bei Smečno, unweit Schlan in Böhmen gelegenen Städtchens; Graf Kaunitz benannte zahlreiche seiner Pferde nach dem Ort ihrer Herkunft, z. B. Fridlandia, Lipsia

nazebant 27, Nasenband, ein die Nase schützendes Eisenband an der Pferderüstung, davon die Bezeichnung Nasenbandader

neczen 62, näßen (infolge von Vereiterung)

nessilworczil 38, III, 47, Nesselwurzel

niena 104, nirgendshin

ôbir beyn II, 14, Überbein, Beinwachs

oland f. alant

ougstal 27, ouginstal III, 49, „Augenhöhle", eine Augenkrankheit

owyn III, 40, oven VIII, 62, Ofen

perment 46, V, 15, permeit 59, permut VI, 19, Pergament

peterlein VI, 42, Peterling (alte Umdeutschung von petroselinum, Petersilie)

pfeffin 105, Pfarrköchin, Konkubine

pfunden VIII, 58, 59, abwägen

pipe 44, Röhrchen, Pfeife

pisse, kalde f. haren wind

pissen 43, harnen

Principessa 41, „Fürstin", Pferdename

quast IX, 20, Büschel, Wedel

chochsilber 64, I, 16, 20, Quecksilber

quot IX, 21, Kot, Eiter

ræh 30, reh, ræch, von der Rähe (Rehe) befallen

räppig, repsich 43, rappig, räudig

ratich VII, 23, Rettich

rennen 31, 58, schnell laufen; überschütten, einträufeln

renstat 105, Rennbahn

repsich III, 37, rappig, räudig

reren III, 60, fallen machen, träufeln
reynwurme 68, reyn worme VIII, 70
rockyn deyssym III, 5, Sauerteig von Roggen=
  mehl
roczegen II, 1, Rotz ausströmen
rosbein 25, I, 4, Pferdeknochen
rost ab dem eysen 29, I, 3, rött von dem
  eysen 29, Hammerschlag, Rost, Abfall von
  dem mit dem Hammer bearbeiteten Eisen
rudecht 69, räudig
ruiz III, 56, Ruß, Schmutz
rimpfen 60, verdorren, runzeln
riten III, 2, ryt IX, 17, durchsieben

sack myntzen VI, 26, in den andern Hss.;
  seim, alga, seeminzen; wohl Wasserminze
saf III, 6, Saft
Salitter 42, geläuterter Salpeter
saluie VIII, 32, Salbei
schafft VII, 77, penis
scharsahs 64, Schermesser, scharsach II, 35
schelmenhain, schelmpain 39, Gebeine von
  Hingerichteten
scheren 57, V, 31, Krebse
schos II, 9, Pfeilschuß, Stelle des Einschusses
schose 88, Schoß, hier gleichbedeutend mit
  zagel
schraytzen s. kychen
schren s. kychen
schrüm s. glase schrüm
schule 71, Pferdekrankheit, Schale
schwirt l. swirt
schyppen 59, Schuppen
sczarczen s. kychen
sebeleyn IX, 21, Siebchen
seemincze V, 27, Wasserminze (?)
seichpfen 31, Seife
seim 38, seym, alga, sepleter, senif pleter, das
  da swimmet auff dem wasser, myntzen,
  Wasserminze (?)
seym VIII, 62, Honigseim
seitte 104, Darmsaite
serik III, 55, verwundet, verletzt
sewarczt 105, Säuarzt (verächtlich)
seyn II, 21, Segen
spangruen, ain chraut(!) 51, sonst Spangrün,
  viride hispanum, Vitriol
spat 38, Spat, Pferdekrankheit, aber spat III,
  28: Hufspalt
spengron VI, 4 s. spangruen
sperren 61, VIII, 5, sich spreizen
spetig 38, an Spat erkrankt
sprandig 61, XI, 5, nicht bei Grimm belegtes
  Adj., gespreizt(?); vgl. sprenzen
spreweczen, spräwczen V, 6, sich spreizen
sprenczen, spranzen 61, nur in der Bedeutung
  von „einherstolzieren" bekannt; hier: „sich
  spreizen" ohne Beigeschmack des Stolzen,
  Geckenhaften, sondern durch schmerzhafte
  Krankheit verursacht
spulworme 82, Spulwürmer
spynnele III, 36, Spindel
starblynt 94, starblind
Stein-Kropf 34, Nasenrotz, Malleus

stetigk s. kychen
stipen s. stuppen
strallen 43, harnen
strephewurczen s. strupwurtz
strenge 33, Kehlsucht, Druse
strupwurtz 35, VI, 17, striph vurtzen I, 17,
  strephewurczen, Ochsenzungenwurzel (och=
  ßen tzungen wurtz anders genant strupffen
  wurtz Heinr. v. Pfolspeundt)
stoß VI, 35 s. gestoze
stotten 32, mnd., gestoßen
stupen VI, 35, VII, 24, stipe VI, 34, zu Staub
  machen, bestäuben, bestreuen
swennen 57, verswinen dahinschwinden, ver=
  sweinen vernichten, „du mögest abnehmen,
  dahinschwinden"
swern, swirt I, 11/12, schwären, eitern
swercze 30, III, 44, Schusterschwärze, vielleicht
  auch Wagenschmiere
swolst III, 46, Geschwulst
suachon (ahd.) 57, schwach sein, schwach werden

temporunge I, 2, Mischung im gehörigen Ver=
  hältnis, tempiren mischen
ter galle IX, 20, Teergalle, „der beim Schwelen
  zuerst übergehende, mit Säuren gemengte
  Teer" (GW)
teite 76, IV, 6, sonst nicht belegt; könnte aus
  terebinthus zustande gekommen sein und
  Terpentin bedeuten; vgl. bulharz, das ist
  lauter wie terpentin (Grimm nach Braun=
  schweig 110)
tenk ar 96, VII, 4, das linke Ohr
tinkel mel 32, Dinkelmehl
tresen s. dræsen
trit I, 9, II, 7 u. ö., Fußverletzung infolge
  schlechten Trittes, blutige Fußspur
trom 104 (Balken) hier wohl Reitel, Dreh=
  knüppel
tullen s. dillen
twahen IX, 19, waschen, baden
twanchk s. getwang

vnfähl 62, Unfälle
uber hüff V, 18, Überhuf
unmære 49, unlieb, zuwider
unschlit 35, Unschlitt
var lauffen 105, voranlaufen
verbellen II, 10, verböhlen, verpellen, verbällen,
  beschädigen, so daß eine Geschwulst entsteht
verbena 103, verbenen 105, Eisenkraut, Ver=
  bena officinalis
verböhlen s. verbellen
verhaben I, 1, zuhalten, verschließen
vernageln 35, Hufnägel schlecht einschlagen
verslinden 29, schlingen, schlucken
verstell s. getwang
vertig I, 22, „fertig", kommt zu Stuhl
vervahen 30, „verfangen", räch 43, an der
  Harnwinde erkranken
vierdunch 64, virdung 76, Viertel (namentlich
  eines Pfundes)
vislach 104, Fißloch, Kötenzopf, engl. fetlock
vlosgallen, wassergallen, das jucken 41, Fluß=
  gallen

vonstern VI, 36, finster werden
vordenit (bauchbläsig) s. buchstrenge
vorstelen 73, verstellen, stillen
vorstelle s. getwang
vorstenckit (bauchbläsig) s. buchstrenge
vras I, 24, Name eines Bürzels
vrat 38, wundgerieben, entzündet

walroth IX, 19, Walrat, „eine ölige, helle
  Masse, die sich im Kopf des Pottfisches,
  aber auch in einer vom Kopf bis zum
  Schwanz verlaufenden Röhre und in vielen
  kleinen, im Fleisch und Fett zerstreuten
  Säckchen findet" (GW)
walwen III, 50, sich entfärben
wan speyche III, 44, Wagenspeiche
wassergallen adir vlosgallen VIII, 17, Fluß-
  gallen
wazzer reh 30, wasserräch
wasserseim VIII, 58, Wasserminze (?)
wût 100, prät. von waten, durchdringen
wegebreyte 38, III, 50, wegrich VI, 41,
  Wegerich
weinlager 34, Weinhefe, Bodensatz im Faß
weit 33, Waid, Färbekraut
wel III, 2 lies vel, Fell
wellen 64, I, 16, zum Wallen bringen

wellent VI, 22, nach welcher Seite, wohin
werrich I, 11/12, Werg
wetag 55, Krankheit, Leiden
wint reh 31, I, 7, windräch, von der Windrähe
  befallen
wirken III, 40, machen, verfertigen
wirren III, 36, VIII, 51, stören, hindern,
  schaden
wirwelsuchtig 94, VIII, 32, wirbelsüchtig, vom
  Dummkoller befallen (?)
wolf 39, Name eines Bürzels
wormel 61, wurmel II, 19, Wurmmehl
wuste III, 36, Weiche, Gegend zwischen Weiche
  und Hüfte

czagil III, 6, czayl IX, 29, Schwanz, Schweif,
  Zagel
czegene milch III, 56, Ziegenmilch
zelte VII, 26, Fladen
zitwar I, 1, czitbar, zwitwar, Zitwer
zügender knopf 104, zuziehbare Schlinge
Czunczemuncza 34, Pferdename (čunče, tschech.
  Ferkel, das Ganze wohl lautnachahmend
  gemeint
zurfa s. curvei
zwanck VI, 25, s. getwang
zwier I, 10, czwir, zweimal.

b) Zu den tschechischen Stellen.

(Herzer-Prach bedeutet: Ottovy velké slovníky, Böhmisch-deutsches Wörterbuch, 3 Bde., von
J. Prach und A. Prach. Kott bedeutet: F. S. Kott, Cesko-Německý Slovník, Prag 1878. 5 Bde.
Mayer bedeutet: A. Mayer, Die deutschen Lehnwörter im Tschechischen, Reichenberg 1927. Gebauer
bedeutet: Slovník staročeský. Prag 1903, 2 Bde. (A—N), Napsal Jan Gebauer. Sterzinger
bedeutet: J. B. Sterzinger, Enzyklopädisches Deutsch-böhmisches Wörterbuch, Prag 1921.)

aksstein 90, mhd. agetstein, Bernstein, Magnet.
  Vielleicht mit galštejn zusammengeworfen
attrament 78, Attrament, Schusterschwärze,
  Vitriol. Nicht bei Herzer-Prach, Gebauer,
  Kott, Mayer
aud 101, Glied
azot 83, Stickstoff

bedrnik 82, Pimpinelle, Bibernelle
bílko, zbielkem 76, Eiweiß, Eiklar
bielmo na oce 79, Augenmal
bielny (= bílý) 76, weiß, bielne tiesto, Teig
  von Weizenmehl
blýnové semeno 88, Bilsensamen
bodlak 88, Distel, Karde

chmelowe rywj 85, Hopfenranken
chrastawi 77, räudig
chřípě 75, Nasenlöcher, Nase
chysskati 87, zu Stuhl gehen, zu chýse, Abtritt;
  das Zeitwort nicht bei Gebauer, Mayer,
  Herzer-Prach, Kott
črwy 76, červy, Würmer
chrzbet 80, Rücken
cycwar 89, Zitwer
czlowiecize layno 82, Menschenkot

dlaň 97, flache Hand
drastiti sě 37, rauh werden
dychawicze 42, 79, Asthma, Engbrüstigkeit

flastr 90, Pflaster
ffunt 89, Pfund

galgan 90, Galgant
galstayn 79, Gallenstein. Nicht bei Herzer-
  Prach, Sterzinger, Kott. Bei Mayer § 53:
  kalštajn = Kalkstein; so auch Gebauer,
  dem die von ihm belegten Schreibungen
  kalixstaynowy und kaisstaynowy doch
  hätten zu denken geben können
geleni loy 76, Hirschunschlitt
gezda 82, Ritt, Reiten
gistba 82, Stube

haghuf 79, hangulfft 84, Haghuf, nicht bei
  Herzer-Prach, Sterzinger, Mayer, Gebauer,
  Kott. „to gest kdyz se wlasy nad kopitě
  drastie"
herynk 86, Häring
hnát 76, Knochen
hnoy 75, Mist, Eiter
howno 82, Kot

hrdlo 79, Kehle
huť 90, Hütte

jáhla 35, Hirse
yary med 76, Frühlingshonig

kadidlo 37, Weihrauch
kalkus 80, 84, Kaltguß (s. bt. Wörterbuch!);
dagegen Gebauer und Mayer § 99 nur:
Kaltguß
klydwasser 90, Gliedwasser, Gelenkschleim;
nicht bei Gebauer, Mayer, Herzer-Prach,
Kott, Sterzinger
kopyto 37, Huf
kost 101, Knochen
krasty 84, chrásta, Räude, Krätze
krew 101, Blut
krtice 76, Stropheln, hier Bürzel
krumsspat 90, krunsspat 91, Grünspat, Grün-
span
krwawnicze 77, Blutader
kudel 76, koudel, Werg, Kauder
kulhati 101, hinken
kuozie 101, Haut
kurdey 77, die Pferdekrankheit curvei (s. bt.
Wörterbuch!); bei Gebauer kurděj nur in
der Bedeutung „Mundfäule", wobei er sich
auf polnische Quellen stützt; sein einziger
tschechischer Beleg Ktery kuoň má kurdyei
(die Albranthf. im Cod. XI C 2, Bl. 290 v
der Univ.-Bibl. Prag) ist wohl nicht auf die
Mundfäule, sondern auf das curvei zu
beziehen. Dagegen kennt Kott kurděj als
Pferdekrankheit: osutí na nohách, zvláště
okolo koruny kopytní za střelkem: žaba,
střely, die Strahlfäule, Kröte

leska 79, 83, Haselgerte
linati 77, hären
lite 82, Name eines Bürzels (litý, grimmig,
wütend)
loket 79, Ellbogen
lotr 87, Lotterbube, Räuber, hier Name eines
Bürzels; als solcher nicht bei Gebauer,
Mayer, Kott

marsstal 85, Marstall
mas 90, (Hohl-)Maß
maso 101, Fleisch
mocz 83, Harn
mozk 76, Mark
muchy 78, Mauke; nicht bei Gebauer, Mayer,
Herzer-Prach; doch kennt Kott die Pferde-
krankheit mušky
mulsstub 90, „Mühlstaub", Mehlstaub in der
Mühle; nicht bei Gebauer, Mayer, Kott,
Herzer-Prach, Sterzinger
mundsstuky 90, „Mundstücke", der im Mund
liegende Teil des Zaumes; nicht bei Ge-
bauer und Mayer, wohl aber bei Kott als
munštyk in der Bedeutung udidlo

nawni kost 80, Überbein
nasypati 83, überstreuen, aufschütten

nazagitře 81, morgen
nedotykage 76, nicht anrührend
nezyty 32, 76, nežitěti schwärend werden,
nežit, Geschwür, Beule, Furunkel

ochwati se 78, sich verfangen, rähe werden
oddawiti se 76, 80, abdrücken, verbällen
oko 81, Auge
ocas 88, Schwanz, Zagel
opasati 85, gürteln, umgürten
ostaruzny 77, ältlich
owes 88, Hafer
ozhrzywy 80, rotzkrank

palecz 85, 87, Daumen
pata 76, Ferse
peregrin 77, Spangrün, Grünspan
pinta 89, Pinte
plawy 100, falb
plecze 79, Schulter
plesnivý kůň 101, Schimmel
ploska 97, Oberfläche
podesswy 83, Schuhsohlen
pokazyti 77, verderben
polegowa woda 88, Poleiwasser, Flöhkraut-
wasser (Wermutsaft); Polei von pulex,
Polei = Mentha pulegium; nicht bei Mayer
popruh 97, Sattelgurt
potiti 85, schwitzen
prchnily 76, Mauke, Rappigkeit
přistih 79, Blutspat, Krampfader
przisahrziti 82, erwärmen, in Hitze bringen
proboy 41, „Durchschlag", Flußgalle
prskati 78, fauchen, spucken, niesen
přischly 79, Adj. zu přischlípiti, schlaff,
herabhangend
psy krew 83, Hundeblut
pse layno 76, psye layno 82, Hundemist
pustiti 79, zur Ader lassen

rak 81, Krebs
raty 43, kopyta rozpoltěná, Spalthufe
raucho 88, Gewand, Kleid
rendlik 90, Bratpfanne, Kochtiegel
rietez 85, Kette (hier Rost?)
rosedly 76, gespalten, klüftig
roztieti 82, aufschlagen, aufspalten
rtut 81, Quecksilber
rty 75, (sing. ret) Lippen
rupy 79, Eingeweidewürmer

sadmiwy 80, durch Satteldruck beschädigt
sadmo 77, Satteldruck
sangrin 79, Spangrün, Grünspan
sčawka 79, Sanwinde, Harnstrenge, Lauterstall
schne 76, schnouti, ausdörren
sczati 78, harnen
semenecz 83, Hanfsamen
slanina 87, Speck
smrssititi 81, abschwellen, zusammenschrinden
spangegmi 89, Spangrün, Grünspan
spangrina 79, sspangkrynu 85, Spangrün,
Grünspan

151

spat 78, Spat; nicht bei Mayer; Kott: z němec; Spath. Nemoc koňská, nádorec na vnitřní straně nohy, rus. nákolnice
spisglasz 90, „Spießglas", Spießglanz, Antimon; nicht bei Mayer, Kott, Herzer-Prach, Sterzinger
sraziti 83, sich niederschlagen, gerinnen
srst 27, 77, Haar
ssadtwaßer 90, „Schabwasser" (nicht GW); nicht bei Mayer, Herzer-Prach, Kott; Sterzinger: Schadenwasser, škodní voda
ssewczowske cziernidlo 82, Schusterschwärze, Vitriol
sskoržepina 85, Muschel
sskořžipka 85, kleine Muschel, Schale
ssticzi czielist 83, Hechtkiefer
sstolmistr 20, Stallmeister, nicht bei Mayer
strčziti 97, schieben
strup 35, 86, Grind, Kruste, Räude
strzela 80, Geschoß
suchostina 88, Trockenheit, Dürre
syra 32, Schwefel

teleczy mozk 82, Kalbshirn, Kalbsmark
tiesto 76, Teig
topenicze 32, bedeutet hier topený chléb, gebähtes Brot; topenice bei Kott nur gleich topinka, dünnes Brett, Pflasterziegel
trank 84, 90 (Trank), kralowsky trank, gemeiner Odermennig; nicht bei Mayer; Kott: Name verschiedener Pflanzen
třen 32, Strunk, Stiel
trzyti 79, streichen, reiben, hier: schlagen

warmucze 83, Brei
waytka 101, Verrenkung
vdidlo 85, Roßzaum, Gebiß

wierdunk 82, mhd. vierdunc, Viertel (eines Pfundes)
wirtel 90, Viertel (Hohlmaß), nicht bei Herzer-Prach, Sterzinger, Mayer
witrolyma 90, Vitriol
wlk 82, Wolf (hier Name eines Bürzels)
vnucovati 101, aufbringen, einzwingen
wnuk 92, Enkel
wodurany 87, wasserräch, nicht bei Herzer-Prach, Sterzinger, Kott
wolowy yazyk 35, 67, Ochsenzunge, Kott: „volský jazyk, echium, Natterkopf"
woshřiwy 77, rotzkrank
uraz 75, Stoß, das Anschlagen, Schlag
vřknute 87, urknouti, beschreien, verzaubern
wyklad 87, Erklärung, Erörterung
wyrazyti 79, ausschlagen, ausrenken
vzda 78, Pferdezaum, Gebiß

zaditi 78, vollstopfen, zuhalten
zadrzeti 78, zurückhalten, verhalten
zagem 77, das Vernageln
zahrzieti 85, erwärmen, erhitzen
zaklynati 100, fluchen
zapitj 97, zuhäfteln, anknöpfen, befestigen
zapuditi 83, vertreiben, bannen
zašlapnouti 76, nieder-, zu-, eintreten, hier „beim Treten verletzen"
zatnouti 77, zur Ader lassen
zegdlik 89, Seidel (Hohlmaß), nicht bei Mayer
ziehnanj 100, Segen
žila 101, Ader
zlazy 77, Druse, Kehlsucht
zluwa 83, (Goldbrossel), Bauchbläsigkeit, Bugschwinden
zrak 77, Sehkraft, Gesicht

Schlagwortverzeichnis.

Aal 79
Abildgaard 48
Achats, ein Schmied 63
Aderlaß 30 f., 41, 47, 78 f.
Afterzwang 30
Aegidius von Corbeil 56
Akerman, deutscher Roßarzt in Italien
Alant 35, 37, 57, 69
Albertus Magnus 22
Albebrandino von Siena 22
Aloepille 31
Alphonsus Cordubensis 50
althochdeutsche Zaubersprüche 57, 100 f.
Ameisen 40, 52
Amsterdam 63
angariare („Fronbienste leisten", zu „Frondiensten zwingen") 97
Asthma 41, 53
Attich 28, 71
Augenkrankheiten 44, 47
August des Starken Roßarzt 34, 40, 102
aychel st. Gachheil 29
azarum, ein Kraut 37

Bannen 95, 100
Bauchbiß 29
Bauchstreben, Bauchstrenge 41 f., 71
Baumöl, Olivenöl 33 f., 40 f.
Beatrix von der Provence 22
Beinwachs 38
Belastungsrähe 31
Beräuchern 94
Bereiter 63
Bernard v. Frankenstein, Breslauer Official 50
Beschellbuch des Grafen Kaunitz 34, 102
Bethlehem 99
Bier 35, 37, 43, 53, 67, 69
Bilsensamen 40, 102
Bistrau 84
Blasenwurm 94
Bocksblut 103
Bocksriemen 83
Bocksunschlitt 103
Böhme, M. 32
Bonifacius, Roßarzt Karls von Neapel 22
Bourgois, Bereiter des Grafen Kollonitz 63
Brandenburg, Markgraf Friedrich von 71
Braunheil 29
Braunwurz 30
Brennen 38, 41, 43
Breslauer Augustiner 53
Brot 32, 37 f., 43
Brustbürzel 39
Bücherbernichtungen 55
Budapest 60
Budweis 91
Bugschwinden 42, 83

Clemens IV., 28
Dämpfigkeit 41, s. Herzschlächtigkeit
Darmparasiten 29
Debrecen 32, 60, 103
Deljenbach, Kupferstecher 62
dessolatio 43
Deutsch-Brod 55
Dietrich, Kaiser (!) 21
Dillenauswerfen 26, 42, 77
Dinkelmehl 32
Dioskurides 36
Dócs, Stadt in Ungarn 65
Donaueschingen 59
Drachenblut 90
Dreckapotheke 52
Druse 28 ff., 33

Eier 29, 32 ff., 38, 40, 43 f., 70
Eigennutz 94
Eingeweidewürmer 29
Einguß 53, 55, 78
Einsiedelner Hs. 23, 102 ff.
Eis, Anton 78
Eisenkraut 37
Eisgrub 62
Enzian 29, 38, 41, 53
Erhitzung 82
Eselsmist 40, 52
Eßunlust 103
Eulenspiegel 103, 105
Exempel 65
Extremente 53

Falkonierkunst 22
Färben 103
Feitel, Karl 92
Feldbuch der Wundarznei 62, 64
Feldsberg 62
Fell in den Augen 44
Ferdinand, Kaiser 21
Fett 87
Fische 79
Fladen 40
Fleischsohle 43
Fliete, Laßeisen 40
Flintenschuß 36
Flöhkraut 74
Flußgalle 41, 98
Fontanell 33 f.
Forer, Conrad 31
Frauental bei Prachatitz 98
Friedrich II., Kaiser 17 f., 22
Friedrich III., Kaiser 21
Friedrich der Schöne 21
Friedrich von Brandenburg 71
Fries, Lorenz 106

Fugger, Marx 90
Futterrähe 31

Gachheil 29, 38
Galitzenstein 44, 80
Galmei, s. Kieselzinkspat
Gangl, A., Kunstfreund 74
Gebuld des Arztes 94
Gessken, Hamburger Pastor 20
Geistliche 92 f.
Gelbsucht 34
Gersdorf 48, 62, 64
Gerste 38, 42, 48
Geßner 90
Gestütordnung, Liechtensteinsche 62, 64
Gesundheitsprobe 104
Gesundheitsregiment 91
Geymon, Baron 63
Goldenkron 55
Görlitz 68
Gregor VII. 106
Griechenland 21
Grind 35, s. Räude
Groß-Schützen 32 ff., 42, 62, 99
Günsel 29

Haarfärbemittel 57
Haarkluft 36
Hakll, Antonin 91
Hämoglobinurie 43
Hanföl 42
Harn 35, 40, 43
Harnbuch 56, 84 f.
Harnwinde 43, 67
Harnzwang 43
Harz 41
Hase 33, 36, 81
Hauptmängel 45
Hauptsucht 28
Hecht 34, 40, 52
Heiden, Hans, Meistersinger 105
Heilpflanzenwörterbuch 56
Heiltrank 53
heimliche Heilung 94
Helbling, Seifried 49
Henricus de Monte de Villa 47
Hering 33
Herites, Matthäus 90
Herzschlechtigkeit 41
hexen 94
Hildebrand 19, 21
Hildebrandslied, jüngeres 106
Hildebrand v. Cluny 106
Hilbrant st. Albrant 19
Hinken 38, 104 f.
Hippokrates 46
Hippopronia 17, 72
Hirschunschlitt 35 f., 76
Hirschwurz 36
Hirse 35
Hohberg, Helmhard von 30, 48
Hohenfurth 57, 96
Hohenlohe, Wolfgang II. von 48
Honig 29, 33, 42, 76

Hopfenranke 30, 85
Hornhauttrübung 44
Hornkrankheiten 32 f., 36, 43
Hufagraffen 32
Hufballenentzündung 32
Hufbeschlag 105
Hufknorpelfistel 37
Hufkronenverletzung 32 f., 36
Hufsalbe 35, 76
Hufzwang s. Zwanghuf 42
Hugo v. Trimberg 49, 102
Hühnermist 35
Hundeblut 42
Hundemist 33
Hundeschädel 28, 30

Igel 62, 103
igelsüßig 33, 40, 45
Ingwer 38, 43, 80
Inkunabeln 20, 60, 65, 68, 89, 95
Isaak-ben-Soleiman 56

Jerusalem 99
Job 95, 98
Johannes, Pferdeheiliger 103
Johann v. Neuhaus, Schreiber 56
Jordan 99
Juden 63, 93, 100, 102

Kalbsmark 82
Kalkwasser 43, 80
Kalk, ungelöscht, 32
Kaltguß 37, 40, 43 f., 80
Karl IV. 48, 54
Karl v. Anjou 22 f.
Karlsruher Hs. 71
Katzenmist 52
Kaunitz, böhm. Graf 34 f., 41, 102
Kehlsucht 33
Kehlkopfpfeifen 33, 41
Keuchhusten 41
Kinnbacken des Hechtes 40
Kieselzinkspat 43
Klattau 55
Kleie 37 f., 42
Klein, Johannes, Löbauer Magister 66
„Kluger Landmann" 28, 30, 35, 41 f., 107
Knoblauch 33
Kolik 31
Kolleschowitz, Bezirk Podersam, 78
Kollonitz, deutsch-ungar. Graf, 32 ff., 42, 62, 99
Konrad, Pleban in Schaab 50
Konstantinopel 21
Konstantin von Afrika 56
Kopenhagener Hs. 34
Kopfhängen des Pferdes 102
Kopfverletzung 28
Kornbrot 40, s. Brot
Kostenblatt, Sudetengau 91
Krankheitsnamen, deutsche, im lat. Text 52, 71,
  in tschechischen Texten 80, 82, 84 ff., 89 ff.
Krankheitsursachen 94
Krebse 36, 78, 89, 93
Kren, Krenwurz 36, 42

155

Kreolin 35
Kreuzrähe, s. Harnwinde
Krippenbeißen 102
Křivoklát, Bürglitz 92
Krumau 89, 91
Kühe 78
Kupferwasser 35
Kürbis 36

Lanfranchi 47
Laßeisen 40
lateinische Bearbeitung 71 f.
Lattich 28
Lauge 35
Laus 43
Leber, pulverisiert 52
Lehm 43
Lehmann, Christophorus 107
Lehnwörter in lat. und tschech. Texten 52, 71, 80, 82, 84 ff., 89 f.
Leinsamen 42
Leipziger Hs. 66
Leningrader Bibliothek 72
Liechtenstein, Fürst von 62, 65
Linsentrübung 43
Löbau 66
Longinussegen 96, 99
Lorbeer 43, 67
Lozenne 47
Ludolf de Izellis 47
Lundenburg 60
Lungenbrustfellentzündung 28
Lungenemphysem 42
Lungenentzündung 31
Lygenhart, Friedrich 97
Lysol 35

Manfred, deutscher König 23
Magnetstein 36
Marcus, Roßarzt Friedrichs II., 21
Mal in den Augen 43
Marburg an der Drau 62
Mauchelrähe 31
Mauke 40
Maulwurf 30
Maurus aus Köln, Roßarzt Friedrichs II. 21, 45, 47
Maus st. Nuß 40
Medizinalordnungen 22, 51
Meerrettich 36
Menschenkot 35, 78
Menzelin, Johann, Saazer Arzt 91
Merseburger Zaubersprüche 100 f.
Mohnhalme 37
Mondkoller 94
Mordschlächtigkeit 100
Münchener Hs. 59
Münchener Stallmeister 62
Murner, Thomas 105
Muscheln 44

Nasenausfluß 28
Nasenbürzel 39
Napoleone de Ursinis 18

Neapel, Gründung der Universität 21
Nebuschell, bei Melnik 90
Nelken 29
Neuhaus, Johann von 56
Nesselsamen 43
Nesselwurzel 38
niederdeutscher Druck 20
Nikolaus, Rektor in Bistrau 20, 84
Nürnberger Hs. 39
Nuß, verlesen zu Maus 40
Nußschalen, statt Muscheln 43

Oberlausitz 66 f.
Ochsenmark 76
Ochsenzunge 35, 67, 77, 86
Oldrzich, Kaiser (!) 20 f., 85
Ortolf von Bayerland 56, 84 f.
Osterkrankheit 43

Papiermühle 92
Pappelabsud 29
Päpste 28, 106
Paracelsus 104
Pauli, Johannes 105
Pelzbuch 91
Pergament als Pflaster 40
Perubalsam 35
Pestschriften 50, 54, 60
Petrus, im Heilsegen 97 f., 101
Pfarrköchin 105
Pfeffer 29
Pfeilschuß 36
Pferdehaut 106
Pferdemist 40
Pferdenamen 34, 41
Pflaster 59
Pfolspeundt, Heinrich von 29, 36 ff., 48, 73
Pharyngitis 29
Pilokarpin 30
Plinius 36
Ploschkowitz 91, 97
Polenkrieg 73
Polster 59
Posenanie, Johannes 18 f., 51
practica equorum 47
Prager Burghauptmann 90
Praxis 93
Preßburg 60
Preußische Handschriften 68
Proßnitz 84
Pssow 50

Quecksilber 34, 43, 78, 89
Quellenhinweise in Hss. 71, 91

Rähe 47, 98
Räppigkeit 35, 43
Räude 35, 41, 69, 91
Rehzahn 35
Rennen als Krankheitsursache 31
Rettich 28, 71
Regenwürmer 30
Rhinoplastik
Riemen, bocksliederne 38

Riesenburg 85
Rinderhaare 62
Rinderheilkunde 78, 91
Rindermist 29
Ritterorden 73
Roger II. von Sizilien 22
Roggenbrot 41, f. Brot
Roggenhefe 29
Roggenkleie 42, 67
Roggenspreu 67
Roggenstroh 41
Roßaventüre 57, 77, 102 ff.
Rößel, Christoph, Pferdeknecht 102
Rosenberg, böhm. Adelige 55, 91
Roßbein 29 f., 40
Roßmange 102
Roßtäuscher 93 f., 102 ff.
Roßzahn 105
Rost, Tobias, Reitschmied 41
Rothens Memorabilia Europae 31, 64 f.
Rotzkrankheit 28, 33 f.
Rücken, zerbrochener 40
Ruffus, Jordanus 22, 43
Ruini 90
Rusius, Laurenzius 34, 36, 44 f., 47, 52, 89, 94
Ruß 52

Saaz 91
Sabel, jüdischer Pferdehändler 102
Sabgnaculaus, Zauberwort 97
Sachs, Hans 105
Safran 36
Salitter 42
Salzburger Hs. 29, 44, 59
Sauerampfer 35
Sauerteig 29
Schaab, Sudetengau 50
Schaub, Sudetengau 50
Schafheilkunde 91
Schafgarbe 29
Schafmist 43
Schale, Pferdekrankheit 30, 56, 71 f., 102
Schelmengebein 39
Schmer 30, 33, 35 ff., 40 ff., 57, 69
Schmuck, Martin 74
Schnecken 57
Schönhengst 56, 85
Schreibfehler 33, 58, 63, 66 ff.
Schulterlähme 42
Schusterschwärze 30, 37, 53
Schußverletzung 36
Schwanberg, Sudetengau 55
Schwefel 32, 35, 37, 40, 43 f., 69
Schweifhaare 104
Schweinefett 35
Schweinsknochen 40
Schweinsmist 52
Schwirker, Michael 19
Sebiz, Melchior 38, 48, 90
Segen 57, 92 f., 95, 98 f
Seife 31, 37, 68
Sendratschitz 86
Sendražice 86
Seuter, Mang 38 f., 48, 90

Siegelstock Siegmunds v. Königgrätz 56
Siegmund v. Königgrätz 18, 24, 48, 51, 56 ff.
Sikoritz, bei Bürglitz 92
similia similibus 28
Sohlen, verbrannt 40, 52
Sohlenauswerfen 42, 77
Soldatenmittel 34, 63
Solleyßel 90
Speck 37, 42
Sporer, Hans, Drucker 42
Sprachliches 46, 50, 52 f., 60, 66, 71
Spulwürmer 29, 53
Stabreim 57, 100
Steinkropf, Nasenrotz 34
Stenitz, Johann, Großmeister des Kreuzherrn=
ordens 50
Stephan, Pferdeheiliger 92
Stockau, Sudetengau 91 f.
Strahlfäule 33
Streptokokken 29
Strychnin 33
Strupfe, Pferdekrankheit 35
Suppositorium 37, 55
Swojanow, Ostböhmen 84 f.

Tabernaemontanus 32
Tabakabsud 35
Tannennadeln 38, 40, 44
Tappius, Eberhard 106
Temesvar 65
Teufelsabbiß 30
totähnlicher Zustand 102
Trägheit 57
Trauma 28
Tritt, blutiger 31, 99
Twinger v. Königshofen 56

Überbein 38
Überhuf 38
Übersetzungsfehler 77 ff., 81, 87
Uffenbach, Peter 33

Venedische Seife 31
Verbällen 32, 36
Vernageln 35, 40, 43
Verschwindschema 97
Verstopfung 69
Volksmedizin 57, 68, 70, 72, 85, 92 ff.
Vorlesungen, Prager in schlesischen Nach=
schriften 54

Waid, Färbekraut 33
Walther, Pferdearzt 48
Wasenmeister 63
Wasserminze 38
Wasserprobe 104
Wasserrähe 30, 87
Wassersucht st. Wasserrähe 30
Wasserzeichen 91
Weihrauch 33 f., 38, 41, 43, 53, 67, 70
Weißfärben 57, 93
v. Welz 63
Werg 32 f., 37, 42
Wermut 28, 33, 35, 40

Wildes Fleisch 43
Windrähe 31
Wismar 103
Wolfenbüttler Hf. 29
Wolfszehen 31
Wolltuch 35
Wolstein, Joh. Gottl. 65
Wopperer, Joh. 42 f., 65
Wosoff, Herrschaft im westl. Innerböhmen, gehörte 1678—1703 und 1706—1804 den Grafen Kaunitz
Wrzesowycz, Adelsgeschlecht 91

Wurm 29 ff., 95 ff.
Wurmaneurysma 29

Zalužický s. Ziehusický
Zaubermedizin 25, 31, 39, 45 f., 57, 101 ff.
Zeitgewinnung 40
Zettel mit Zauberformeln 97, 105
Ziegenmilch 52
Ziehusicky von Nestajow 84 f.
Zinkvitriol 43
Zwanghuf 42, 45
Zwiesel, Friedrich, Pfannenschmied 34

Nachträgliche Bemerkungen.

Auf einige Ergänzungsmöglichkeiten, auf die ich während des verwichenen Jahres stieß, sei hier kurz hingewiesen:

Zu S. 22: Der Cod. XVII H 23 der Prager National- und Universitätsbibliothek, eine tschechische Papierhandschrift aus dem Anfang des 15. Jahrhunderts, welche Lékařství rozličné, po výtce ranné enthält, beruft sich auf einen Mystr Anthon z Napulee. Es wäre zu untersuchen, ob dieser Anton von Neapel etwa mit Albrant von Neapel zusammenzubringen sei.

Zu S. 62: Graf Kaunitz vermerkt mit einem gewissen Stolz, daß sein Deckhengst Valente „auß des fürst Carl von Lichtenstein seinen gestitt" stammte (S. 14).

Zu S. 65: Zur Gegenüberstellung Groß-Schützen Nr. 23 und Pferde-Cur S. 3 ist vor Augen zu halten, daß der Grundgedanke der Vorschrift schon bei Pof. 30 angedeutet ist, wozu auch noch die Wasserprobe beim Hinken (Fußnote S. 104) zu vergleichen ist.

Zu S. 65 letzte Zeile: Die Stadt Doch im Königreich Ungarn könnte auch im Gebiet der einst tschecho-slowakischen Karpathoukraine zu suchen sein. Nach einem Bericht der „Zeit" (Reichenberg 17. März 1939) gab der ungarische Generalstab am 16. März 1939 eine Nachricht bekannt, in der es hieß: „Im Borsava-Tal wurde die Ortschaft Bilké genommen und der Vormarsch nach Doh fortgesetzt". In den Ortsverzeichnissen, die mir zugänglich waren, fand ich die 4266 Einwohner zählende Gemeinde Dovhé (ung. Dolha) in jener Gegend (Verwaltungsbezirk Iršava), die allenfalls mit Doh (in der Hs. doch) gemeint sein könnte. Ich gedenke das Loblich Exempel vom Jüngling von Doch näher zu untersuchen und herauszugeben.

Zu S. 75: Eine weitere, von mir bisher nicht benützte tschechische Albrants. enthält der Cod. XI C 2 der Prager National- und Universitätsbibliothek auf Bl. 289r—291v. Ich werde diese Fassung (15. Jh.) an anderer Stelle behandeln.

Zu S. 101: Die Handschrift des Grafen Kaunitz verdient eine vielseitige Auswertung. Sie verspricht wertvolle Aufschlüsse über Pferdepreise, über die Stände, die sich mit Pferdehandel befaßten, über die Zustände des böhmischen Adels und über mannigfaltige heimatkundliche Einzelheiten. Auch ein veterinärhistorischer Ertrag ist zu erhoffen, da stets die Todesursachen und häufig auch die Behandlungsweisen bei Erkrankungen angegeben werden. Schließlich ist die Handschrift eine einzigartige Quelle für die Pferdenamengebung in der Barockzeit, worauf ich in einem Aufsatz einzugehen gedenke.

Zu S. 102: Über die Roßtäuscherkniffe unterrichtet eingehend eine 1780 bei Reich in Leipzig erschienene Aufklärungsschrift: v. Eisenberg, Aufgedeckte Roßtäuscherkünste, um Betrug beym Ankauf der Pferde zu vermeiden usw. mit Anmerkungen und Zusätzen von Rosenzweig (vgl. Teodor Theuß, Theoretisch-praktisches Handwörterbuch der gesamten Landwirthschaft, 4. Bd., Grätz 1812, S. 414 f.). — Den Umgang mit betrügerischen Pferdejuden beleuchtet anmutig eine Eintragung des Grafen Kaunitz, die hier zum heiteren Beschluß ihren Platz finden möge. 1686 hatte er „von Gerstell" eine Stute Baronessa zu Prag gekauft, worüber er in seinem Pferdetagebuch berichtet (S. 24): binn mit ihr betrogen, er mir es auch auß zuwexeln versprochen, welches ehr hernacher nit thun wollen. alß habe ihm durch den Roux vndt drey studenten abprigeln laßen, ihm eß noch ein mahl thun zu laßen gedrohet. alß hat er sie den 20 Januarij 1687 wieder zurück genomen, vndt mir eine armelina stutten darvor geben. (si hat geschwollene hintere fiß größer alß waßerkandeln gehabt.)

Ostern 1939. G. E.

Anfang der ältesten Handschrift (13². Jh.).
Cod. VIII E 12, Bl. 7ʳ der Prager National- und Universitätsbibliothek.

Anfang der Niederschrift Siegmunds von Königgrätz (1435).
Cod. IV E 16, Bl. 111ʳ der Prager National- und Universitätsbibliothek.

Anfang der Schlägler Fassung (15. Jh.)
Cod. 194, Bl. 147ʳ der Bibliothek des Prämonstratenserstiftes Schlägl.

NACHWORT ZUR NEUAUFLAGE

Da das photomechanische Vervielfältigungsverfahren die Einarbeitung von Änderungen, Verbesserungen und Ergänzungen kaum zuläßt, sei auf meine Nachträge "Meister Albrants Roßarzneibuch, Verzeichnis der Handschriften, Text der ältesten Fassung, Literaturverzeichnis" (Tierärztliche Umschau und Sonderdruck, Konstanz 1960) hingewiesen. Nach diesem Zeitpunkt sind noch zahlreiche weitere Beiträge zur Albrant-Forschung erschienen. Unter den veterinärhistorischen Dissertationen der Tierärztlichen Hochschule Hannover und der Veterinärmedizinischen Fakultät der Universität München beschäftigen sich mehrere mit Fragen der Albrant-Nachfolge. Auf diese Bände, die jeweils die vorangegangenen Untersuchungen verzeichnen, sei besonders hingewiesen.

G. E.